高等教育工程造价专业"十三五"规划系列教材

建设项目经济评价

JIANSHE XIANGMU JINGJI PINGJIA

主　编⊙王锋宪　李　猛
副主编⊙张　立　刘　杨　南爱强

西南交通大学出版社
·成都·

图书在版编目（CIP）数据

建设项目经济评价 / 王锋宪，李猛主编. —成都：西南交通大学出版社，2016.4（2020.1 重印）

高等教育工程造价专业"十三五"规划系列教材

ISBN 978-7-5643-4636-2

Ⅰ. ①建… Ⅱ. ①王… ②李… Ⅲ. ①基本建设项目–经济评价–高等学校–教材 Ⅳ. ①F282

中国版本图书馆 CIP 数据核字（2016）第 067345 号

高等教育工程造价专业"十三五"规划系列教材
建设项目经济评价
主编　王锋宪　李　猛

责 任 编 辑	张　波
封 面 设 计	墨创文化
出 版 发 行	西南交通大学出版社 （四川省成都市二环路北一段 111 号 西南交通大学创新大厦 21 楼）
发 行 部 电 话	028-87600564　028-87600533
邮 政 编 码	610031
网　　　　址	http://www.xnjdcbs.com
印　　　　刷	四川森林印务有限责任公司
成 品 尺 寸	185 mm×260 mm
印　　　　张	17
字　　　　数	420 千
版　　　　次	2016 年 4 月第 1 版
印　　　　次	2020 年 1 月第 2 次
书　　　　号	ISBN 978-7-5643-4636-2
定　　　　价	38.00 元

课件咨询电话：028-81435775
图书如有印装质量问题　本社负责退换
版权所有　盗版必究　举报电话：028-87600562

高等教育工程造价专业"十三五"规划系列教材建设委员会

主　任　张建平

副主任　时　思　卜炜玮　刘欣宇

委　员　（按姓氏音序排列）

陈　勇　樊　江　付云松　韩利红

赖应良　李富梅　李琴书　李一源

莫南明　屈俊童　饶碧玉　宋爱苹

孙俊玲　夏友福　徐从发　严　伟

张学忠　赵忠兰　周荣英

序

21世纪，中国高等教育发生了翻天覆地的变化，从相对数量上看中国已成为全球第一高等教育大国。

自20世纪90年代中国高校开始出现工程造价专科教育起，到1998年在工程管理本科专业中设置工程造价专业方向，再到2003年工程造价专业成为独立办学的本科专业，如今工程造价专业已走过了25个年头。

据天津理工大学公共项目与工程造价研究所的最新统计，截至2014年7月，全国约140所本科院校、600所专科院校开办了工程造价专业。2014年工程造价专业招生人数为本科生11 693人，专科生66 750人。

如此庞大的学生群体，导致工程造价专业师资严重不足，工程造价专业系列教材更显匮乏。由于工程造价专业发展迅猛，出版一套既能满足工程造价专业教学需要，又能满足本、专科各个院校不同需求的工程造价系列教材已迫在眉睫。

2014年，由云南大学发起，联合云南省20余所高等学校成立了"云南省大学生工程造价与工程管理专业技能竞赛委员会"，在共同举办的活动中，大家感到了交流的必要和联合的力量。

感谢西南交通大学出版社的远见卓识，愿意为推动工程造价专业的教材建设搭建平台。2014年下半年，经过出版社几位策划编辑与各院校反复地磋商交流，成立工程造价专业系列教材建设委员会的时机已经成熟。2015年1月10日，在昆明理工大学新迎校区专家楼召开了第一次云南省工程造价专业系列教材建设委员会会议，紧接着召开了主参编会议，落实了系列教材的主参编人员，并在2015年3月，出版社与系列教材各主编签订了出版合同。

我以为，这是一件大事也是一件好事。工程造价专业缺教材、缺合格师资是我们面临的急需解决的问题。组织教师编写教材，一是可以解教材匮乏之急，二是通过编写教材可以培养教师或者实现其他专业教师的转型发展。教师是一个特殊的职业——是一个需要不断学习更新自我的职业，教师也是特别能接受新知识并传授新知识的一个特殊群体，只要任务明确，有社会需要，教师自会完成自身的转型发展。因此教材建设一举两得。

我希望：系列教材的各位主参编老师与出版社齐心协力，在一两年内完成这一套工程造价专业系列教材编撰和出版工作，为工程造价教育事业添砖加瓦。我也希望：各位主参编老师本着对学生负责、对事业负责的精神，对教材的编写精益求精，努力将每一本教材都打造成精品，为培养工程造价专业合格人才贡献力量。

中国建设工程造价管理协会专家委员会委员
云南省工程造价专业系列教材建设委员会主任　张建平
2015 年 6 月

前　言

建设项目可行性研究是在投资决策前通过详细的调查研究，对拟建项目的必要性、可实现性及经济和社会的有利性和风险性等方面所做的全面而系统的综合研究。项目前评价是可行性研究的重要组成部分。可行性研究和项目前评价是项目前期工作的重要内容，是项目经济和社会效益分析的系统化与实用化方法。对于加强固定资产投资宏观调控、提高投资决策的科学化水平、引导和促进各类资源合理配置、优化投资结构、减少和规避投资风险、充分发挥投资效益等具有重要作用。

可行性研究与项目评价是实现工程造价专业培养目标的重要组成部分，可以使学生具备进行工程项目投资决策和全过程各阶段造价管理的理念和方法，便于其毕业后在房地产、政府部门、专业银行、工程造价咨询与招投标代理等专业性公司及其他企事业单位从事建设项目可行性研究与经济评价、建设项目全过程造价管理工作。

为了推广、应用国家关于可行性研究的相关规定和《建设项目经济评价方法与参数》，为了满足工程技术人员提高投资决策的理论和方法水平的需求，同时，为了满足高等学校教学的需要，特编写了这本《建设项目经济评价》。

本书系统地介绍了建设项目经济评价的理论、方法和应用。主要内容定位于建设项目投资决策阶段，从全寿命周期的角度分析项目的投资、成本、收入、利润和税金等要素，并据此进行项目财务分析和经济费用效益分析，为投资决策提供依据。本书结构新颖、图文并茂、重点突出，运用大量案例方便学生对理论的理解和应用。可作为高等学校工程造价、工程管理、土木工程等专业的本科教材，也可以作为工程技术人员的自学教材和参考书。

本书共 11 章，其中第 1，2，5，6 章由昆明理工大学王锋宪编写；第 3，11 章由昆明理工大学李猛编写；第 4，7 章由西安工业学院张立编写；第 8，9 章由云南大学刘杨编写；第 10 章由云南交通职业技术学院南爱强编写。全书由王锋宪、李猛主编。

书稿虽多次校订，但由于编者水平有限，难免存在一些缺点错误，诚恳地希望广大读者和同行专家批评指正，提出宝贵意见，编者不胜感激。

编　者
2016 年 1 月

目 录

1 绪 论 ·· 1
   1.1 建设项目经济评价的概念 ··· 1
   1.2 建设项目经济评价应遵循的基本原则 ··· 3
   1.3 建设项目经济评价在我国的发展历程 ··· 4
   1.4 项目决策程序 ·· 5
   复习思考题 ··· 9

2 项目决策分析与评价的主要内容 ·· 10
   2.1 建设项目周期 ·· 10
   2.2 投资机会研究 ·· 12
   2.3 初步可行性研究 ··· 13
   2.4 可行性研究 ··· 14
   2.5 项目申请报告 ·· 18
   2.6 项目评估与决策 ··· 22
   复习思考题 ··· 25

3 投资估算 ·· 26
   3.1 投资估算概述 ·· 26
   3.2 建设投资估算 ·· 30
   3.3 建设期利息估算 ··· 44
   3.4 流动资金估算 ·· 45
   3.5 建设项目总投资与分年投资计划 ·· 49
   复习思考题 ··· 50

4 融资方案与资金使用计划分析 ·· 52
   4.1 融资主体 ··· 52
   4.2 融资方式 ··· 53
   4.3 项目资本金的筹措 ··· 56
   4.4 债务资金筹措 ·· 59
   4.5 项目融资 ··· 71
   4.6 融资方案分析 ·· 81

4.7　项目总投资使用计划与资金筹措表编制 ························· 91
　　复习思考题 ·· 91

5　财务效益与费用估算 ··· 93
　　5.1　财务效益与费用估算概述 ·· 93
　　5.2　营业收入与补贴收入的估算 ··· 97
　　5.3　总成本费用估算 ··· 99
　　5.4　相关税金的估算 ··· 109
　　5.5　财务效益与费用要素和估算表的相互联系 ························· 112
　　复习思考题 ·· 113

6　财务分析 ·· 117
　　6.1　财务分析概述 ·· 117
　　6.2　融资前财务分析——盈利能力分析 ···································· 122
　　6.3　融资后财务分析 ··· 127
　　6.4　非经营性项目财务分析 ·· 135
　　6.5　财务分析案例 ·· 136
　　复习思考题 ·· 147

7　经济费用效益分析 ··· 148
　　7.1　经济费用效益分析概述 ·· 148
　　7.2　经济费用和效益的识别 ·· 150
　　7.3　经济费用和效益分析参数 ··· 151
　　7.4　影子价格的确定 ··· 153
　　7.5　经济费用效益分析报表和指标 ··· 157
　　复习思考题 ·· 159

8　不确定性分析与风险分析 ·· 161
　　8.1　盈亏平衡分析 ·· 161
　　8.2　敏感性分析 ·· 167
　　8.3　风险分析 ··· 176
　　复习思考题 ·· 190

9　项目后评价 ··· 191
　　9.1　项目后评价概述 ··· 191
　　9.2　项目后评价的作用及原则 ··· 194
　　9.3　项目后评价的范围与内容 ··· 196
　　9.4　项目后评价的方法与程序 ··· 200
　　复习思考题 ·· 203

10 公路建设项目经济评价 ································· 204
10.1 公路建设项目经济评价的特点 ····················· 204
10.2 经济费用效益分析 ································· 206
10.3 财务分析 ·· 219
10.4 经济费用效益分析案例 ··························· 227
复习思考题 ·· 232

11 房地产开发项目经济评价 ····························· 233
11.1 房地产项目经济评价的特点 ······················· 233
11.2 房地产开发项目经济评价案例 ····················· 243
复习思考题 ·· 257

参考文献 ·· 258

1 绪 论

【学习要点】
(1) 工程建设项目概念及分类；
(2) 可行性研究与项目评价的概念及相互关系；
(3) 建设项目经济评价应遵循的原则；
(4) 企业投资项目决策程序；
(5) 政府投资项目决策程序。

随着社会经济的发展，资源的重要性与稀缺性的矛盾日益突出，因此，最大限度地利用资源显得尤为重要。建设项目经济评价正是这样一门研究如何正确引导和促进各类资源的合理有效配置、充分发挥资源投资效益的学科。

1.1 建设项目经济评价的概念

1.1.1 项目、投资项目和工程建设项目

项目（Project）是指那些作为管理对象，按规定时限、预算和质量标准完成的一次性任务。重复的大批量的生产活动及其成果，不能称作"项目"。每个项目必须具备三个特征：

(1) 项目的一次性。这是项目的最主要特征，不同的项目没有完全相同的两项任务。其不同点表现在任务本身与最终成果上。只有认识项目的一次性，才能有针对性地对项目进行管理。

(2) 项目有明确的目标。项目的目标有成果性目标和约束性目标。成果性目标是指项目的功能要求，及设计规定的生产产品的规格、品种、生产能力目标。约束性目标是指限制条件，如工程质量标准、竣工验收投产使用、供气、投资目标、效益指标等。

(3) 项目作为管理对象的整体性。一个项目是一个整体，它有人财物各方面的内容，需要建立一个相对完整的管理体系。项目必须追求高效益，做到数量、质量、结构的总体优化。

投资项目是指投入一定资金以获取预期收益的一整套投资活动，是在规定期限内为完成某项目开发目标（或一组目标）而规划投资、实施政策措施、组建机构，以及包括其他活动在内的独立的整体。

本书所论述的投资项目主要是指利用固定资产投资兴建的工程建设项目。它必须按照规划、决策、设计、施工、投产、经营等一系列规范程序，在规定的建设工期、投资预算、质量标准的条件下，以形成固定资产为明确目标。

工程建设项目可以从不同的角度进行分类。按项目的目标，分为经营性项目和非经营性项目；按项目的产出属性（产品或服务），分为公共项目和非公共项目；按项目的投资管理形式，分为政府投资项目和企业投资项目；按项目与企业原有资产的关系，分为新建项目和改扩建项目；按项目的融资主体，分为新设法人项目和既有法人项目。

任何一个国家或地区，都面临着一个基本经济问题就是如何把有限的资金资源（包括自然资源、劳动力、资金、各种制成品、信息、时间，等等）合理地分配到各种不同的用途中去。由于社会资源是有限的，某种资源用于某一方面，就会减少另一方面对这种资源的使用量，因此，国家或地区就必须在资源的各种可能的用途中进行权衡，根据它们对实现国家基本的贡献的大小做出选择。如果一个国家、地区或企业始终能将资源用于对其基本目标贡献大的项目上，就能保证有限资源的最有效的利用。

可行性研究与项目经济评价是项目前期研究工作的重要内容，应根据国民经济与社会发展以及行业、地区发展规划的要求，在项目初步方案的基础上，采用科学、规范的分析方法，对拟建项目建设的必要性、财务可行性和经济合理性进行分析论证，做出全面评价，为项目的科学决策提供经济方面的依据。

1.1.2 可行性研究

可行性研究是在投资项目拟建之前，通过对与项目有关的市场、资源、工程技术、经济和社会等方面的问题进行全面分析、论证和评价，从而确定项目是否可行或选择最佳实施方案的工作。

可行性研究（Feasibility Study）是关于项目是否可行的研究。一个项目是否可行通常包含了四个问题：项目是否必要、项目能否实现、实现后的效果如何、项目实施的风险大小。任何项目首先要有客观的需要，这是项目建设的前提条件。同样，项目在技术上和经济上可行，才有可能实现。一个项目除了能实现，还必须要有良好的经济和社会效果。还应分析项目实施的不确定性因素和减少风险的措施。总之，可行性研究是指在投资决策前通过详细的调查研究，对拟建项目的必要性、可实现性、经济和社会的有利性及风险性等方面所做的全面系统的综合性研究。可行性研究是确定建设项目前具有决定性意义的工作，通过调查研究和分析论证，为项目决策者或决策部门提供决策依据，以减少或防止决策失误，从而提高投资效益，加速经济的发展。

1.1.3 项目评价

项目评价（Project Evaluation）包括项目前评价——项目决策阶段的评价、中评价——项目实施工程中的纠偏评价和后评价——项目生产阶段的评价三个方面。本书中的项目评价指项目前评价，即主要分析建设项目决策期各项工作中的经济评价理论和方法。

项目评价是为了达到给定的目标，对一个投资项目的可行性做出判断。其主要内容是权衡这一项目的利害得失和比较各替代方案间的优劣，得出综合结论。

项目前评价是可行性研究和项目评估工作的重要组成部分。它是在做好产品（服务）市场需求预测和厂址选择、工艺技术设备选择等工程技术研究基础之上，针对各替代方案的财务盈利性和经济社会合理性进行的分析和论证。它的目的是为了回答可行性研究中拟建项目对经济和社会的有利性问题。通过项目评价，最终可以得到项目方案是否可行的肯定答复。

项目评价包括经济评价和社会评价。项目经济评价分为财务评价（也称财务分析）和国民经济评价（也称经济费用效益分析）。

财务评价是在国家现行财税制度和价格体系的前提下，从项目的角度出发，计算项目范围内的财务效益和费用，分析项目的盈利能力和清偿能力，评价项目在财务上的可行性。

国民经济评价是在合理配置社会资源的前提下，从国家经济整体利益的角度出发，计算项目对国民经济的贡献，分析项目的经济效益、效果和对社会的影响，评价项目在宏观经济上的合理性。

国民经济评价和社会评价均属宏观层次的评价。前者评价目标限于经济增长，后者评价目标是超出经济增长的更广泛的社会目标。

建设项目经济评价内容的选择，应根据项目的性质、项目目标、项目投资者、项目财务主体以及项目对经济与社会的影响程度等具体情况确定。对于费用经济效益的计算比较简单，建设期和运营期比较短，不涉及进出口平衡等一般项目，如果财务评价的结论能够满足投资决策需要，可不进行国民经济评价；对于关系公共利益、国家安全和市场不能有效配置资源的经济和社会发展的项目，除应进行财务评价外，还应进行国民经济评价；对特别重大的建设项目，除进行财务评价与国民经济评价外，还应专门进行项目对区域经济或宏观经济影响的研究与分析。

1.2 建设项目经济评价应遵循的基本原则

1. 费用与效益计算范围的一致性原则

为了正确评价项目的获利能力，必须遵循项目的直接费用与直接效益计算范围的一致性原则。如果投资估算中包括了某项工程，那么就要考虑因建设该工程企业增加的效益，否则就会低估项目的效益；反之如果考虑了该工程对项目效益的贡献，但却未计算投资，那么项目的费用就会被低估，从而导致高估项目的效益。只有将投入和产出的估算限定在同一范围内，计算的净效益才是投入的真实回报。

2. 费用与效益识别的有无对比原则

有无对比原则是项目评价中通用的费用与效益识别的基本原则。"有无对比"是指"有项目"相对于"无项目"的对比分析。所谓"有项目"是指实施项目后的将来状况；"无项目"是指不实施项目时的将来状况。在识别项目的效益和费用时，需注意：只有"有无对比"的差额部分才是由于项目的投资建设而增加的效益和费用，即增量效益和费用。因为即使不实施该项目，现状也可能发生变化。如农业灌溉项目，若没有该项目，将来的农产品产量也会由于气候、施肥、种子、耕作技术的变化而变化；再如计算交通运输项目效益的基础——运输量，若无该项目，运输量也会由于地域经济的变化而改变。采用有无对比的方法，就是为了识别那些真正应该算作项目效益的部分，即增量效益，排除那些由于其他原因产生的效益；同时也要找出与增量效益相对应的增量费用，只有这样才能真正体现项目投资的净效益。在"有项目"与"无项目"两种情况下，效益和费用的计算范围、计算期应保持一致，使其具有可比性。

3. 定量分析与定性分析相结合，以定量分析为主的原则

经济评价的本质就是要对拟建项目在整个计算期的经济活动，通过效益与费用的计算，对项目的经济效益进行分析比较。所以，项目经济评价尽可能采用定量指标，但对一些不能量化的经济因素，可以进行定性分析，并与定量分析结合起来进行评价。

4. 动态分析与静态分析相结合，以动态分析为主的原则

国际通行的财务分析都是以动态分析方法为主，即根据资金时间价值原理，考虑项目整个计算期内各年的效益和费用，采用现金流量分析的方法，计算内部收益率和净现值等评价指标。静态分析未考虑资金的时间价值，比较直观，常作为辅助评价指标。

1.3 建设项目经济评价在我国的发展历程

1983年原国家计委将建设项目可行性研究工作纳入基本建设程序，并第一次对建设项目经济评价的内容做了规定。在我国建设项目经济评价工作的发展历程中，《建设项目经济评价方法与参数》（以下简称《方法与参数》）的制定和发布实施占有举足轻重的地位，它既是我国固定资产投资评价与评估的权威性指导文件，也是各级政府审批项目建议书和可行性研究报告的重要依据。

1986年，《方法与参数》由国家计委标准定额局（所）组织18个单位和有关专家研究制定，1987年9月国家计委以计标〔1987〕1359号文件予以发布。《方法与参数》包括了《关于建设项目经济评价工作的暂行规定》《建设项目经济评价方法》《建设项目经济评价参数》

和《中外合资经营经济评价方法》四个部分。对经济评价工作的程序、方法、指标等都做了明确规定和具体的说明。《方法与参数》荣获1989年国家科技进步二等奖。

1988年国务院机构改革，原国家计委标准定额局（所）成建制划归原建设部，《方法与参数》的相关管理与研究工作也随之转移到原建设部。上世纪80年代末和90年代初，我国的价格体制、财税体制和外汇管理体制都进行了不同程度的改革。为适应形势的变化，在认真总结《方法与参数》（1987年版）（第一版）实施经验和问题的基础上，建设部标准定额研究所会同有关单位和专家，研究修订完成了《方法与参数》（1993年版）（第二版），1993年4月由国家计委和建设部以计投资〔1993〕530号文件联合发布。

为适应我国各类投融资主体科学决策的需要，国家发展计划委员会委托中国国际工程咨询公司组织编写了《投资项目可行性研究指南》（简称《指南》）。用以规范可行性研究工作的内容和方法，指导可行性研究报告的编制。2002年1月由国家计委以计办投资〔2002〕15号文件发布。

为适应社会主义市场经济的发展，加强建设项目经济评价工作，根据《国务院关于投资体制改革的决定》精神，按照"谁投资、谁决策、谁收益、谁承担风险"的原则，建设部标准定额研究所会同有关单位和专家，完成了对《方法与参数》（1993年版）（第二版）的修订。《方法与参数》（2006年版）（第三版）于2006年7月由国家发改委和原建设部以发改投资〔2006〕1325号文件联合发布。《方法与参数》（2006年版）由《关于建设项目经济评价工作的若干规定》《建设项目经济评价方法》和《建设项目经济评价参数》三个规范性文件组成。《建设项目经济评价方法》主要内容包括总则、财务效益与费用估算、资金来源与融资方案、财务分析、经济费用效益分析、费用效果分析、不确定性分析与风险分析、区域经济与宏观经济影响分析、方案经济比选、改扩建项目与并购项目经济评价特点、部分行业项目经济评价特点等;《建设项目经济评价参数》主要内容包括总则、财务评价参数、国民经济经济评价参数等。文件规定对于实行审批制的政府投资项目，应根据政府投资主管部门的要求，执行《建设项目经济评价方法与参数》;对于实行核准制和备案制的企业投资项目，可根据核准机关或备案机关以及投资者的要求，选用建设项目经济评价的方法和相应的参数。

1.4 项目决策程序

2004年7月，国务院决定深化投资体制改革，批准颁发《关于投资体制改革的决定》（国发〔2004〕20号）。《关于投资体制改革的决定》作为建设和完善社会主义市场经济体制的重要举措，打破了传统计划经济体制下高度集中的投资管理模式，将形成投资主体多元化、资金来源多渠道、投资方式多样化、项目建设市场化的新格局。

1.4.1 投资体制改革的基本内容

投资体制改革的基本内容是：改革政府对企业投资的管理制度，按照"谁投资、谁决策、谁收益、谁承担风险"的原则，落实企业投资自主权；合理界定政府投资职能，提高投资决策的科学化、民主化水平，建立投资决策责任追究制度；进一步拓展项目融资渠道，发展多种融资方式；培育规范的投资中介服务组织，加强行业自律，促进公平竞争；健全投资宏观调控体系，改进调控方式，完善调控手段；加快投资领域的立法进程，最终建立起市场引导投资、企业自主决策、银行独立审贷、融资方式多样、中介服务规范、宏观调控有效的新型投资体制。

1.4.2 投资项目决策的程序和内容

深化投资体制改革的一个基本出发点，就是要改进既有投资项目的决策规则和程序，提高投资决策的科学化、民主化水平。对于企业不使用政府投资建设的项目，政府一律不再实行审批制，区别不同情况实行核准制和备案制；对于政府投资项目，采用直接投资和资本金注入方式的，从投资决策角度只审批项目建议书和可行性研究报告。

1. 企业投资项目决策（核准）的程序和内容

企业投资项目决策，特别是投资规模较大的大型项目的投资决策，关系到企业的长远发展。应按照公司法人治理结构的权责划分，经过经理层讨论后，报决策层进行审定，特别重大的投资决策还要报股东大会讨论通过。

有的企业投资项目是由项目的发起人及其他投资人出资，组建具有独立法人资格的项目公司，由出资人或其授权机构对项目进行投资决策。

对企业投资项目，政府仅对《政府核准的投资项目目录》（以下简称《核准目录》，由国务院投资主管部门会同有关部门提出、报国务院批准后实施）内的项目（重大项目和限制类项目）从维护公共利益角度进行核准，其他的项目，除国家法律法规和国务院专门规定禁止投资的项目以外，无论规模大小，均改为备案制。项目的市场前景、经济效益、资金来源和产品技术方案等均由企业自主决策、自担风险，并依法办理环境保护、土地利用、资源利用、安全生产、城市规划等许可手续和减免税确认手续。

企业投资建设实行核准制的项目，仅需向政府提交项目申请报告，不再经过批准项目建议书、可行性研究报告和开工报告的程序。政府对企业提交的项目申请报告，主要从维护经济安全、合理开发利用资源、保护生态环境、优化重大布局、保障公共利益、防止出现垄断等方面进行核准。对于外商投资项目，政府还要从市场准入、资本项目管理等方面进行核准；对于《核准目录》以外的企业投资项目实行备案制，除国家另有规定外，由企业按照属地原则向地方政府投资主管部门备案。

对于企业投资建设实行政府核准制的项目，一般是在企业完成项目可行性研究后，根据可行性研究的基本意见和结论，委托具备相应工程咨询资格的机构编制项目申请报告，按照事权划分，分别报政府投资主管部门进行核准。由国务院投资主管部门核准的项目，其项目申请报告应由具备甲级工程咨询资格的机构编制。

项目申报单位在向项目核准机关报送申请报告时，需根据国家法律、法规的规定，附送城市规划、国土资源、环境保护、水利、节能等行政主管部门出具的审批意见和金融机构项目贷款承诺。

项目核准机关在受理核准申请后,如有需要,应委托符合资质要求、入选的咨询中介机构进行评估。企业投资项目决策(核准)程序见图 1.1。

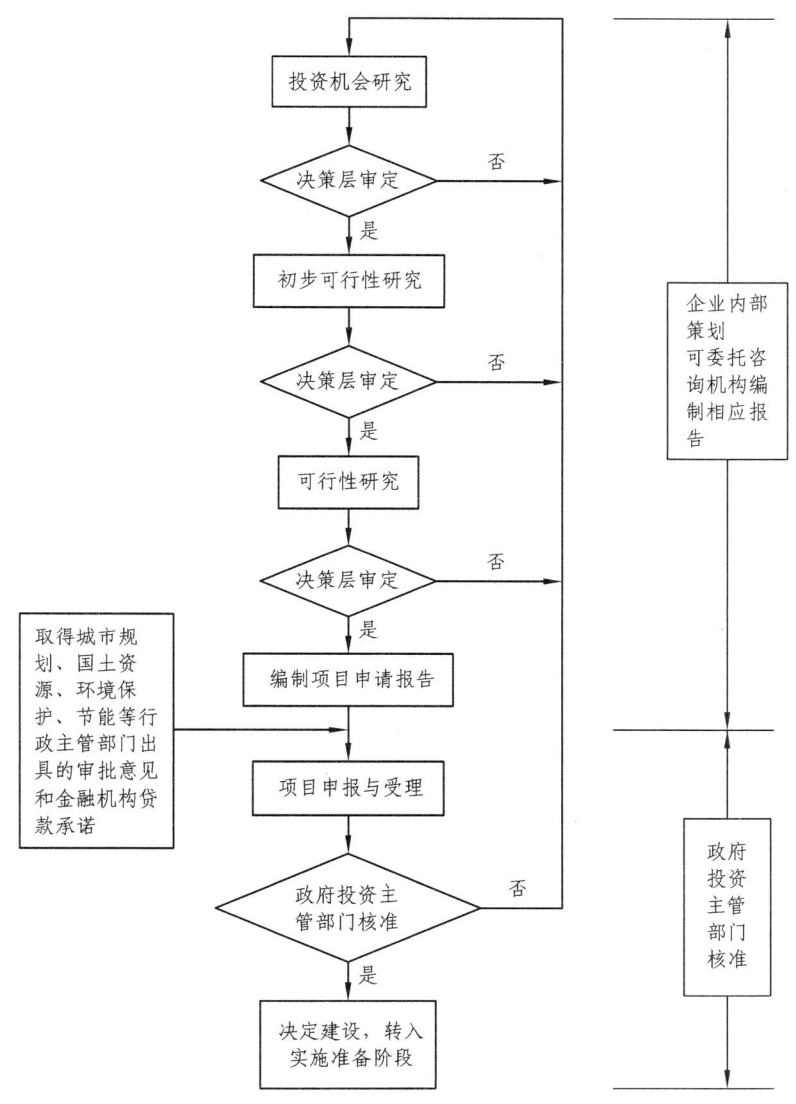

图 1.1　企业投资项目决策(核准)程序

2. 政府投资项目决策(审批)的程序和内容

对于政府投资项目,仍要按照规定的程序进行决策。这类建设项目必须先列入行业、部门或区域发展规划,由政府投资主管部门审批项目建议书,审查决定项目是否立项;再经过对可行性研究报告的审查,决定项目是否进行建设。

根据投资体制改革有关完善政府投资体制、规范政府投资行为、合理界定政府投资范围的规定,政府投资主要用于关系国家安全和市场不能有效配置资源的经济和社会领域,包括加强公益性和公共基础设施建设、保护和改善生态环境、促进欠发达地区的经济和社会发展、推进科技进步和高新技术产业化。按照投资事权划分,中央政府投资除本级政权等建设外,主要安排跨地区、跨流域以及对经济和社会发展全局有重大影响的项目。

为健全政府投资项目决策机制,提高政府投资项目决策的科学化、民主化水平,政府投资项目一般都要经过符合资质要求入选的咨询中介机构的评估论证。特别重大的项目还应实行专家评议制度;逐步实行政府投资项目公示制度,广泛听取各方面的意见和建议。

对于政府投资项目,采用直接投资和资本金注入方式的,政府投资主管部门从投资决策角度只审批项目建议书和可行性研究报告。除特殊情况外,不再审批开工报告,同时应严格执行政府投资项目的初步设计、概算审批工作;采用投资补助、转贷和贷款贴息方式的,只审批资金申请报告。政府投资项目决策(审批)的程序见图1.2。

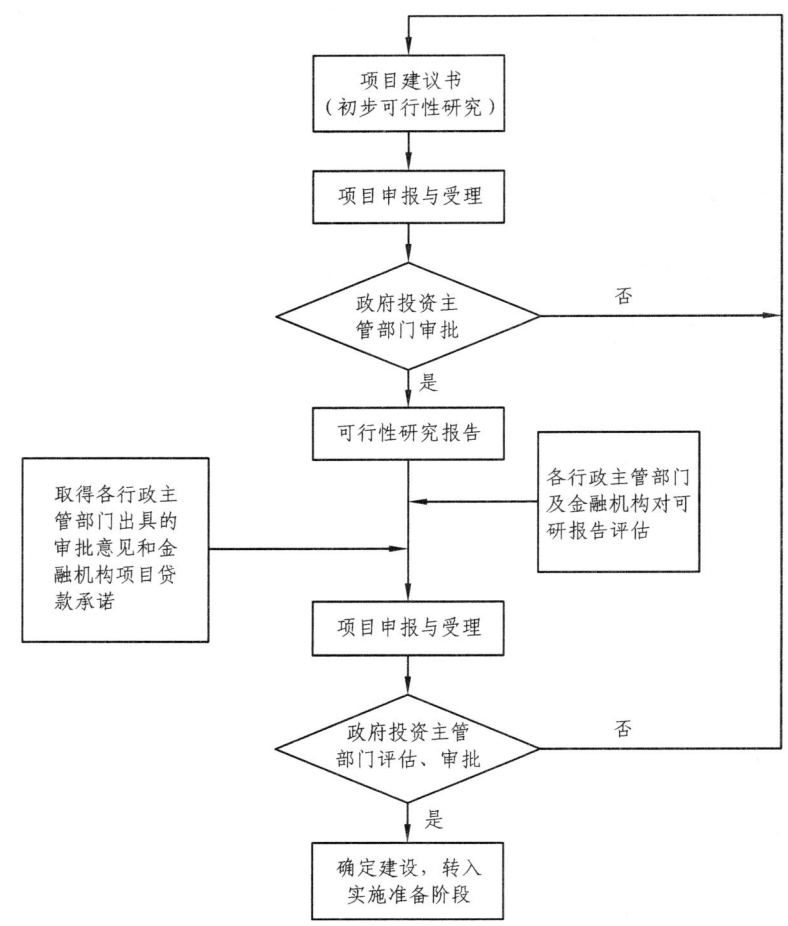

图 1.2 政府投资项目决策(审批)程序

1.4.3 项目决策的责任

项目审批(核准)决策相关单位的职责如下:

（1）政府投资主管部门：对项目的审批（核准）以及向国务院提出审批（核准）的审查意见承担责任，着重对项目是否符合国家宏观调控政策、发展建设规划和产业政策，是否维护了经济安全和公众利益，资源开发利用和重大布局是否合理，是否有效防止了垄断出现等承担责任。

（2）环境保护主管部门：对项目是否符合环境影响评价的法律、法规要求，是否符合环境功能区划，拟采取的环保措施能否有效治理环境污染和防止生态破坏等负责。

（3）国土资源主管部门：对项目是否符合土地利用总体规划和国家供地政策、项目拟用地规模是否符合有关规定和控制要求、补充耕地方案是否可行等负责；对土地、矿产资源开发利用是否合理负责。

（4）城市规划主管部门：对项目是否符合城市规划要求、选址是否合理等负责。

（5）相关行业主管部门：对项目是否符合国家法律、法规，行业发展建设规划以及行业管理的有关规定负责。

（6）其他有关主管部门：对项目是否符合国家法律、法规和国务院的有关规定负责。

（7）金融机构：按照国家有关规定对申请贷款的项目独立审贷，对贷款风险负责。

（8）咨询机构：对咨询评估结论负责。

（9）项目（法人）单位：对项目的申报程序是否符合有关规定、申报材料是否真实、是否按照经审批或核准的建设内容进行建设负责，并承担投资项目的资金来源、技术方案、市场前景、经济效益等方面的风险。

复习思考题

（1）工程建设项目的含义及分类是什么？
（2）项目评价的含义及其内容是什么？
（3）建设项目经济评价应遵循什么原则？
（4）企业投资项目决策的程序是什么，与政府投资项目决策的程序有什么区别？

2　项目决策分析与评价的主要内容

【学习要点】
（1）建设项目周期；
（2）初步可行性研究的重点；
（3）可行性研究的内容；
（4）项目申请报告的目的和作用；
（5）项目评估的作用。

本章主要分析了建设项目决策期的投资机会研究、初步可行性研究（项目建议书）、可行性研究、项目申请报告和项目评估与决策等内容。

2.1　建设项目周期

建设项目周期，也称建设项目全寿命周期，是指从项目意图产生到项目废除的全过程。具体指一个项目从设想、立项、筹资、建设、投产运营直至项目结束的整个过程，是项目阶段的集合。通常分为决策期、实施期和生产运营期三个时期。

2.1.1　建设项目决策期

建设项目决策期指从建设意图形成到项目评估决策这一时期。主要工作包括：投资机会研究、初步可行性研究、可行性研究、项目评估及决策。此阶段的主要目标是对工程项目投资的必要性、可能性、可行性，以及为什么要投资、何时投资、如何实施等重大问题，进行科学论证和多方案比较。本阶段工作量不大，但却十分重要。投资决策是投资者最为重视的，因为它对工程项目的长远经济效益和战略方向起着决定性的作用。

为保证工程项目决策的科学性、客观性，可行性研究和项目评估工作应委托高水平的咨询公司独立进行，可行性研究和项目评估应由不同的咨询公司来完成。

2.1.2 建设项目实施期

建设项目实施期指项目决策后，从项目实施准备到项目竣工验收移交这一时期。主要任务是通过建设活动使项目成为现实，形成固定资产。

建设项目实施期可细分为：项目准备阶段、项目实施阶段和项目竣工验收阶段。

1. 项目准备阶段

此阶段的主要工作包括：工程项目的初步设计和施工图设计，工程项目征地及建设条件的准备，设备、工程招标及承包商的选定、签订承包合同。

本阶段是战略决策的具体化，它在很大程度上决定了工程项目实施的成败及能否高效率地达到预期目标。

2. 项目实施阶段

此阶段的主要任务是将"蓝图"变成工程项目实体，实现投资决策意图。在这一阶段，通过施工，在规定的范围、工期、费用、质量内，按设计要求高效率地实现工程项目目标。

本阶段在工程项目建设周期中工作量最大，投入的人力、物力和财力最多，工程项目管理的难度也最大。

3. 项目竣工验收阶段

此阶段应完成工程项目的联动试车、试生产、竣工验收。工程项目试生产正常并经业主验收后，项目建设即告结束。但从工程项目管理的角度看，在保修期间，仍要进行工程项目管理。

2.1.3 建设项目生产运营期

建设项目生产运营期指从项目交付使用直到项目废除这一时期。项目进行生产运营活动，收回投资已实现预期的投资目标。对非生产经营性项目，如住宅，则表现为项目使用。

建设项目生产运营期涉及的项目评价工作主要是项目后评。

项目后评价是指对已经完成的项目建设目标、执行过程、效益、作用和影响所进行的系统的、客观的分析。它通过对项目实施过程、结果及其影响进行调查研究和全面系统回顾，与项目决策时确定的目标以及技术、经济、环境、社会指标进行对比，找出差别和变化、分析原因、总结经验、汲取教训、得到启示、提出对策建议，通过信息反馈，改善投资管理和决策，达到提高投资效益的目的。

接下来主要分析建设项目决策期各项工作重点。建设项目决策期分析，采取由粗到细、由浅到深的递推过程。在这个过程中，主要包括投资机会研究、初步可行性研究（项目建议书)、可行性研究、项目申请报告和项目评估决策等内容。

2.2 投资机会研究

2.2.1 投资机会研究的含义

投资机会研究(Opportunity Study,OS),也称投资机会鉴别,是指为寻找有价值的投资机会而进行的准备性调查研究。目的是发现有价值的投资机会。

2.2.2 投资机会研究的分类

投资机会研究可分为一般投资机会研究与具体项目投资机会研究两类。

1. 一般投资机会研究

一般投资机会研究是一种全方位的搜索过程,需要进行广泛的调查,收集大量的数据,一般投资机会研究又可分为三类:

(1)地区投资机会研究。即通过调查分析地区的基本特征、人口及人均收入、地区产业结构、经济发展趋势、地区进出口结构等状况,研究、寻找在某一特定地区的投资机会。

(2)部门投资机会研究。即通过调查分析产业部门在国民经济中的地位和作用,产业的规模和结构、各类产品的需求及其增长率等状况,研究、寻找在某一特定产业部门的投资机会。

(3)资源开发投资机会研究。即通过调查分析资源的特征、储量、可利用和已利用状况、相关产品的需求和限制条件等情况,研究、寻找开发某项资源的投资机会。

2. 具体项目投资机会研究

在一般投资机会研究初步筛选投资方向和投资机会后,再进行具体项目的投资机会研究。具体项目投资机会研究比一般投资机会研究更为深入、具体,需要对项目的背景、市场需求、资源条件、发展趋势以及需要的投入、可能的产出等方面进行研究和分析,并做出大体上的判断。

2.2.3 投资机会研究的内容和研究重点

投资机会研究的内容,包括市场调查、消费分析、投资政策、税收政策研究等。其研究重点是分析投资环境,如在某一地区或某一产业部门,对某类项目的背景、市场需求、资源调节、发展趋势以及需要的投入和可能的产出等方面进行准备性的调查、研究和分析，从而发现有价值的投资机会。

投资机会研究的成果是机会研究报告。投资机会研究报告是开展初步可行性研究的根据。在投资机会研究中，项目的建设投资和生产成本一般参照类似项目的数据做粗略的估算。

2.3 初步可行性研究

2.3.1 初步可行性研究的含义

初步可行性研究（Pre-feasibility Study，PS），也称预可行性研究，是在投资机会研究的基础上，对项目方案进行初步的技术、经济分析和社会、环境评价，对项目是否可行做出初步判断。主要目的是判断项目是否有生命力，是否值得投入更多的人力和资金进行可行性研究。

2.3.2 初步可行性研究的内容

以工业项目为例，初步可行性研究的内容包括：
（1）项目建设的必要性和依据。
（2）市场分析与预测。
（3）产品方案、拟建规模和厂址环境。
（4）生产技术和主要设备。
（5）主要原材料的来源和其他建设条件。
（6）项目建设与运营的实施方案。
（7）投资初步估算、资金筹措与投资使用计划初步方案。
（8）财务效益和经济效益的初步分析。
（9）环境影响和社会影响的初步评价。
（10）投资风险的初步分析。

2.3.3 初步可行性研究的重点和深度要求

初步可行性研究的重点，主要是根据国民经济和社会发展长期规划、行业规划和地区规划以及国家产业政策，经过调查研究、市场预测，从宏观上分析论证项目建设的必要性和可能性。

在初步可行性研究中，项目投资和成本费用主要采用相对粗略的估算指标法，有条件的也可采用分类估算法进行估算。

初步可行性研究的成果是初步可行性研究报告（项目建议书）。对于企业投资项目，政府不再审批项目建议书，初步可行性研究仅作为企业内部决策层进行项目投资策划、决策的依据；而对政府投资项目而言，仍需按基本建设程序要求审批项目建议书（初步可行性研究报告）。如果企业内部判断项目是有生命力的或政府投资项目经投资主管部门批准立项的，就可开展下一步的可行性研究。

小型项目或者简单的技术改造项目，自选定投资机会后可以直接进行可行性研究，可省略初步可行性研究工作。

2.4 可行性研究

2.4.1 可行性研究的含义

可行性研究（Feasibility Study，FS）一般是在初步可行性研究的基础上进行详细分析、研究。通过对拟建项目的建设方案和建设条件的分析、比较、论证，从而得出该项目是否值得投资，建设方案是否合理、可行的研究结论，为项目的决策提供依据。

可行性研究是建设项目决策分析与评价阶段最重要的工作。可行性研究的过程既是深入调查研究的过程，又是多方案比较选择的过程。

2.4.2 可行性研究的作用

1. 可行性研究是投资决策的依据

可行性研究对项目产品的市场需求、市场竞争力、建设方案、项目需要投入的资金、可能获得的效益以及项目可能面临的风险等都要做出结论。对企业投资项目，可行性研究的结论既是企业内部投资决策的依据，同时对属于《核准目录》内须经政府投资主管部门核准的投资项目，可行性研究又是编制申请报告的依据。政府投资的项目，可行性研究是政府投资主管部门审批决策的依据。

2. 可行性研究是筹措资金和申请贷款的依据

银行等金融机构一般都要求项目业主提交可行性研究报告，通过对可行性研究报告的评估，分析项目产品的市场竞争力、采用技术的可靠性、项目的财务效益和还款能力，然后决定是否对项目提供贷款。

3. 可行性研究是编制初步设计文件的依据

按照项目建设程序，一般只有在可行性研究报告完成后，才能进行初步设计。初步设计文件应在可行性研究的基础上，根据审定的可行性研究报告进行编制。

2.4.3 可行性研究的编制依据和要求

1. 可行性研究的编制依据

（1）项目建议书（可行性研究报告）及其批复文件。
（2）国家和地方的经济和社会发展规划、行业部门的发展规划，如江河流域开发治理规划、铁路公路路网规划、电力电网规划、森林开发规划，以及企业发展战略规划等。
（3）有关的法律、法规和政策。
（4）有关机构发布的工程建设方面的标准、规范、定额。
（5）拟建场（厂）址的自然、经济、社会概况等基础资料。
（6）合资、合作项目各方签订的协议书和意向书。
（7）与拟建项目有关的各种市场信息资料或社会公众要求等。

2. 可行性研究的基本要求

（1）预见性。可行研究不仅应对历史、现状资料进行研究和分析，更重要的是应对未来的市场需求、投资效益进行预算和估算。
（2）客观公正性。可行性研究必须坚持实事求是，在调查研究的基础上，按照客观情况进行论证和评价。
（3）可靠性。可行性研究应认真研究确定项目的技术经济措施，以保证项目的可靠性，同时也应否定不可行的项目或方案，以避免投资损失。
（4）科学性。可行性研究必须应用现代科学技术手段进行市场预测，运用科学的评价指标体系和方法分析评价项目的财务效益、经济效益和社会影响，为项目决策提供科学依据。

2.4.4 可行性研究的主要内容

项目可行性研究的内容，因项目的性质不同、行业特点而异。从总体看，可行性研究的内容与初步可行性研究的内容基本相同，但研究的重点有所不同，研究的深度有所提高，研究的范围有所扩大。可行性研究的重点是研究论证项目建设的可行性，必要时还需要进一步论证项目建设的必要性。

1. 可行性研究的主要内容

（1）项目建设的必要性。要从两个层次进行分析：一是结合项目功能定位，分析拟建项目对实现企业自身发展，满足社会需求，促进国家、地区经济和社会发展等方面的必要性；二是从国民经济和社会发展角度，分析拟建项目是否符合合理配置和有效利用资源的要求，是否符合区域规划、行业发展规划、城市规划的要求，是否符合国家产业政策和技术政策的要求，是否符合保护环境、可持续发展的要求等。

（2）市场分析。调查、分析和预测拟建项目产品和主要投入品的国际、国内市场的供需状况和销售价格；研究确定产品的目标市场；在竞争力分析的基础上，预测可能占有的市场份额；研究产品的营销策略。

（3）建设方案。主要包括建设规模与产品方案，工艺技术和主要设备方案，场（厂）址选择，主要原材料、辅助材料、燃料供应方案，总图运输和土建方案，公用工程方案，节能、节水措施，环境保护治理措施方案，安全、职业卫生措施和消防设施方案，项目的组织机构与人力资源配置等。

（4）投资估算。在确定项目建设方案工程量的基础上估算项目的建设投资，分别估算建筑工程费、设备购置费、安装工程费、工程建设其他费用、基本预备费、涨价预备费，还要估算建设期利息和流动资金。

（5）融资方案。在投资估算确定融资额的基础上，研究分析项目的融资主体，资金来源的渠道和方式，资金结构及融资成本、融资风险等。结合融资方案的财务分析，比较、选择和确定融资方案。

（6）财务分析（也称财务评价）。按规定科目详细估算营业收入和成本费用，预测现金流量；编制现金流量表等财务报表，计算相关指标；进行财务盈利能力、偿债能力分析以及财务生存能力分析，评价项目的财务可行性。

（7）经济分析（也称国民经济评价）。对于财务现金流量不能全面、真实地反映其经济价值的项目，应进行经济分析。从社会经济资源有效配置的角度，识别与估算项目产生的直接和间接的经济费用与效益，编制经济费用效益流量表，计算有关评价指标，分析项目建设对社会经济所做出的贡献以及项目所耗费的社会资源，评价项目的经济合理性。

（8）经济影响分析。对于行业、区域经济及宏观经济影响较大的项目，还应从行业影响、区域经济发展、产业布局及结构调整、区域财政收支、收入分配以及是否可能导致垄断等角度进行分析。对于涉及国家经济安全的项目，还应从产业技术安全、资源供应安全、资本控制安全、产业生产安全、市场环境安全等角度进行分析。

（9）资源利用分析。对于高耗能、耗水、大量消耗自然资源的项目，如石油天然气开采、石油加工、发电等项目，应分析能源、水资源和自然资源利用效率；一般项目也应进行节能、节水、节地、节材分析；所有项目都要提出降低资源消耗的措施。

（10）土地利用及移民搬迁安置方案分析。对于新增建设用地的项目，应分析项目用地情况，提出节约用地措施。涉及搬迁和移民的项目，还应分析搬迁方案和移民安置方案的合理性。

（11）社会评价或社会影响分析。对于涉及公共利益的项目，如农村扶贫项目，要在社会调查的基础上，分析拟建项目的社会影响，分析主要利益相关者的需求，对项目的支持和接受程度，分析项目的社会风险，提出需要防范和解决社会问题的方案。

（12）敏感性分析与盈亏平衡分析。进行敏感性分析，计算敏感度系数和临界点，找出敏感因素及其对项目效益的影响程度；进行盈亏平衡分析，计算盈亏平衡点，粗略预测项目适应市场变化的能力。

（13）风险分析。对项目主要风险因素进行识别，采用定性与定量分析方法估计风险程度，研究提出防范和降低风险的对策措施。

（14）结论与建议。在以上各项分析研究之后，应做出归纳总结，说明所推荐方案的优点，并指出可能存在的主要问题和可能遇到的主要风险，做出项目是否可行的明确结论，并对项目下一步工作和项目实施中需要解决的问题提出建议。

此外，除了在项目建设方案中提出环境保护治理和保障建设与运行安全的方案外，还应进行环境影响评价和安全预评价，这是由环境影响评价机构和安全预评价机构具体执行的、与项目可行性研究工作并行的重要工作。

由于可行性研究报告是项目申请报告编制的基础，为方便列入《核准目录》的企业投资项目的申请报告编制，上述内容是针对列入《核准目录》的企业投资项目的可行性研究报告设置的。对于备案的企业投资项目，其可行性研究报告内容可以适当简化。

2. 对于政府投资建设的社会公益项目、公共基础设施项目和环境保护等项目，除上述各项内容外，可行性研究及其报告的内容还应包括

（1）政府投资的必要性。

（2）项目需实施代建制的方案。

（3）政府投资项目的投资方式。对采用资本金注入方式的项目，要分析出资人代表的情况及其合理性。

（4）对于没有营业收入或收入不足以弥补运营成本的公益性项目，要从项目运营的财务可持续性角度，分析、研究政府提供补贴的方式和数额。

（5）依法须进行招标的工程建设项目，增加具体招标范围、拟采用的招标组织形式、招标方式等有关招标内容；不进行招标的，需说明不招标原因。

3. 可行性研究及其报告的侧重点，因项目的性质、特点不同有所差别

（1）水利水电项目。通常具有防洪、灌溉治涝、发电、供水等多项功能。需要重点研究水利水电资源的开发利用条件，水文、气象、工程地质条件，坝型与枢纽布置，库区淹没与移民安置等；项目经济评价以经济分析为主，财务分析为辅；对于社会公益性的水利项目，如防洪、治涝项目，财务分析的目的是测量提出维持项目正常运行需要国家补助的资金数额和需要采取的经济优惠政策。

（2）交通运输项目。包括公路、铁路、机场、地铁、桥梁、隧道等项目，不生产实物产品，而是为社会提供运输服务。需要重点研究项目对经济和社会发展、区域综合运输网布局、路网布局等方面的作用和意义；研究运量、线路方案、建设规模、技术标准、建筑工程方案等；项目经济评价以经济分析为主，财务分析为辅。

（3）农业开发项目。一般多为综合开发项目，可能包括农、林、牧、副、渔和加工业等项目，建设内容比较复杂。需要重点研究市场分析，建设规模和产品方案，原材料供应等；农业项目受气候等自然条件影响，效益与费用的不确定性较大。项目经济评价一般分为项目

层和经营层两个层次：项目层次评价以经济分析为主，财务分析为辅；经营层次评价只进行财务分析。

（4）文教卫生项目。包括学校、体育馆、图书馆、医院、卫生防疫与疾病控制系统等项目。项目建设的目的在于改善公共福利环境，提高人民生活的水平，保障社会公平，促进社会发展。需要重点研究项目的服务范围，确定项目的建设规模；依据项目的功能定位，比较选择适宜的建筑方案、主要设备和器械；项目经济评价以经济分析为主，常用的方法有最小成本分析、经济费用效果分析等。

（5）资源开发项目。包括煤、石油、天然气、金属、非金属等矿产资源的开发项目，水利水电资源的开发利用项目，森林资源的采伐项目等。需要重点研究资源开发利用的条件，包括资源开发的合理性、拟开发资源的可利用量、自然品质、赋存条件和开发价值；分析项目是否符合资源总体开发规划的要求，是否符合资源综合利用、可持续发展的要求，是否符合保护生态环境的有关规定。

2.5 项目申请报告

2.5.1 项目申请报告的目的和作用

项目申请报告是指对《核准目录》内，企业投资的重大项目和限制类项目为获得政府投资主管部门行政许可而报送的项目论证报告。其目的是根据政府关注的公共管理要求，对拟建项目从规划布局、资源利用、征地移民、生态环境、经济和社会影响等方面进行综合论证，为企业投资项目核准提供依据。

项目申请报告是在项目可行性研究的基础上，重点论述项目的外部性、公共性等事项，其作用是为了维护经济安全、合理开发利用资源、保护生态环境、优化重大布局、保障公众利益、防止出现垄断。

2.5.2 项目申请报告的主要内容

按照企业性质的不同，项目申请报告可分为企业投资项目申请报告，外商投资项目申请报告，境外投资项目申请报告等。

1. 企业投资项目申请报告

为了进一步完善、规范企业投资项目核准，帮助和指导企业编制项目申请报告，根据《企业投资项目核准暂行办法》，对需要报送、核准的企业投资项目申请报告，国家发改委公告了《项目申请报告通用文本》及其说明，供编写时借鉴和参考。编写项目申请报告的内容，一般包括以下9个方面的内容：

（1）申请单位及项目概况。包括两个方面：一是项目申报单位的主营业务、经营年限、注册资本、股东构成、现有生产能力、主要投资项目以及经营收入、利润、资产负债等内容，为项目核准机关分析判断项目申请单位或项目公司是否具备承担拟建项目的资格，是否符合有关市场准入条件等提供依据；二是拟建项目的建设背景、建设地点、主要建设内容和规模、产品和工程技术方案、主要设备选型和配套工程、投资规模和资金筹措方案等内容的概况，为项目核准提供项目背景。

（2）发展规划、产业政策及行业准入分析。包括四个方面：一是发展规划分析。拟建项目是否符合有关的国民经济和社会发展总体规划、专项规划、区域规划等要求，项目目标与规划内容是否衔接和协调。二是产业政策分析。拟建项目是否符合有关产业结构调整、产业空间布局、产业发展方向、产业创新等政策的要求。三是行业准入分析。项目建设单位和拟建项目是否符合相关行业准入标准的规定。四是自主创新和采用先进技术分析。对于采用先进技术和科技创新的企业项目，分析拟建项目产品技术方案的技术创新水平，先进技术的采用情况，技术路线的先进性，技术装备国产化和本土化的程度，是否符合国家科技发展规划要求等，同时，从发展规划、产业政策及行业准入角度，论证项目建设的功能定位，对项目建设的必要性进行分析论证。

（3）资源开发及综合利用分析。包括三个方面：一是资源开发方案。资源开发类项目，包括对金属矿、煤矿、石油天然气矿、建材矿以及水（力）、森林等资源的开发，应分析拟开发资源的可开发量、自然品质、赋存条件、开发价值等，评价是否符合保护资源环境政策和资源综合利用的要求。二是资源利用方案。包括项目需要占用的重要资源品种、数量及来源情况。多金属、多用途化学元素共生矿、伴生矿以及油气混合矿等的资源综合利用方案。通过对单位生产能力主要资源消耗量指标的对比分析，评价资源利用效率的先进程度。分析评价项目建设是否会对地表（下）水等其他资源造成不利影响。三是资源节约措施。阐述项目方案中作为原材料的各类金属矿、非金属矿及水资源节约的主要措施方案。对拟建项目的资源消耗指标进行分析，阐述再提高资源利用效率、降低资源消耗等方面的主要措施，论证是否符合资源节约和有效利用的相关要求。

（4）节能方案分析。包括三个方面：一是用能标准和节能规范。阐述拟建项目所遵循的国家和地方的合理用能标准及节能设计规范。二是能耗状况和能耗指标分析。阐述项目所在地的能源供应状况。分析拟建项目的能源消耗种类和数量。根据项目特点选择计算各类能源指标，与国际国内先进水平进行对比分析，阐述是否符合能耗准入标准的要求。三是节能措施和节能效果分析。阐述拟建项目为了优化用能结构、满足相关技术政策和设计标准而采用的主要节能降耗措施，对节能效果进行分析论证。

（5）建设用地、征地拆迁及移民安置分析。包括三个方面：一是项目选址及用地方案。包括项目建设地点、厂址土地权属、类别及占地面积、土地利用状况、占用耕地情况等内容，分析项目选址是否会造成相关不利影响，如是否压覆矿床和文物，是否有利于防洪和排涝，是否影响通航及军事设施等。二是土地利用合理性分析。分析拟建项目是否符合土地利用规范要求，占地规模是否合理，是否符合集约和有效使用土地的要求，耕地占用补充方案是否可行等。三是征地拆迁和移民安置规划方案。对拟建项目的征地拆迁影响进行调查分析，依法提出拆迁补偿的原则、规范和方式，制定移民安置规划方案，并对是否符合保障移民合法权益、满足移民生存及发展需要等要求进行分析论证。

（6）环境和生态影响分析。包括五个方面：一是环境和生态状况。包括项目厂址的自然环境条件、现有污染物情况、生态环境条件和环境容量状况等。二是生态环境影响分析。包括排放污染物类型、排放量情况分析，水土流失预测，对生态环境的影响因素和影响程度，对流域和区域环境及生态环境的综合影响。三是生态环境保护措施。按照有关环境保护、水土保持的政策、法规要求，对可能造成的生态环境损害提出治理措施，对治理方案的可行性、治理效果进行分析论证。四是地质灾害影响分析。在地质灾害易发区建设的项目和易诱发地质灾害的项目，要阐述项目建设所在地的地质灾害情况，分析拟建项目诱发地质灾害的风险，提出防御的对策和措施。五是特殊环境影响。分析拟建项目对历史文化遗产、自然遗产、风景名胜、自然景观和重要水源保护地等可能造成的不利影响，并提出保护措施。

（7）经济影响分析。包括四个方面：一是经济费用效益或费用效果分析。从社会资源优化配置的角度，通过经济费用效益或费用效果分析，评价拟建项目的经济合理性。二是行业影响分析。阐述行业现状的基本情况以及企业在行业中所处的地位，分析拟建项目对所在行业及关联产业发展的影响，并对是否可能导致垄断等进行论证。三是区域经济影响分析。对于区域经济可能产生重大影响的项目，应从区域经济发展、产业空间布局、当地财政收入、社会收入分配、市场竞争结构等角度进行分析论证。四是宏观经济影响分析。投资规模巨大、对国民经济有重大影响的项目，应进行宏观经济影响分析。涉及国家经济安全的项目，应分析拟建项目对经济安全的影响，提出维护经济安全的措施。

（8）社会影响分析。包括三个方面：一是社会影响效果分析。阐述拟建项目的建设及运营活动对项目所在地可能产生的社会影响和社会效益。二是社会适应性分析。分析拟建项目能否为当地的社会环境、人文条件所接纳，评价该项目与当地社会环境的相互适应性。三是社会风险及对策分析。针对项目建设所涉及的各种社会因素进行社会风险分析，提出协调项目与当地社会关系、规避社会风险，促进项目顺利实施的措施方案。

（9）结论与建议。

报送企业投资项目申请报告应附送以下文件：① 城市规划行政主管部门出具的城市规划意见。② 国土资源行政主管部门出具的项目用地预审意见。③ 环境保护、水行政主管部门出具的环境影响、水土保持评价文件的审批意见。④ 根据有关法律、法规，应提交的项目节能、矿产压覆、地震安全等其他审批文件。

2. 外商投资项目申请报告

根据《外商投资项目核准暂行管理办法》，对中外合资、中外合作、外商独资、外商购并境内企业、外商投资企业增资等各类外商投资项目，按照《外商投资产业指导目录》的分类要求，编制外商投资的项目申请报告。

3. 境外投资项目申请报告

根据《境外投资项目核准暂行管理办法》对境内各类投资法人（投资主体）及其通过在境外控股的企业或机构，在境外（适用于在香港、澳门特别行政区和台湾地区）进行的投资

（含新建、并购、参股、增资、再投资）的项目核准。

2.5.3 项目申请报告和可行性研究报告的关系和区别

企业投资建设实行行政核准编制的项目申请报告，与为企业内部策划编制的项目可行性研究以及为政府批准编制的项目可行性研究报告相比，既有密切的关系，又有较大的区别。

1. 关系

对于企业投资需要由政府核准的项目，一般是在企业内部完成项目可行性研究报告，由企业内部自主决策后，根据可行性研究的基本意见和结论，委托具备相应工程咨询资格的机构编制项目申请报告。因此，编制申请报告的基础是可行性研究报告，其深度要求基本相同。

2. 区别

（1）适用范围和作用不同。

可行性研究报告是投资建设项目内在规律的要求，是项目决策分析与评价过程中的客观要求，它适用于所有投资建设项目。即使是企业投资项目，为防止和减少投资失误、保证投资效益，自企业自主决策时，也应以项目可行性研究报告为企业内部决策的依据。

项目申请报告是政府行政许可的要求，它仅仅适用于企业投资建设实行政府核准制的项目，即列入《核准目录》的、不使用政府投资建设的重大项目和限制类项目。其作用是根据政府关注的公共管理要求，主要从维护经济安全、合理开发利用资源、保护生态环境、优化重大布局、保障公共利益、防止出现垄断等方面进行核准。政府投资项目和实行备案制的企业投资项目，均不需要编制项目申请报告。

（2）目的不同。

对于企业投资项目而言，可行性研究报告的目的是论证项目的可行性，提交企业内部决策机构（如企业董事会）审查批准；以及提交贷款方（包括内、外资银行以及国际金融组织和外国政府）评估，以便其作出贷款行为。

项目申请报告不是对项目财务可行性的研究，而是对政府关注的项目外部影响、涉及公共利益的有关问题进行论证说明，以获得政府投资主管部门的核准（行政许可）。政府投资主管部门核准之前，企业需要根据规划、环保、国土资源等部门的要求，进行相关分析论证，以获得各有关部门的许可。

（3）内容不同。

可行性研究报告不仅要对市场的前景、技术方案、设备选型、项目选址、投资估算、融资方案、财务效益、投资风险等方面进行分析与研究，而且要对政府关注的涉及公共利益的有关问题进行论证。

考虑到可行性研究报告是项目申请报告编制的基础，本章前述的可行性研究内容已经扩展，以便列入《核准目录》的企业投资项目的申请报告编制。

项目申请报告主要是从规划布局、资源利用、征地移民、生态环境、经济和社会影响等方面对拟建项目进行论证，对市场、技术、资金来源、财务效益等不涉及政府公共权力等"纯内部"问题不作为主要内容，但需要对项目有关问题加以简要说明，作为对项目核准提供项目背景、外部影响评估的基础材料。如为了便于政府对发展规划、产业政策及行业准入等内容进行审查，需要对采用工艺技术方案的先进性、创新性作简要说明等。

2.6 项目评估与决策

自1986年开始，对需要国家审批的投资建设项目实行"先评估，后决策"的制度。随着投资改革体制的深入发展，对各类投资中介服务机构的管理逐步健全和完善，咨询评估程序和方法更加科学、规范。根据国务院《关于投资体制改革的决定》和《国家发展改革委委托投资咨询评估管理方法》，对政府投资项目的项目建议书和可行性研究报告、企业投资项目的项目申请报告、重要领域的发展建设规划等在决策审批前，按照公平、公正、公开和竞争的原则，选择相应有资质、有能力、有实力的咨询中介机构进行咨询评估。

2.6.1 项目评估的作用

项目咨询评估是咨询机构根据政府投资主管部门、金融机构或企业等的委托，在项目投资决策前，对项目建议书（初步可行性研究报告）、可行性研究报告或申请报告，按照项目建设目标和功能定位，采用科学的方法，对项目的市场、技术、财务、经济，以及环境和社会影响等方面展开进一步的分析论证和再评价，权衡各种方案的利弊和潜在风险，判断项目是否值得投资，提出明确的评估结论，并对项目建设方案提出优化建议，从而为决策者进行科学决策或为政府核准项目提供依据的咨询活动。

在许多国家，无论私人还是公共投资项目，都必须得到项目所在国家或地区政府批准后才能实施。一方面，政府通常要对项目进行评估，评估拟建项目是否符合政府的发展目标、开发规划，项目对本国或本地经济、社会、环境等的影响；另一方面，投资者在完成项目可行性研究后，为了分析其可靠性，进一步完善项目方案，往往也聘请独立的咨询机构对可行性研究报告进行评估。至于向项目贷款的银行，项目评估是贷款银行决策的必要程序，评估结论是发放贷款的重要依据。

不同的委托主体，对评估的内容及侧重点的要求可能有所不同。总体上，政府部门委托的评估项目，一般侧重于项目的经济及社会影响评价，分析论证配置的合理性等；银行等金融机构委托的评估项目，主要侧重于融资主体的盈利能力和偿债能力评价；企业或机构投资者委托的评估项目，将重点评估项目本身的盈利能力、资金的流动性和财务风险等方面。

2.6.2 项目建议书和可行性研究报告的评估

1. 项目建议书和可行性研究报告评估的范围

政府投资项目的项目建议书和可行性研究报告评估，一般都要经过符合资质要求、委托入选的工程咨询单位进行评估论证，项目建议书的评估结论是项目立项的依据，可行性研究报告的评估结论是政府投资决策的依据。

企业投资者为了分析可行性研究报告的可靠性，进一步完善项目建设方案，往往聘请另一家工程咨询单位对初步可行性研究和可行性研究报告进行评估，作为企业内部决策的依据。

拟对项目贷款的银行，一般自行组织专家组，有时也委托工程咨询单位对可行性研究报告进行评估，评估结论是银行贷款决策的依据。

2. 报告的编制与其评估的关系和区别

（1）关系。

报告的编制和评估都是项目前期工作的重要内容。出发点是一致的，都以市场和社会的需求研究为出发点，按照国家有关的法规、政策，将资源条件同产业政策与行业规范结合起来进行方案选择。同时，其内容及方法基本一致，目的和要求基本相同，均是为了提高项目投资科学决策的水平、提高收益效益、避免决策失误。但是两者也存在一定的区别。

（2）区别。

① 承担主体不同。

在我国，项目建议书（初步可行性研究）、可行性研究通常由项目法人或企业主持，按照合同委托咨询机构进行研究；项目评估由项目投资主管部门主持，委托符合资质要求入选的工程咨询单位进行项目建议书（初步可行性研究）、可行性研究评估。

② 评估角度和任务不同。

可行性研究一般从行业或企业的角度，论证项目建设的必要性，市场前景、技术和经济的可行性，着重项目投资的微观效益；项目评估主要从国家和社会的角度，对报送的项目建议书（初步可行性研究）、可行性研究进行系统的核实、评审，提出评估结论和建议，着重项目投资的宏观效益。

因此，项目建议书、可行性研究是项目投资决策的基础，是项目评估的重要前提。项目评估是可行性研究的延续、深化和再研究，独立地为决策者提供直接的、最终的依据。

2.6.3 项目申请报告评估

项目申请报告评估是政府投资主管部门依据需要，委托符合资质要求、入选的工程咨询单位对拟建企业投资项目从维护经济安全、合理开发利用资源、保护生态环境、优化重大布局、保障公共利益、防止出现垄断等方面进行评估论证，对项目申请报告中所评估的发展规划、产业政策和行业准入，资源开发及综合利用，项目节能、建设用地、征地拆迁及移民安置，环境和生态影响，经济和社会影响，主要风险等内容的符合性、合理性、真实性和可靠性进行核实和评价。

为进一步贯彻企业投资体制改革精神，规范企业投资项目的核准评估工作，提高咨询评估的质量和水平，国家发展改革委员会根据《国务院关于投资体制改革的决定》(国发〔2004〕20号）精神，在颁发《企业投资项目核准暂行办法》(国家发展改革委第19号令)、《国家发展改革委委托投资咨询评估管理办法》(发改投资〔2007〕1169号）和《国家发展改革委委托投资咨询评估管理办法》(发改投资〔2004〕1973号）规定的基础上，以2008年第37号公告，颁发了《关于企业投资项目咨询评估报告的若干要求》和《企业投资项目咨询评估报告编写大纲》。

根据国家发改委2008年第37号公告，咨询评估报告通常包括以下10项内容：

（1）申报单位及项目概况。
（2）发展规划、产业政策和行业准入评估。
（3）资源开发及综合利用评估。
（4）节能方案评估。
（5）建设用地、征地拆迁及移民安置评估。
（6）环境和生态影响评估。
（7）经济影响评估。
（8）社会影响评估。
（9）主要风险及对应措施评估。
（10）主要结论和建议。

为了防止和避免项目建设对国家经济安全和社会公共利益可能存在的风险，在项目申请报告评估中，特别要求单独列出"主要风险及应对措施评估"的内容。

2.6.4 咨询评估机构的选择

根据国家投资体制改革规范中介服务机构"培育规范投资中介服务组织，加强行业自律，促进公平竞争"的规定，对"承担编制项目建议书，可行性研究报告，项目申请报告、重要领域发展建设规划等业务的入选咨询机构，不得承担同一项目或事项的咨询评估业务""不得承担同一项目的设计、优化设计、招标代理、监理、代建、后评价等后续业务"。因此，在开展项目前期评估中选择中介服务机构时，一般应符合以下三个基本条件：

1. 有执业资格

承担可行性研究报告评估的工程咨询单位，必须依法取得政府有关部门及其有权机构认定的工程咨询单位资格，工程咨询单位资格包括资格等级、咨询专业和服务范围三部分。工程咨询单位应在其执业范围内承担任务，并有良好的业绩。

2. 有信誉

承担可行性研究报告评估的工程咨询单位,应能遵循"工作、科学、可靠"的宗旨和"敢言、多谋、善断"的行为准则。实事求是,一切从实际出发,说实话,办实事。应能做到严谨廉洁、优质高效,既对国家负责,又对投资者负责。

3. 有实力

主要考核专家层次、组织管理能力和装备水平。承担可行性研究报告评估的工程咨询单位应有自己的专家队伍,有一批能胜任编制可行性研究报告、组织项目评估任务的项目经理,善于综合优化多种咨询方案和意见,做出正确的判断和结论。应具有规范化、制度化和现代化的管理和装备,并有组织高层次评估专家组的能力。

选择的方式可根据咨询服务的特点,结合有关国际惯例和国内法规,采取公开招标、邀请招标、征求建议书、两阶段招标、竞争性谈判、聘用专家等方式进行。

复习思考题

(1) 建设项目决策期的主要工作是什么?
(2) 可行性研究的内容是什么?
(3) 项目申请报告的目的和作用是什么?
(4) 项目评估的作用是什么?
(5) 选择咨询评估机构的条件是什么?

3 投资估算

【学习要点】
（1）建设项目总投资构成；
（2）建设投资简单估算法；
（3）建设投资分类详细估算法；
（4）建设期利息的估算；
（5）流动资金的估算；
（6）总投资与分年投资估算表的编制。

投资估算是指在建设项目经济评价过程中，依据建设项目现有的资料和一定的方法，对建设项目的投资数额进行估计。投资估算是确定融资方案、筹措资金数额的重要依据，也是进行建设项目财务分析和经济评价的基础。

本章阐述投资估算的范围及构成、深度与要求、步骤与方法。

3.1 投资估算概述

3.1.1 投资估算的范围及构成

1. 建设项目总投资构成

建设项目总投资是指投资项目从筹建期间开始到项目全部建成投产为止所发生的全部投资费用。具体由建设投资、建设期利息和流动资金三部分构成。

（1）建设投资。

建设投资是指建设单位在建设项目筹建期间与建设期间所花费的全部建设费用。

建设投资按照概算法分类包括工程费用、工程建设其他费用和预备费用，其中：工程费用包括建筑工程费、设备及工器具购置费和安装工程费等；工程建设其他费用包括建设用地费用、建设管理费、可行性研究费、研究试验费、勘察设计费、环境影响评价费、安全职业卫生健康评价费、场地准备及临时设施费、引进技术和设备其他费用、工程保险费、市政公用设施建设及绿化补偿费、超限设备运输特殊措施费、特殊设备安全监督检验费、联合试运转费、安全生产费用、专利及专有技术使用费、生产准备费、办公及生活家具购置费等；预备费用包括基本预备费和涨价预备费等。

（2）建设期利息。

建设期利息是债务资金在建设期内发生并应计入固定资产原值的利息，包括借款（或债券）利息以及手续费、承诺费、管理费等其他融资费用。

（3）流动资金。

流动资金是建设项目生产运营期内长期占用并周转使用的营运资金。

2. 总投资形成的资产

根据资金保全原则和企业资产划分的有关规定，投资项目在建成交付使用时，项目投入的全部资金分别形成固定资产、无形资产和其他资产。

在投资构成中，工程费用与大部分工程建设其他费用形成固定资产投资，主要包括征地补偿和租地费、建设管理费、可行性研究费、勘察设计费、研究试验费、环境影响评价费、安全职业卫生健康评价费、场地准备及临时设施费、引进技术和设备其他费用、工程保险费、市政公用设施建设及绿化补偿费、特殊设备安全监督检验费、超限设备运输特殊措施费、联合试运转费和安全生产费用等。

无形资产投资，是指形成企业可以长期使用的非实物形态资产的投资。按照《企业会计准则》的规定，工程建设其他费用中的建设用地费用、专利及专有技术使用费应计入无形资产投资范围，但房地产企业开发商品房时，相关的土地使用权账面价值应当计入所开发房屋的建筑成本中。

递延资产投资，是指建设投资中不能计入工程成本，应当在生产运营期内一次摊销除固定资产和无形资产以外的其他各项费用。按照有关规定，形成递延资产投资的费用主要有生产准备费、办公及生活家具购置费等开办费性质的费用。某些行业规定还包括出国人员费用、来华人员费用和图纸资料翻译复制费。

建设项目总投资的构成与资产形成如图3.1所示。

注意：这里的"建设项目总投资"是建设项目经济评价用的"建设项目总投资"，与"作为项目资本金比例计算基数的总投资"是有区别的。后者在《国务院关于固定资产投资项目试行资本金制度的通知》中定义为，"作为计算资本金基数的总投资，是指投资项目的固定资产投资与铺底流动资金之和"，其中：固定资产投资由工程费用、工程建设其他费用、基本预备费、涨价预备费和建设期利息等构成；铺底流动资金指流动资金中的非债务资金，占全部流动资金的30%。因此，两者的区别是：作为项目资本金比例计算基数的总投资只包含了30%的流动资金，而建设项目经济评价使用的建设项目总投资则包含了全部流动资金。

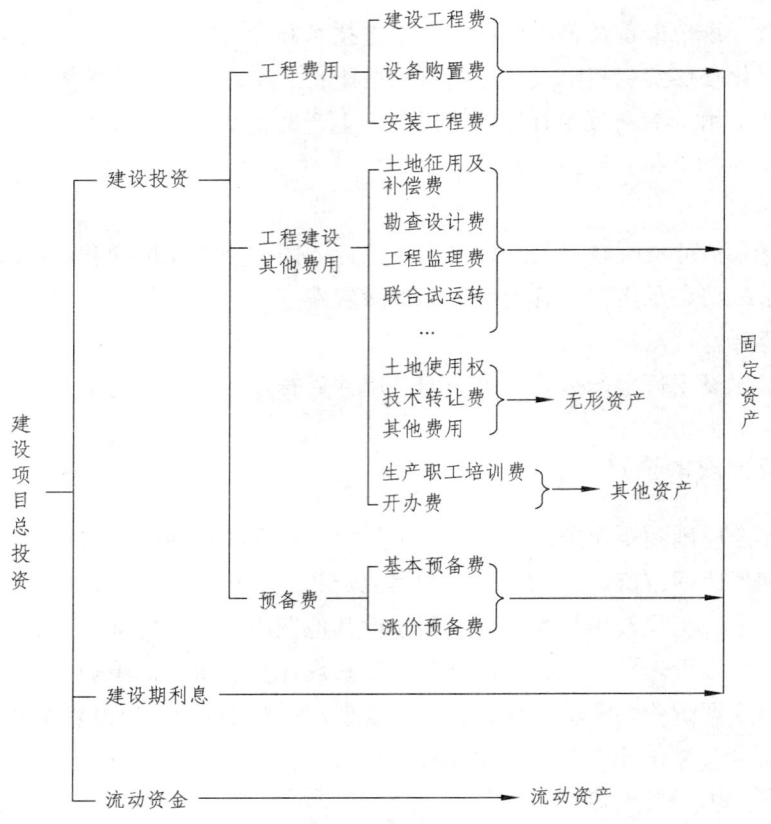

图 3.1　建设项目总投资的构成与资产形成图

3.1.2　投资估算的深度与要求

建设项目经济评价一般可分为投资机会研究、初步可行性研究（项目建议书）、可行性研究、项目前评估四个阶段。由于不同阶段的工作深度和掌握的资料详略程度不同，因此在建设项目经济评价的不同阶段，允许投资估算的深度和准确度也相应有所不同。随着工作的进展、项目条件的逐步明确，投资估算应逐步细化，准确度应逐步提高，从而对建设项目投资起到有效的控制作用。建设项目经济评价的不同阶段对投资估算的准确度要求（允许误差率）见表 3.1。

表 3.1　建设项目经济评价的不同阶段对投资估算准确度的要求

序号	阶段名称	投资估算的允许误差率
1	投资机会研究阶段	±30%以内
2	初步可行性研究（项目建议书）阶段	±20%以内
3	可行性研究阶段	±10%以内
4	项目前评估阶段	±10%以内

尽管投资估算在具体数额上允许存在一定的误差率,但必须达到以下要求:
(1)投资估算的范围应与项目建设方案所涉及的范围、所确定的各项工程内容相一致。
(2)投资估算的内容和构成齐全,计算合理,不提高或者降低估算标准,不重复计算或者漏项少算。
(3)投资估算方法科学、基础资料完整、依据充分。
(4)投资估算选用的指标与具体估算对象之间存在标准或者条件差异时,应进行必要的换算或者调整。
(5)投资估算的准确度应能满足建设项目经济评价不同阶段的要求。

3.1.3 投资估算的依据与作用

1. 建设投资估算的基础资料与依据

(1)建设项目的建设方案所确定的各项工程建设内容及工程量。
(2)权威机构发布的建设工程造价费用构成、估算指标、计算方法,以及其他有关工程造价的文件。
(3)权威机构发布的工程建设其他费用估算办法和费用标准,以及有关机构发布的物价指数。
(4)相关部门或行业制定的投资估算方法和估算指标。
(5)建设项目所需设备、材料的市场价格。

2. 投资估算的作用

(1)投资估算是投资决策的依据之一。
建设项目经济评价中投资估算所确定的项目建设与运营所需的资金额,是投资者进行投资决策的依据之一,投资者要根据自身的财务能力和信用状况做出是否投资的决策。
(2)投资估算是制定建设项目融资方案的依据。
投资估算所确定的建设项目建设与运营所需的资金量,是建设项目制定融资方案、进行资金筹措的依据。投资估算准确与否,将直接影响融资方案的可行性。
(3)投资估算是进行建设项目经济评价的基础。
建设项目经济评价是对项目的费用与效益做出全面的分析评价,建设项目所需投资是建设项目费用的重要组成部分,是进行经济评价的基础。投资估算准确与否,将直接影响经济评价的可靠性。
在投资机会研究和初步可行性研究阶段,虽然对投资估算的准确度要求相对较低,但投资估算仍然是该阶段的一项重要工作。投资估算完成之后才有可能进行经济效益的初步评价。
(4)投资估算是编制初步设计概算的依据,对项目的工程造价起着一定的控制作用。
按照基本建设程序,应在可行性研究报告被审定或批准后进行初步设计。经审定或批准的可行性研究报告是编制初步设计的依据,报告中所估算的投资额是编制初步设计概算的依据。

总而言之，按照建设项目经济评价的不同阶段所要求的内容和深度，完整、准确地进行投资估算是建设项目经济评价中必不可少的重要工作。

3.2 建设投资估算

3.2.1 建设投资简单估算法

建设投资简单估算法是基于已建同类建设项目的建设投资额，来估算拟建项目的建设投资额的方法。包括单位生产能力估算法、生产规模指数法、比例估算法、系数估算法等。

这类方法的最大优点是计算简单快速，不足之处主要是：估算精确度较差；需要大量相关基础数据的积累，并且要经过科学系统的分析和整理。

建设项目经济评价的不同阶段对投资估算准确度的要求不同，建设投资估算的方法也相应不同。比如在投资机会研究阶段、初步可行性研究阶段可以采用单位生产能力估算法、朗格系数法或生产能力指数法等，也可根据具体条件选择其他估算方法。可行性研究阶段，要求的投资估算精度较高，需通过工程量的计算，采用相对准确的估算方法进行分类估算。

1. 单位生产能力估算法

单位生产能力估算法是根据已建成的、性质类似的建设项目的单位生产能力投资（如元/t、元/kW）乘以拟建项目的生产能力来估算拟建项目的投资额，其计算公式为：

$$C_2 = \frac{C_1}{Q_1} \times Q_2 \times CF \qquad (3.1)$$

式中　C_2——拟建项目的投资额；

　　　C_1——已建类似项目的投资额；

　　　Q_1——已建类似项目的生产能力；

　　　Q_2——拟建项目的生产能力；

　　　CF——不同时期、不同地点的定额、单价、费用等的综合调整系数。

单位生产能力估算法简单快捷，但精确度差，这种方法要求拟建项目与所选取的已建项目间，仅存在规模大小和时间上的差异，一般仅用于投资机会研究阶段。

【例 3.1】已知 2008 年建设污水处理能力 10 万 m^3/d 的污水处理厂的建设投资为 2 亿元，2013 年拟建污水处理能力 16 万 m^3/d 的污水处理厂一座，工程条件与 2008 年已建项目类似，综合调整系数 CF 为 1.25，试估算该项目的建设投资。

【解】

根据式（3.1），该项目的建设投资为

$$C_2 = \frac{C_1}{Q_1} \times Q_2 \times CF = \frac{2}{10} \times 16 \times 1.25 = 4 \text{（亿元）}$$

2. 生产能力指数法

生产能力指数法是根据已建成的、性质类似的建设项目的生产规模和投资额与拟建项目的生产规模来估算拟建项目投资额，其计算公式为：

$$C_2 = C_1 \times \left(\frac{Q_2}{Q_1}\right)^n \times CF \tag{3.2}$$

式中　n——生产规模指数（根据不同类型企业的统计资料予以确定）；

其他符号含义同前。

国外的化工项目的统计资料表明，n 的平均值大约在 0.6 左右，故又称此法为 0.6 指数法。该法仅适用于同类型的项目，而且规模扩大的幅度不宜大于 50 倍。

对于不同性质的建设项目，n 的取值是不同的。当依靠加大设备规格来扩大生产规模时，$n = 0.6 \sim 0.7$；当依靠增加相同规格设备的数量来扩大生产规模时，$n = 0.8 \sim 1.0$；高温高压工业项目，$n = 0.3 \sim 0.5$。

本方法比单位生产能力估算法精确，计算简单快速，但要求已建类似项目的资料可靠、类型一致、条件基本相同，否则误差会很大。

【例 3.2】 已知年产 20 万 t 的某化工品的流水线生产装置投资为 30 000 万元，现拟建年产 60 万 t 的同种产品项目，工程条件与上述项目类似，生产规模指数 n 为 0.7，综合调整系数 CF 为 1.1，该估算该项目的流水线投资。

【解】 根据式（3.2），该项目的流水线投资为

$$C_2 = C_1 \times \left(\frac{Q_2}{Q_1}\right)^n \times CF = 30\,000 \times \left(\frac{60}{20}\right)^{0.7} \times 1.1 = 71\,203 \text{（万元）}$$

3. 比例估算法

比例估算法可分为两类：

（1）基于拟建项目的设备及工器具购置费进行估算。

以拟建项目的设备及工器具购置费为基数，根据已建成的同类项目的建筑工程费和安装工程费占设备及工器具购置费的百分比，求出相应的建筑工程费和安装工程费，再加上拟建项目的其他费用（即工程建设其他费用和预备费等），其总和即为拟建项目的建设投资。计算公式为

$$C = E(1 + f_1 P_1 + f_2 P_2) + I \tag{3.3}$$

式中　C——拟建项目的建设投资；

E——拟建项目根据当时当地价格计算的设备及工器具购置费；

P_1、P_2——已建项目中建筑工程费和安装工程费分别占设备及工器具购置费的百分比；

f_1、f_2——由于时间、地点等因素引起的定额、价格、费用等综合调整系数；

I——拟建项目的其他费用。

【例 3.3】 某拟建项目的设备及工器具购置费为 10 000 万元，根据已建同类项目统计资料，建筑工程费占设备及工器具购置费 20%，安装工程费占设备及工器具购置费的 9%，该拟建项目的其他有关费用估计为 2 600 万元，综合调整系数 f_1、f_2 均为 1.1，试估算该项目的建设投资。

【解】 根据式（3.3），该项目的建设投资为

$$C = E(1 + f_1 P_1 + f_2 P_2) + I = 10\ 000 \times [1 + (20\% + 9\%) \times 1.1] + 2\ 600$$
$$= 15\ 790（万元）$$

（2）基于拟建项目的工艺设备投资进行估算。

该方法以拟建项目的工艺设备投资额为基数，根据同类型的已建项目的有关统计资料、各专业工程投资额（总图、土建、暖通、给排水、强弱电、电信及自控等）占工艺设备投资额（含运杂费和安装费）的百分比，求出拟建项目各专业工程投资额，然后把各部分投资额（包括工艺设备投资额）相加求和，再加上拟建项目的其他有关费用，即为拟建项目的建设投资。计算公式为

$$C = E(1 + f_1 P_1' + f_2 P_2' + f_3 P_3' + \cdots) + I \tag{3.4}$$

式中 E——拟建项目根据当时当地价格计算的工艺设备投资；

P_1，P_2，P_3——已建项目各专业工程费用占工艺设备投资的百分比；

其他符号含义同前。

4. 系数估算法

（1）朗格系数法。

该方法以设备及工器具购置费为基础，乘以适当系数来推算建设项目的建设投资。计算公式为

$$C = E(1 + \sum_i K_i) K_c \tag{3.5}$$

式中 C——建设投资；

E——设备及工器具购置费；

K_i——管线、仪表、建筑物等项费用的估算系数；

K_c——管理费、合同费、应急费等间接费在内的总估算系数。

建设投资与设备及工器具购置费之比为朗格系数 K_L，即

$$K_L = (1 + \sum K_i) K_c \tag{3.6}$$

运用朗格系数法估算投资，方法比较简单，但因为没有考虑项目（或设备装置）的规模大小、设备材质的影响以及不同地区自然、地理条件差异的影响，所以估算的准确度不高。

（2）设备及厂房系数法。

该方法在拟建项目工艺设备投资额和厂房土建投资估算的基础上，其他专业工程投资额

参照类似项目的统计资料,与设备关系较大的按设备投资系数计算,与厂房土建关系较大的则按厂房土建投资系数计算,两类投资加起,再加上拟建项目的其他有关费用,即为拟建项目的建设投资。

【例 3.4】 某项目工艺设备及其安装费用估计为 3 000 万元,厂房土建费用估计为 4 000 万元,参照类似项目的统计资料,其他各专业工程投资系数如表 3.2 所示,其他有关费用为 2 000 万元,试估算该项目的建设投资。

表 3.2 各专业工程投资系数

项 目	系 数	项 目	系 数
工艺设备	1.00	厂房土建(含设备基础)	1.00
起重设备	0.09	给排水工程	0.04
加热炉及烟道	0.12	采暖通风	0.03
气化冷却	0.01	工业管道	0.01
余热锅炉	0.04	电器照明	0.01
供电及转动	0.18		
自动化仪表	0.02		
系数合计	1.46	系数合计	1.09

【解】
根据上述方法,则该项目的建设投资为

$$3\,000 \times 1.46 + 4\,000 \times 1.09 + 2\,000 = 10\,740\,(万元)$$

3.2.2 建设投资的分类详细估算法

针对建设投资构成分类估算,即对工程费用(含建筑工程费、设备及工器具购置费和安装工程费)、工程建设其他费用和预备费(含基本预备费和涨价预备费)分别采用最合适的方法进行估算,然后再汇总得到建设投资,即为详细估算方法。

1. 估算步骤

首先,分别估算各单项工程所需的建筑工程费、设备及工器具购置费、安装工程费。
其次,在汇总各单项工程费用的基础上,估算工程建设其他费用。
再次,估算基本预备费和涨价预备费。
最后,加总求得建设投资总额。

2. 建筑工程费估算

(1)估算内容。
建筑工程费是指为建造永久性建筑物和构筑物所需要的费用,主要包括以下内容:

① 各类房屋建筑工程和列入房屋建筑工程预算的供水、供暖、卫生、通风、煤气等设备费用及其装饰工程的费用，列入建筑工程的各种管道管线敷设工程的费用。

② 设备基础、支柱、烟囱、水塔、水池、灰塔等构筑物工程以及各种窑炉的砌筑工程和金属结构工程的费用。

③ 建设场地的大型土石方工程、施工临时设施和完工后的场地清理等费用。

④ 修建铁路、公路、桥梁、水库、堤坝、灌渠及防洪，矿井开凿、井巷延伸、露天矿剥离，修建石油天然气钻井等工程的费用。

（2）估算方法。

建筑工程费的估算方法有单位建筑工程投资估算法、单位实物工程量投资估算法和概算指标投资估算法。前两种方法比较简单，后一种方法需要以较详细的工程量资料为基础，工作量较大，实际工作中可根据具体条件和要求选用。

① 单位建筑工程投资估算法。

单位建筑工程投资估算法是以单位建筑工程量投资乘以建筑工程总量来估算建筑工程费的方法。一般工业与民用建筑以单位建筑面积（平方米）投资，铁路路基以单位长度（公里）投资，水库以水坝单位长度（米）投资，乘以相应的建筑工程总量计算建筑工程费。

② 单位实物工程量投资估算法。

单位实物工程量投资估算法，是以单位实物工程量投资乘以实物工程量来估算建筑工程费的方法。土石方工程按每立方米投资，路面铺设工程按每平方米投资，矿井巷道衬砌工程按每延长米投资，乘以相应的实际工程量总量计算建筑工程费。

③ 概算指标投资估算法。

对于没有前两种估算指标，或者建筑工程费占建设投资比例较大的项目，可采用概算指标估算法估算建筑工程费。

建筑工程概算指标分别有一般土建工程概算指标、给排水工程概算指标、采暖工程概算指标、通信工程概算指标、电气照明工程概算指标等。

【例 3.5】 某化工厂的建筑工程费估算见表 3.3。

表 3.3 某化工厂建筑工程费估算表

序号	建筑物、构筑物名称	单位	工程量	单位投资（元）	费用合计（万元）
1	生产车间	m²	7 712	1 800	1 388.20
2	原料、成品库	m²	5 783	1 000	578.30
3	综合动力站	m²	1 134	1 200	136.10
4	地下水池	m²	1 300	750	97.50
5	门卫室	m²	74	1 000	7.40
6	厂区围墙和大门	m²	750	200	15.00
7	厂区道路	m²	9 800	120	117.60
8	厂区绿化	m²	6 743	50	33.70
9	综合楼	m²	3 402	1 200	408.20
10	食堂等生活设施	m²	1 157	1 000	115.70
11	车库	m²	230	1 000	23.00
	合计				2 920.70

3. 设备及工器具购置费估算

设备及工器具购置费指需要安装和不需要安装的全部设备、仪器、仪表等，和必要的备品备件及工器具、生产家具购置费用。可按国内设备购置费、进口设备购置费、备品备件和工器具及生产家具购置费分类估算。

（1）国内设备购置费估算。

国内设备购置费是指为建设项目购置或自制的、达到固定资产标准的各种国产设备的购置费用。它由设备原价和设备运杂费构成。

① 国产标准设备原价。国产标准设备是指按照主管部门颁布的标准图纸和技术要求，由国内设备生产厂批量生产的、符合国家质量检测标准的设备。国产标准设备原价一般指设备制造厂的交货价，即出厂价。设备的出厂价分两种情况：一是带有备件的出厂价；二是不带备件的出厂价。在计算设备原价时，一般应按带有备件的出厂价计算。如果是不带备件的出厂价，则应按有关规定加上备品备件费用。国产标准设备原价可通过查询相关价格目录或向设备生产厂家询价得到。

② 国产非标准设备原价。国产非标准设备是指国家尚无定型标准，设备生产厂不可能采用批量生产，只能根据具体的设备图纸按订单制造的设备。非标准设备原价有多种不同的计算方法。无论采用哪种方法都应使非标准设备计价接近实际出厂价，并且计算方法要简便。

③ 设备运杂费。设备运杂费通常由运输费、装卸费、运输包装费、供销手续费和仓库保管费等各项费用构成。一般按设备原价乘以设备运杂费费率计算。设备运杂费费率按部门、行业规定执行。

编制国内设备购置费估算表，见表3.4。

表 3.4 国内设备购置费估算表　　　　　　　　　　　　　　　　万元

序号	设备名称	型号规格	单位	数量	设备购置费		
					出厂价	运杂费	总价
1							
2							
3							
...							
合计							

（2）进口设备购置费估算。

进口设备购置费由进口设备货价、进口从属费用及国内运杂费组成。

① 进口设备货价。

进口设备货价按其包含的费用内容不同，可分为：离岸价格（FOB）、离岸加运费价格（CFR）与到岸价格（CIF），通常多指离岸价格。

离岸价格（FOB）是货物成本价，指出口货物运抵出口国口岸运输工具上交货的价格，即买家负责启运口岸到目的口岸的运输费和运输保险费。

离岸加运费价格（CFR）= 货物成本价 + 运输费，即卖方负责启运口岸到目的口岸的运输费，买方负责启运口岸到目的口岸的运输保险费。

到岸价格（CIF）= 货物成本价 + 运输费 + 运输保险费，是进口货物抵达进口国口岸的价格，即卖方负责启运口岸到目的口岸的运输费和运输保险费。

进口设备交货价可依据对相关厂商的询价、相关厂商的报价及订货合同价等研究确定。

② 进口从属费用。

进口从属费用包括国外运费、国外运输保险费、进口关税、进口环节消费税、进口环节增值税、外贸手续费和银行财务费。

a. 国外运费。

即从启运口岸到达目的口岸的运费。计算公式为

$$国外运费 = 进口设备离岸价 \times 国外运费费率 \tag{3.7}$$

或

$$国外运费 = 单位运价 \times 运量 \tag{3.8}$$

b. 国外运输保险费。

国外运输保险费是被保险人根据与保险人（保险公司）订立的保险契约，为获得保险人对货物在运输过程中发生的损失给予经济补偿支付的费用。计算公式为

$$国外运输保险费 = (进口设备离岸价 + 国外运费) \times 国外运输保险费费率 \tag{3.9}$$

国外运输保险费费率按照有关保险公司的规定执行。

进口设备按到岸价计价时，不必计算国外运费和国外运输保险费。

c. 进口关税。

计算公式为

$$进口关税 = 进口设备到岸价 \times 人民币外汇牌价 \times 进口关税税率 \tag{3.10}$$

进口关税税率按照我国海关总署发布的《中华人民共和国海关进出口税则》的规定执行。

d. 进口环节消费税。

进口适用消费税的设备（如汽车），应按规定计算进口环节消费税。

$$消费税 = 组成计税价格 \times 消费税税率 \tag{3.11}$$

$$组成计税价格 = (关税完税价格 + 关税)/(1 - 消费税税率) \tag{3.12}$$

关税完税价格：进口货物以海关审定的成交价格为基础的到岸价格作为关税完税价格。可行性研究阶段拟建项目尚未与外商正式签订引进商务合同，进口货物以估算的到岸价格（以人民币表示）暂作为关税完税价格，计算公式为：

$$\begin{aligned}进口环节消费税 = &(进口设备到岸价 \times 人民币外汇牌价 + 进口关税) \times \\ &消费税税率/(1 - 消费税税率)\end{aligned} \tag{3.13}$$

消费税税率按《中华人民共和国消费税暂行条例》及相关规定执行。

e. 进口环节增值税。

计算公式为

$$增值税 = 组成计税价格 \times 增值税税率 \tag{3.14}$$

$$组成计税价格 = 关税完税价格 + 关税 + 消费税 \quad (3.15)$$

可行性研究阶段拟建项目尚未与外商正式签订引进商务合同，进口货物以估算的到岸价格暂作为关税完税价格，计算公式为

$$进口环节增值税 = (进口设备到岸价 \times 人民币外汇牌价 + 进口关税 +$$
$$消费税) \times 增值税税率 \quad (3.16)$$

增值税税率按《中华人民共和国值税暂行条例》及相关规定执行。

f. 外贸手续费。

按国家有关主管部门制定的进口代理手续费收取办法计算。计算公式为

$$外贸手续费 = 进口设备到岸价 \times 人民币外汇牌价 \times 外贸手续费费率 \quad (3.17)$$

g. 银行财务费。

按进口设备交货价计取，计算公式为

$$银行财务费 = 进口设备交货价 \times 人民币外汇牌价 \times 银行财务费费率 \quad (3.18)$$

③ 国内运杂费。

国内运杂费通常由运输费、运输保险费、装卸费、包装费和仓库保管费等费用构成。计算公式为

$$国内运杂费 = 进口设备原价 \times 人民币外汇牌价 \times 国内运杂费年费率 \quad (3.19)$$

进口设备原价是进口设备离岸价（货价）与进口从属费用之和。

国内运杂费率按部门、行业或省、市的规定执行。

④ 进口设备购置费。

进口设备购置费是进口设备原价和国内运杂费之和。

估算进口设备购置费应编制进口设备购置费估算表，表格格式见表3.5。

表 3.5 进口设备购置费估算表（万元或万美元）

序号	设备名称	台（套）数	离岸价	国外运费	国外运输保险费	到岸价	进口关税	消费税	增费税	外贸手续费	银行财务费	国内运杂费	设备购置费总价
1													
2													
3													
...													
合计													

（3）工器具及生产家具购置费估算。

工器具及生产家具购置费是指按照有关规定，保证新建或扩建项目初期正常生产必须购置的第一套工卡模具、器具及生产家具的购置费用。一般以国内设备和进口设备购置费为计算基数，按照部门或行业规定的工器具及生产家具购置费费率计算。

4. 安装工程费估算

（1）估算内容。

安装工程费一般包括：

① 为满足生产、动力、起重、运输、传动和医疗、试验等各种需要安装的机械设备、专用设备、仪器仪表等的安装费。

② 附属于安装设备的管道管线、电缆等的材料费和安装费。

③ 设备和管道的保温、绝缘、防腐，设备内部的填充物等的材料费和安装费。

（2）估算方法。

投资估算中安装工程费通常是根据行业或专门机构发布的安装工程定额、取费标准进行估算。具体计算可按安装费费率或每单位安装实物工程量费用指标进行估算。计算公式为

$$\text{安装工程费} = \text{设备原价} \times \text{安装费费率} \qquad (3.20)$$

或

$$\text{安装工程费} = \text{设备吨位} \times \text{每吨设备安装费} \qquad (3.21)$$

【例 3.6】 某化工厂的安装工程费估算见表 3.6。

表 3.6 某化工厂安装工程费估算表（万元）

序号	安装工程名称	设备原价	设备安装费率%（占设备原价百分比）	管道材料费	安装工程费
1	设备				
1.1	工艺设备	1000	8		80.00
1.2	通风设备	10	10		1.00
1.3	自控设备	300	7		21.00
1.4	化验检测仪器	90	1		0.90
1.5	机修、电修设备	40.0	5		2.00
1.6	仪修设备	20	2		0.40
1.7	综合动力设备	300	10		30.00
1.8	消防设备	24.0	12		2.88
1.9	污水处理设备	30.0	12		3.60
	设备小计				141.78
2	管线工程				

在按照上述内容与方法分别估算建筑工程费、设备及工器具购置费和安装工程费的基础上，汇总形成建设项目的工程费用。

5. 工程建设其他费用估算

工程建设其他费用是指建设投资中除建筑工程费、设备及工器具购置费、安装工程费以外的，为保证工程建设顺利完成和交付使用后能够正常发挥效用而发生的各项费用。

工程建设其他费用所包含的费用较多，其中有规定的收费或取费标准的，按规定估算；没有规定的，按实际可能发生的费用估算。

（1）建设用地费用。

按照获取建设用地方式的不同，建设用地费可以分为三种具体形式：

① 征地补偿费。适用于可以采用征地方式获取建设用地的建设项目。征地补偿费是指建设项目通过划拨方式取得土地使用权，依据相关法律法规规定所应支付的费用，其内容包括：

a. 土地补偿费。

b. 安置补助费。

c. 地上附着物和青苗补偿费。

d. 征地动迁费。包括征用土地上房屋及附属构筑物、城市公共设施等拆除、迁建补偿费、搬迁运输费，企业单位因搬迁造成的减产、停产损失补贴费、拆迁管理费等。

e. 其他税费。包括按规定一次性缴纳的耕地占用税、分年缴纳的城镇土地使用税在建设期支付的部分、征地管理费，征收城市郊区菜地按规定缴纳的新菜地开发建设基金，以及土地复耕费等。

建设项目投资估算中对以上各项费用应按照国家和地方相关规定标准计算。

② 土地使用权出让（转让）金。适用于采用出让或转让方式获取建设用地的建设项目。土地使用权出让（转让）金是指通过土地使用权出让（转让）方式，使建设项目取得有限期的土地使用权，依照《中华人民共和国城镇国有土地使用权出让和转让暂行条例》规定，支付的土地使用权出让（转让）金。

③ 租地费。适用于采用租用土地方式获取建设用地的建设项目。包括在建设期采用租用的方式获得土地使用权所发生的租地费用，以及建设期间临时用地补偿费。

（2）建设管理费。

建设管理费是指建设单位从建设项目筹建开始，直至项目竣工验收合格或交付使用为止发生的建设管理费用。费用内容包括：

① 建设单位管理费。指建设单位发生的管理性质的开支。

② 工程建设监理费。指建设单位委托工程监理单位实施工程监理的费用。

建设管理费以建设投资中的工程费用为基数乘以建设管理费费率计算。建设管理费费率按照建设项目的不同性质、规模确定。

建设项目实施工程监理，建设单位的大部分建设管理工作由监理单位负责。工程建设监理费以国家有关规定确定的费用标准为指导性价格，具体收费标准应根据委托监理业务的范围、深度和工程的性质、规模、难易程度以及工作条件等情况，由建设单位和监理单位在监理合同中商定。

如果建设管理采用工程总承包方式，其总承包管理费由建设单位与总包单位根据总包工作的范围在合同中商定，从建设管理费中支出。

（3）可行性研究费。

可行性研究费是指在建设项目前期工作中，编制和评估项目建议书（或初步可行性研究报告）、可行性研究报告所需的费用。可行性研究费参照国家相关规定执行，或按委托咨询合同的咨询费数额估算。

（4）研究试验费。

研究试验费是指为建设项目提供或验证设计数据、资料等进行必要的研究试验以及按照设计规定在建设过程中必须进行试验、验证所需的费用。研究试验费应按照研究试验内容和要求进行估算。

（5）勘察设计费。

勘察设计费是指委托勘察设计单位进行工程水文地质勘察、工程设计所发生的各项费用。包括：工程勘察费、方案设计费、初步设计费、施工图设计费以及设计模型制作费。勘察设计费参照国家有关规定计算。

（6）环境影响评价费。

环境影响评价费是按照国家相关规定为评价建设项目对环境可能产生影响所需的费用。包括编制和评估环境影响报告书（含大纲）、环境影响报告表等所需的费用。环境影响评价费可参照国家相关规定或咨询合同计算。

（7）安全职业卫生健康评价费。

安全职业卫生健康评价费是指对建设项目存在的职业危险、危害因素的种类和危险、危害程度以及拟采取的安全、职业卫生健康技术和管理对策进行研究评价所需的费用，包括编制预评价大纲和预评价报告及其评估等，可依照建设项目所在省、自治区、直辖市劳动安全行政部门规定的标准计算。

（8）场地准备及临时设施费。

场地准备费是指建设项目为达到工程开工条件所发生的场地平整，和对建设场地余留的、有碍施工的设施进行拆除清理的费用。临时设施费是指为满足施工需要而供到场地界区的，未列入工程费用的临时水、电、气、道路、通信等费用和建设单位的临时建筑物、构筑物建设、维修、拆除或者建设期间的租赁费用，以及施工期间专用公路养护费、维修费。新建项目的场地准备和临时设施费应根据实际工程量估算，或按工程费用的比例计算。改扩建项目一般只计拆除清理费。具体费率按照部门或行业的规定执行。

（9）引进技术和设备其他费用。

引进技术和设备其他费用是指引进技术和设备发生的未计入设备及工器具购置费的费用，内容包括：

① 引进设备材料国内检验费。以按进口设备材料离岸价为基数乘以费率计取。

② 引进项目图纸资料翻译复制费、备品备件测绘费。引进项目图纸资料翻译复制费根据引进项目的具体情况估算或者按引进设备离岸价的比例估算。备品备件测绘费按项目具体情况估算。

③ 出国人员费用。包括买方人员出国联络考察、联合设计、监造、培训等所发生的差旅费、生活费等。出国人员费用依据合同或协议规定的出国人次、期限以及相应的费用标准计算。其中生活费按照财政部、外交部规定的现行标准计算，差旅费按中国民航公布的现行标准计算。

④ 来华人员费用。包括卖方来华工程技术人员的现场办公费用、往返现场交通费用、接待费用等。来华人员费用依据引进合同或协议有关条款及来华技术人员派遣计划进行计算。来华人员接待费用可按每人次费用指标计算。具体费用指标按照部门或行业的规定执行。

⑤ 银行担保及承诺费。是指引进技术和设备项目由国内外金融机构进行担保所发生的费用，以及支付贷款机构的承诺费用。银行担保及承诺费按担保或承诺协议计取。投资估算时可按担保金额或承诺金额为基数乘以费率计算。已计入其他融资费用的不应重复计算。

（10）工程保险费。

工程保险费是指建设项目在建设期间根据需要对建筑工程、安装工程、机器设备和人身安全进行投保而发生的保险费用。包括建筑安装工程一切险、引进设备财产保险和人身意外伤害险等。建设项目可根据工程特点选择投保险种，编制投资估算时可按工程费用的比例估算。工程保险费费率按照保险公司的规定或按部门、行业规定执行。建筑安装工程费中已计入的工程保险费，不再重复计取。

（11）市政公用设施建设及绿化补偿费。

市政公用设施建设及绿化补偿费是指使用市政公用设施的建设项目，按照项目所在省、自治区、直辖市政府有关规定，建设或者缴纳的市政公用设施建设配套费用以及绿化工程补偿费用。市政公用设施建设及绿化补偿费按项目所在地政府规定标准估算。

（12）超限设备运输特殊措施费。

超限设备运输特殊措施费是指超限设备在运输过程中需进行的路面拓宽、桥梁加固、铁路设施、码头等改造时所发生的特殊措施费。超限设备的标准按行业规定。

（13）特殊设备安全监督检验费。

特殊设备安全监督检验费是指在现场组装和安装的锅炉及压力容器、压力管道、消防设备、电梯等特殊设备和设施，由安全监察部门进行安全检验，应由建设单位向安全监察部门缴纳的费用。该费用可按受检设备和设施的现场安装费的一定比例估算。安全监察部门有规定的，从其规定。

（14）联合试运转费。

联合试运转费是指新建项目或新增生产能力的工程，在交付生产前按照批准的设计文件所规定的工程质量标准和技术要求，进行整个生产线或装置的负荷联合试运转或局部联动试车所发生的费用净支出（=试运转支出－试运转收入）。联合试运转费一般根据不同性质的项目按需要试运转车间的工艺设备及工器具购置费的百分比估算。具体费率按照部门或行业的规定执行。

（15）安全生产费用。

按照有关法规，在我国境内从事矿山开采、建筑施工、危险品生产及道路交通运输的企业以及其他经济组织应提取安全生产费用。其提取基数和提取方式随行业不同。建筑企业的安全生产费用是指建筑施工企业按照国家有关规定和建筑施工安全标准，购置施工安全防护用具、落实安全施工措施、改善安全生产条件、加强安全生产管理等所需的费用。按照相关规定，建筑施工企业以建筑安装工程费用为基数提取，并计入工程造价。规定的提取比例随工程类别不同而有所不同。建筑安装工程费中已计入安全生产费用的，不再重复计取。

（16）专利及专有技术使用费。

该费用包括：国外设计及技术资料费；引进有效专利、专有技术使用费和技术保密费；

国内有效专利、专有技术使用费；商标使用费、特许经营权费等。专利及专有技术使用费应按专利使用许可协议和专有技术使用合同确定的数额估算。专有技术的界定应以省、部级鉴定批准为依据。建设投资中只估算需在建设期支付的专利及专有技术使用费。

（17）生产准备费。

生产准备费是指建设项目为保证竣工交付使用、正常生产运营进行必要的生产准备所发生的费用。包括生产人员培训费，提前进厂参加施工、设备安装、调试以及熟悉工艺流程及设备性能等人员的工资、工资性补贴、职工福利费、差旅交通费、劳动保护费、学习资料费等。生产准备费一般根据需要培训和提前进厂人员的人数、培训时间及生产准备费指标计算。新建项目以可行性研究报告定员人数为计算基数；改扩建项目以新增定员为计算基数。具体费用指标按照部门或行业的规定执行。

（18）办公及生活家具购置费。

办公及生活家具购置费是指为保证新建、改建、扩建项目初期正常生产、使用和管理所必须购置的办公和生活家具、用具的费用。该项费用一般按照项目定员人数乘以费用指标估算。具体费用指标按照部门或行业的规定执行。

工程建设其他费用的具体项目及取费标准应根据有关规定并结合建设项目的具体情况确定。上述各项费用并不是每个建设项目都必定发生的费用，应根据具体情况进行估算。有些行业可能还会发生一些特殊的费用，此处不再列举。

工程建设其他费用按各项费用的费率或者取费标准估算后，应编制工程建设其他费用估算表。某化工厂的工程建设其他费用估算表见表 3.7。

表 3.7　某化工厂工程建设其他费用估算表　　　　　　　　　　　万元

序号	费用名称	计算依据	费率或标准	总价
1	土地使用权费	35 000 m²	200 元/m²	700.00
2	建设管理费	工程费用	5%	299.89
3	前期工作费	工程费用	1.0%	59.98
4	勘察设计费	工程费用	3.0%	179.94
5	工程保险费	工程费用	0.3%	17.99
6	联合试运转费	工程费用	0.5%	29.99
7	专利费	专利转让协议		300.0
8	人员培训费	项目定员 200 人	2 000 元/人	40.00
9	人员提前进厂费	项目定员 200 人	5 000 元/人	100.00
10	办公及生活家具购置费	项目定员 200 人	1 000 元/人	20.00
	合　计			1 747.79

注：① 表内的前期工作费包括可行性研究费、环境影响评价费和安全职业卫生健康评价费。
　　② 工程费用为：5 997.88 万元。

按照资产类别划分，也可将上述工程建设其他费用分为固定资产投资、无形资产投资、其他资产投资三部分。

6. 基本预备费估算

基本预备费是指在项目实施中可能发生,但在建设项目经济评价中难以预计的,需要事先预留的费用。一般由以下三项内容构成:

(1) 在批准的设计范围内,技术设计、施工图设计及施工过程中所增加的工程费用;经批准的设计变更、工程变更、材料代用、局部地基处理等增加的费用。

(2) 竣工验收时为鉴定工程质量对隐蔽工程进行必要的挖掘和修复费用。

(3) 一般自然灾害造成的损失和预防自然灾害所采取的措施费用。

基本预备费以工程费用和工程建设其他费用之和为基数,按部门或行为主管部门规定的基本预备费费率估算。计算公式为

$$\text{基本预备费} = (\text{工程费用} + \text{工程建设其他费用}) \times \text{基本预备费费率} \quad (3.23)$$

7. 涨价预备费估算

涨价预备费是对建设工期较长的建设项目,由于在建设期内可能发生材料、设备、人工、机械台班等价格上涨引起投资增加而需要事先预备的费用,亦称价格变动不可预见费、价差预备费。涨价预备费一般以分年的工程费用为计算基数,计算分式为

$$PC = \sum_{t=1}^{n} I_t [(1+f)^t - 1] \quad (3.24)$$

式中　PC——涨价预备费;

　　　I_t——第 t 年的工程费用;

　　　f——建设期价格的上涨指数;

　　　n——建设期;

　　　t——年份。

目前涨价预备费有不同的计算方式,有以工程费用作为计费基数的,国内外也有将工程费用和工程建设其他费用合计作为计费基数的,甚至有将基本预备费也纳入计费基数的情况。建设期价格上涨指数,有政府主管部门规定的按规定执行,没有规定的由工程咨询人员合理预测。

【例 3.7】　某化工厂的工程费用为 5 997.88 万元,建设期 2 年,按照实施进度,工程费用使用比例第 1 年为 40%,第 2 年为 60%;建设期价格上涨指数参照有关行业规定取 4%。试估算该项目的涨价预备费。

【解】

第 1 年工程费用 = 5 997.88 × 40% = 2 399.15(万元)

第 1 年涨价预备费 = 2 399.15 × [(1 + 4%) − 1] = 95.97(万元)

第 2 年工程费用 = 5 997.88 × 60% = 3 598.73(万元)

第 2 年涨价预备费 = 3 598.73 × [(1 + 4%)2 − 1] = 293.66(万元)

该项目涨价预备费 = 95.97 + 293.66 = 389.63(万元)

8. 汇总编制建设投资估算表，并对建设投资的合理性进行分析

（1）汇总编制建设投资估算表。

上述各项费用估算完毕后应编制建设投资估算表，详见附表3.1。

（2）建设投资的合理性分析。

包括建设投资的合理性分析和建设投资构成的合理性分析。

① 建设投资的合理性主要从以下两方面进行分析：

a. 单位投资的产出水平。分析单位投资所产生的生产能力、产出量，并与同行业其他类似项目进行比较。

b. 单位产出的投资水平。分析建设项目所形成的单位生产能力（或使用效益）需要多少投资，并与同行业其他类似项目进行比较，分析项目的投资支出是否合理。

② 建设投资构成的合理性主要从以下两方面进行分析：

a. 各类工程费用构成的合理性分析。应根据不同行业，结合各类建筑工程、设备购置、安装工程的实物量，分析其货币量的合理性，并将项目的建筑工程费、安装工程费、设备及工器具购置费占建设投资的比例，以及主要工程和费用占建设投资的比例与同行业其他类似项目进行比较。

b. 分年投资计划的合理性分析。应结合各年的工程进度、各年的实物工程量、各年实际需要支付的工程建设其他费用等，分析项目分年投资计划的合理性。

3.3 建设期利息估算

建设期利息是债务资金在建设期内发生并应计入固定资产原值的利息，包括借款（或债券）利息及手续费、承诺费、发行费、管理费等融资费用。

估算建设期利息应注意有效利率和名义利率的区别。

项目在建设期内如能用非债务资金按期支付利息，应按单利计息；在建设期内如不支付利息，或用借款支付利息应按复利计息。

建设项目经济评价中对当年借款额在年内按月、按季均衡发生的项目，为了简化计算，通常假设借款发生当年在年中使用，按半年计息，其后年份按全年计息。对借款额在建设期各年年初发生的项目，则应按全年计息。

建设期利息的计算要根据借款在建设期各年年初发生或者在各年年内均衡发生的情况，采用不同的计算公式。

（1）借款额在建设期各年年初发生，建设期利息的计算公式为

$$Q = \sum_{t=1}^{n}[(P_{t-1} + A_t) \times i] \qquad (3.25)$$

式中　Q——建设期利息；

P_{t-1}——建设期第 $t-1$ 年末借款本息累计；

A_t——建设期第 t 年借款额；

i——借款年率利率；

t——年份。

（2）借款额在建设期各年年内均衡发生，建设期利息的计算分式为

$$Q = \sum_{t=1}^{n}\left[\left(P_{t-1} + \frac{A_t}{2}\right) \times i\right] \qquad (3.26)$$

各符号含义同上。

【例 3.8】 某新建化工项目，建设期为 3 年，第 1 年借款 200 万元，第 2 年借款 300 万元，第 3 年借款 200 万元，各年借款均在年内均衡发生，借款年利率为 6%，每年计息 1 次，建设期内不支付利息。试计算该项目的建设期利息。

【解】

第 1 年借款利息：$Q_1 = \left(P_{1-1} + \frac{A_1}{2}\right) \times i = \frac{200}{2} \times 6\% = 6$（万元）

第 2 年借款利息：$Q_2 = \left(P_{2-1} + \frac{A_2}{2}\right) \times i = \left(206 + \frac{300}{2}\right) \times 6\% = 21.36$（万元）

第 3 年借款利息：$Q_3 = \left(P_{3-1} + \frac{A_3}{2}\right) \times i = \left(206 + 321.36 + \frac{200}{2}\right) \times 6\% = 37.64$（万元）

该项目的建设期利息为：$Q = Q_1 + Q_2 + Q_3 = 6 + 21.36 + 37.64 = 65.00$（万元）

建设项目经济评价中，一般采用借款额在各年年内均衡发生的建设期利息计算公式估算建设期利息，根据实际情况，也可采用借款额在各年年初发生的建设期利息计算公式估算建设期利息。

3.4 流动资金估算

流动资金是指建设项目在生产运营期内长期占用的用于周转的营运资金，但不包括运营中临时需要的资金。

在建设项目经济评价中所考虑的流动资金，是伴随固定资产投资而发生的永久性流动资产投资，等于建设项目投产运营后所需的全部流动资产扣除流动负债后的余额。

流动资金估算的基础主要是营业收入和经营成本。因此，流动资金估算应在年营业收入和年经营成本估算之后进行。

流动资金可按行业要求或前期研究的不同阶段选用扩大指标估算法或分项详细估算法估算。

3.4.1 扩大指标估算法

扩大指标估算法简便易行，但精确度不如分项详细估算法，在项目初步可行性研究阶段可采用扩大指标估算法，某些流动资金需要量小的行业项目或非制造业项目在可行性研究阶段也可采用扩大指标估算法。

扩大指标估算法是参照同类企业流动资金占营业收入的比例（即营业收入资金率）、流动资金占经营成本的比例（即经营成本资金率）或单位产量占用流动资金的数额（即单位产量资金率）来估算流动资金。

1. 营业收入资金率

计算公式为

$$流动资金 = 年营业收入额 \times 营业收入资金率 \qquad (3.27)$$

式中，"营业收入资金率"参照同类企业流动资金占营业收入的比例的经验值；"年营业收入额"取建设项目正常生产经营年份的数值；一般加工工业建设项目多采用该方法估算流动资金。

2. 经营成本（或总成本）资金率法

计算公式为

$$流动资金 = 年经营成本(或总成本) \times 经营成本(或总成本)资金率 \qquad (3.28)$$

式中，"经营成本（或总成本）资金率"参照同类企业流动资金占经营成本（或总成本）的比例的经验值；"年经营成本（或总成本）"取建设项目正常生产经营年份的数值；一般采掘业建设项目多采用该方法估算流动资金。

3. 单位产量资金率法

计算公式为

$$流动资金 = 年产量 \times 单位产量资金率 \qquad (3.29)$$

式中，"单位产量资金率" 参照同类企业单位产量占用流动资金额的比例的经验值；煤矿等特定的建设项目可采用该方法估算流动资金。

3.4.2 分项详细估算法

分项详细估算法工作量较大，但精确度较高，一般在可行性研究阶段应采用分项详细估算法。

分项详细估算法是对流动资产和流动负债主要构成部分：现金、存货、应收账款、预付账款、应付账款、预收账款等内容进行分项估算，最后得出项目所需的流动资金数额。计算公式为

$$流动资金 = 流动资产 - 流动负债 \tag{3.30}$$

$$流动资产 = 现金 + 存货 + 应收账款 + 预付账款 \tag{3.31}$$

$$流动负债 = 应付账款 + 预收账款 \tag{3.32}$$

$$流动资金本年增加额 = 本年流动资金 - 上年流动资金 \tag{3.33}$$

具体的流动资金估算，首先确定各分项的最低周转天数，计算出各分项的年周转次数，然后再分项估算资金额，最后汇总得到建设项目总的流动资金需要量。

1. 各项流动资产和流动负债最低周转天数的确定

采用分项详细估算法估算流动资金，其准确度取决于各项流动资产和流动负债的最低周转天数取值的合理性。在确定最低周转天数时要根据建设项目的实际情况，并考虑一定的保险系数。如存货中的外购原材料、燃料的最低周转天数应根据其不同来源，考虑运输方式、运输距离、设计储存能力等因素综合确定。在产品的最低周转天数应根据产品生产工艺流程的实际情况确定。

2. 年周转次数计算

$$年周转次数 = \frac{360 天}{最低周转天数} \tag{3.34}$$

各类流动资产和流动负债的最低周转天数参照同类企业的平均周转天数并结合建设项目特点确定，或按部门（行业）规定执行。

3. 流动资产估算

流动资产是指可以在 1 年或者超过 1 年的一个营业周期内变现或耗用的资产，主要包括货币资金、短期投资、应收及预付款项、存货、待摊费用等。为简化计算，建设项目经济评价中仅考虑现金、应收账款、预付账款和存货。

（1）存货估算。

存货是指企业在日常生产经营过程中存储以备出售，或者仍然处在生产过程，或者在生产或提供劳务过程中将消耗的物品，包括各种材料、商品、在产品、半成品、产成品等。为简化计算，建设项目经济评价中仅考虑外购原材料、外购燃料、在产品和产成品。其中，外购原材料和外购燃料通常需要分品种分项进行计算。计算公式为

$$存货 = 外购原材料 + 外购燃料 + 其他材料 + 在产品 + 产成品 \tag{3.35}$$

$$外购原材料 = \frac{年外购原材料费用}{外购原材料年周转次数} \tag{3.36}$$

$$外购燃料 = \frac{年外购燃料费用}{外购燃料年周转次数} \quad (3.37)$$

$$其他材料 = \frac{年外购其他材料费用}{外购其他材料年周转次数} \quad (3.38)$$

其他材料是指在修理费中核算的备品备件等材料,其他材料费用数额不大的项目,也可不必计算。

$$在产品 = \frac{年外购原材料、燃料、动力费 + 年工资及福利费 + 年修理费 + 年其他制造费用}{在产品周转次数} \quad (3.39)$$

$$产成品 = \frac{年经营成本 - 年其他营业费用}{产成品年周转次数} \quad (3.40)$$

(2)应收账款估算。

建设项目经济评价中,应收账款中的计算分式为

$$应收账款 = \frac{年经营成本}{应收账款年周转次数} \quad (3.41)$$

应收账款的计算也可用营业收入替代经营成本。考虑到实际占用企业流动资金的主要是经营成本范畴的费用,因此选择经营成本较为合理性。

(3)现金估算。

建设项目经济评价中的现金是指为维持日常生产运营所必须预留的货币资金,包括库存现金和银行存款,建设项目经济评价中,现金的计算公式为

$$现金 = \frac{年工资及福利费 + 年其他费用}{现金年周转次数} \quad (3.42)$$

$$\begin{aligned}其他费用 = {} & 制造费用 + 管理费用 + 财务费用 + 销售费用 - \\ & (以上费用中所含的工资及福利费、折旧费、\\ & 摊销费、修理费)\end{aligned} \quad (3.43)$$

或

$$\begin{aligned}其他费用 = {} & 其他制造费 + 其他营业费用 + 其他管理费用 + \\ & 技术转让费 + 研究与开发费 + 土地使用税\end{aligned} \quad (3.44)$$

(4)预付账款估算。

预付账款是指企业为购买各类原材料、燃料或服务所预先支付的款项。建设项目经济评价中,预付账款的计算公式为

$$预付账款 = \frac{预付的各类原材料、燃料或服务年费用}{预付账款年周转次数} \quad (3.45)$$

4. 流动负债估算

流动负债是指将在1年(含1年)或者超过1年的一个营业周期内偿还的债务,包括短

期借款、应付账款、预收账款、应付工资、应付福利费、应交税金、应付股利、预提费用等。为简化计算，建设项目经济评价中仅考虑应付账款。

应付账款是因购买商品或劳务等而发生的债务，是买卖双方在购销活动中由于取得商品或劳务与支付货款在时间上不一致而产生的负债。建设项目经济评价中，应付账款的计算公式为

$$应付账款 = \frac{年外购原材料、燃料、动力和其他材料费用}{应付账款年周转次数} \quad (3.46)$$

3.4.3 流动资金估算应注意的问题

（1）投入和产出的成本估算中采用不含增值税销项税额和进项税额的价格时，流动资金估算中应注意将该项税额和进项税额分别包含在相应的收入和成本支出中。

（2）建设项目投产初期所需流动资金在实际工作中应在项目投产前筹措。为简化计算，建设项目经济评价中流动资金可从投产第一年开始安排，运营负荷增长，流动资金也随之增加，但采用分项详细估算法估算流动资金时，运营期各年的流动资金数额应依照上述公式分年进行估算，不能简单地按100%运营负荷下的流动资金乘以投产期运营负荷估算。

3.5 建设项目总投资与分年投资计划

3.5.1 建设项目总投资估算表的编制

按投资估算内容和估算方法估算上述各项投资并进行汇总，编制建设项目总投资估算表。表3.8是一种较为简单的建设项目总投资估算表的格式。

表3.8 建设项目总投资估算表　　　　　　万元

序号	费用名称	单位	数量	单价	合计	估算说明
1	建设投资					
1.1	工程费用					
1.1.1	建筑工程费					
1.1.2	设备及工器具购置费					
1.1.3	安装工程费					
1.2	工程建设其他费用					
1.3	基本预备费					
1.4	涨价预备费					
2	建设期利息					
3	流动资金					
4	建设项目总投资（1+2+3）					

3.5.2 分年投资计划表的编制

估算出建设项目建设投资，建设期利息和流动资金后，应根据建设项目计划进度的安排编制分年投资计划表，见表 3.9。该表中的分年建设投资可以作为安排融资计划、估算建设期利息的基础。由此估算的建设期利息列入该表。流动资金本来就是分年估算的，可由流动资金估算表转入。分年投资计划表是编制建设项目资金筹措计划表的基础。

表 3.9　分年投资计划表　　　　　　　　　　　　万元

序号	项目	人民币		
		第1年	第2年	……
1	建设投资			
2	建设期利息			
3	流动资金			
4	建设项目总投资（1+2+3）			

实际工作中常将建设项目总投资估算表、分年投资计划表和资金筹措表合而为一，编制"总投资使用计划与资金筹措表"，详见第 4 章附表 4.1。

复习思考题

（1）建设项目总投资构成是什么？
（2）建筑工程费包含哪些费用？
（3）安装工程费包含哪些费用？
（4）工程建设其他费包含哪些费用？
（5）某化工厂拟从国外进口一台设备，重量为 2 000 t，离岸价为 500 万美元。其他有关费用为：国外海运费率为 4%；海上运输保险费费率为 0.1%；银行财务费费率为 0.15%，外贸手续费费率为 1%；关税税率为 10%；进口环节增值税税率为 17%；人民币外汇牌价为 1 美元=6.5 元人民币，设备的国内运杂费费率为 2.1%。试对该套设备购置费进行估算。
（6）工程项目达到设计生产能力后，全厂定员为 1 100 人，工资和福利费按照每人每年 7 200 元估算。每年的其他费用为 860 万元（其中：其他制造费用为 660 万元）。年外购原材料、燃料及动力费估算为 19 200 万元，年经营成本为 21 000 万元，年修理费占年经营成本 10%。

各项流动资金的最低周转天数分别为：应收账款 30 天，现金 40 天，应付账款 30 天，存货 40 天。

用分项详细估算法估算项目的流动资金。

附表3.1 建设投资估算表　　　　　　　　　　　　　　　　　　　　　　　万元

序号	工程或费用名称	建筑工程费用	设备及工器具购置费	安装工程费	其他费用	合计	投资比例（%）
1	工程费用						
1.1	主体工程						
1.1.1	厂房建筑						
	…						
1.2	辅助工程						
1.2.1	原料、成品库						
	…						
1.3	公用工程						
1.3.1	综合动力站						
	…						
1.4	总图运输工程						
1.4.1	厂区道路						
	…						
1.5	服务性工程项目						
1.5.1	综合楼						
	…						
1.6	工器具及生产家具						
2	工程建设其他费用						
2.1	土地使用权费						
	…						
3	预备费						
3.1	基本预备费						
3.2	涨价预备费						
4	建设投资合计						
其中：可抵扣固定资产进项税额							
投资比例（%）							

4 融资方案与资金使用计划分析

【学习要点】
（1）融资主体及融资方式；
（2）既有法人内部融资的方式；
（3）项目资本金的来源及筹措方式；
（4）债务资金的筹措方式；
（5）项目融资的主要模式；
（6）资金成本的计算方法。

本章主要阐述了融资的主体及其融资方式、资金筹措的渠道与方式、资金成本计算和资本结构、项目融资的特点和主要模式。

4.1 融资主体

项目的融资主体是指进行融资活动，并承担融资责任和风险的项目法人单位。依据是否依托于项目组建新的项目法人实体划分，项目融资主体分为两类：新设法人及既有法人。

1. 既有法人融资条件

（1）拟融资的项目与既有法人的资产以及经营活动联系密切；
（2）既有法人具有为项目进行融资和承担全部融资责任的经济实力；
（3）拟建项目盈利能力较差，但项目对整个企业的持续发展具有重要作用，需要利用既有法人的整体资信获得债务资金。

2. 新设法人融资条件

（1）项目发起人希望拟建项目的生产经营活动相对独立，且拟建项目与既有法人的经营活动联系不密切；

(2)拟建项目的投资规模较大,既有法人财务状况较差,不具有为项目进行融资和承担全部融资责任的经济实力,需要新设法人募集股本金;

(3)项目本身具有较强的盈利能力,依靠项目自身未来的现金流量可以按期偿还债务。

新设法人融资与既有法人融资的区别见表4.1。

表 4.1 新设法人融资与既有法人融资对比表

对比点	新设法人融资	既有法人融资
概念	组建新的项目法人进行项目建设的融资活动	又称公司融资或公司信用融资,是以既有法人作为项目法人进行项目建设的融资活动
特点	① 项目投资由新设法人筹集的资本金和债务资金构成; ② 新设法人承担融资责任和风险; ③ 从项目投产后的经济效益情况考察偿债能力	① 拟建项目不组建新的项目法人,由既有法人统一组织融资活动并承担融资责任和风险; ② 拟建项目一般是在既有法人资产和信用的基础上进行的,并形成增量资产; ③ 一般从既有法人的财务整体状况考察融资后的偿债能力
其他	① 新组建的法人拥有项目的财产和权益,并承担融资责任和风险; ② 新设法人可按《公司法》的规定设立有限责任公司(包括国有独资公司)和股份有限公司形式	① 既有法人负责筹集资金,投资新项目,不组建新的独立法人,负债由既有法人承担; ② 融资方案要与公司总体财务安排相协调,将其作为公司理财的一部分

4.2 融资方式

4.2.1 既有法人融资方式

既有法人融资是指建设项目所需资金来源于既有法人内部融资、新增资本金和新增债务资金。既有法人作为项目法人进行项目资本金筹措,不组建新的独立法人,筹资方案应与既有法人公司(包括企业、事业单位等)的总体财务安排相协调。既有法人可用于项目资本金的资金来源分为内、外两个方面。新增债务资金依靠既有法人整体的盈利能力来偿还,并以既有法人整体的资产和信用承担债务担保。既有法人项目总投资构成及资金来源如图4.1所示。

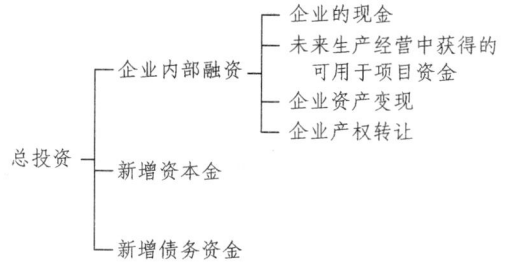

图 4.1 既有法人项目总投资构成及资金来源

1. 企业内部融资

（1）企业的现金。

企业库存现金和银行存款可由企业的资产负债表得以反映，其中可能有一部分可以投入项目。即扣除保持必要的日常经营所需的货币资金额，多余的资金可用于项目投资。

（2）未来生产经营中获得的可用于项目的资金。

在未来的项目建设期间，企业可从生产经营中获得新的现金，扣除生产经营开支及其他必要开支之后，剩余部分可以用于项目投资。未来企业经营获得的净现金流量，需要通过对企业未来现金流量的预测来估算。实践中常采用经营收益间接估算企业未来的经营净现金流量。其计算公式如下

$$经营净现金流量 = 经营净收益 - 流动资金占用的增加 \qquad (4.1)$$

$$经营净收益 = 净利润 + 折旧 + 无形及其他资产摊销 + 财务费用 \qquad (4.2)$$

$$经营净现金流量 = 净利润 + 折旧 + 无形及其他资产摊销 + \\ 财务费用 - 流动资金占用的增加 \qquad (4.3)$$

（3）企业资产变现。

既有法人可将流动资产、长期投资或固定资产变现，取得现金用于新项目投资。企业资产变现通常包括：短期投资、长期投资、固定资产、无形资产的变现。降低流动资产中的应收款项和存货，可以增加企业能使用的现金，这类流动资产的变现通常体现在企业外来净现金流量估算中。企业也可通过加强财务管理，提高流动资产周转率，减少存货、应收账款等流动资产占用而取得现金，或者出让有价证券取得现金。企业的长期投资包括长期股权投资和长期债权投资，一般都可以通过转让而变现。企业的固定资产中，有些由于产品方案改变而被闲置，有些由于技术更新而被替换，这些都可以出售变现。

（4）企业产权转让。

企业可将原拥有的产权部分或全部转让给他人，换取资金用作新项目的资本金。

资产变现表现为一个企业资产总额构成的变化，即非现金货币资产的减少，现金货币资产的增加，而资产总额并没有发生变化。产权转让则是企业资产控制权或产权结构发生变化，对于原有的产权人，经转让后其控制的企业原有资产总量会减少。

既有法人应通过分析其财务和经营状况，预测企业未来的现金流，判断现有企业是否具备足够的自有资金投资于拟建项目。如果不具备足够的资金能力，或者不愿意失掉原有的资产权益，或者不愿意使其自身的资金运用过于紧张，就应该设计外部资金来源的资本金筹集方案。

2. 外部资金来源

外部资金来源即新增资本金包括既有法人通过在资本市场发行股票和企业增资扩股，以及一些准资本金手段，如发行优先股获取外部投资人的权益资金投入，同时也包括接受国家预算内资金为来源的融资方式。

（1）企业增资扩股。

企业可以通过原有股东增资扩股以及吸收新股东增资扩股，包括国家股、企业法人股、个人股和外资股的增资扩股。

（2）优先股。

优先股是指与普通股股东相比具有一定的优先权，主要指优先分得股利和剩余财产。优先股股息固定，与债券特征相似，但优先股没有还本期限，这又与普通股相同。相对于其他借款融资，优先股通常处于较后的受偿顺序，对于项目公司的其他债权人来说，可以视为项目的资本金。而对于普通股股东来说，优先股通常要优先受偿，是一种负债。因此，优先股是一种介于股本资金与负债之间的融资方式。优先股股东不参与公司的经营管理，没有公司的控制权，不会分散普通股东的控股权。发行优先股通常不需要还本，只需支付固定股息，可减少公司的偿债风险和压力。由于优先股股息固定，当公司发行优先股而获得丰厚的利润时，普通股股东会享受到更多的利益，产生财务杠杆的效应。但优先股融资成本较高，且股利不能像债权利息一样在税前扣除。

（3）国家预算内投资。

国家预算内投资是指以国家预算资金为来源并列入国家计划的固定资产投资。目前包括国家预算、地方财政、主管部门和国家专项投资拨给或委托银行贷给建设单位的基本建设拨款及中央基本建设基金，拨给企业单位的更新改造拨款，以及中央财政安排的专项拨款中用于基本建设的资金。国家预算内投资是能源、交通、原材料以及国防科研、文教卫生、行政事业建设项目投资的主要来源，对于整个投资结构的调整起主导作用。

4.2.2 新设法人融资方式

新设法人融资是指由项目发起人（企业或政府）发起组建新的具有独立法人资格的项目公司，由新组建的项目公司承担融资责任和风险，依靠项目自身的盈利能力来偿还债务，以项目投资形成的资产、未来的收益或权益作为融资担保的基础。建设项目所需资金的来源，可包括项目公司股东投资的资本金和项目公司承担的债务资金，如图4.2所示。

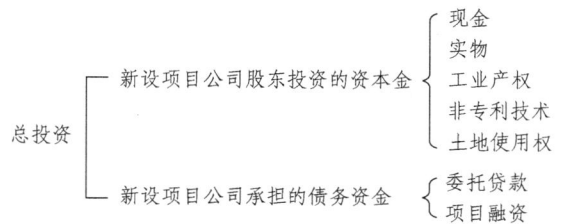

图 4.2　新设法人项目总投资构成及资金来源

新设法人项目资本金的形式分为两种：一种是在新法人设立时由发起人和投资人按项目资本金额度要求提供足额资金；另一种是由新设法人在资本市场上进行融资来形成项目资本金。

按照资本金制度的相关规定，应由投资人或项目发起人认缴或筹集足够的资本金提供给新设法人。至于投资人或项目发起人如何筹集这笔资本金，是投资人或项目发起人的自身内部事务。投资人和项目发起人的身份不同（如是政府职能部门或控股的国有公司，民营或外资企业等），其用于资本金投资的资金来源也多种多样。可以是各级政府财政预算内资金、预算外资金及各种专项建设基金；国家授权投资机构提供的资金；也可以是国内外企业、事业单位入股的资金；还可以是社会个人入股的资金等。

新设项目法人项目资本金通常以注册资本的方式投入。有限责任公司及股份公司的注册资本由公司的股东按股权比例认缴；合作制公司的注册资本由合作投资方按照预先约定金额投入。如果公司注册资本的额度要求低于项目资本金额度的要求，股东按项目资本金额度要求投入企业的资金超过注册资本的部分，通常以资本公积的形式记账。有些情况下，投资者还可以准资本金方式投入资金，包括优先股、股东借款等。

有些情况下，项目最初的投资人或项目发起人对投资项目的资本金没有安排到位，而是要通过初期设立的项目法人进一步进行资本金筹措活动。这样的安排背景原因很多，有的是受制于投资能力，有的是为了回避投资风险，有的是为了吸引外来投资，有的是为了完善投资结构。

由初期设立的项目法人进行的资本金筹措形式主要有：

（1）在资本市场募集股本资金。在资本市场募集股本资金可以采取两种基本方式，即私募与公开募集。

① 私募。是指将股票直接出售给少数特定的投资者，不通过公开市场销售。私募程序可相对简化，但在信息披露方面仍必须满足投资者的要求。

② 公开募集。是在证券市场上公开向社会发行销售。在证券市场上公开发行股票，需要取得证券监管机关的批准，需要通过证券公司或投资银行向社会推销，需要提供详细的文件，保证公司的信息披露，保证公司的经营及财务透明度，筹集费用较高，筹资时间较长。

（2）合资合作。通过在资本投资市场上寻求新的投资者，由初期设立的项目法人与新的投资者以合资合作等多种形式，重新组建新的法人，或者由设立初期项目法人的发起人和投资人与新的投资者进行资本整合，重新设立新的法人，使重新设立的新法人拥有的资本达到或满足项目资本金投资的额度要求。采用这一方式，新法人往往需要重新进行公司注册或变更登记。

不论以何种方式筹集的资本金，都必须符合国家对资本金来源的要求和限制，符合国家资本金制度的规定。有外商投资的应符合国家有关外商投资的相关规定。

4.3 项目资本金的筹措

4.3.1 项目资本金制度

项目资本金是指在项目总投资中，由投资者认缴的出资额，这部分资金对项目的法人而言属非债务资金，项目法人不承担这部分资金的任何利息和债务。投资者可按其出资比例依法享有所有者权益，也可以转让其出资，但不能以任何方式抽回。对于提供债务融资的债权人来说，项目资本金可以视为负债融资的信用基础，项目资本金后于负债受偿，可以降低债权人债权的回收风险。我国除了主要由中央和地方政府用财政预算投资建设的公益性项目等部分特殊项目外，大部分投资项目都应实行资本金制度。

为了建立投资风险约束机制，有效地控制投资规模，《国务院关于固定资产投资项目试行资本金制度的通知》（国发〔1996〕35 号）规定，各种经营性固定资产投资项目，包括国有单位的基本建设、技术改造、房地产开发项目和集体投资项目，试行资本金制度，投资项目必须首先落实资本金才能进行建设。个体和私营企业的经营性投资项目参照规定执行。公益性投资项目不实行资本金制度。外商投资项目（包括外商投资、中外合资、中外合作经营项目）按现行有关法规执行。

项目资本金可以用货币出资，也可以用实物、工业产权、非专利技术、土地使用权、资源开采权等作价出资。作价出资的实物、工业产权、非专利技术、土地使用权和资源开采权，必须经过有资格的资产评估机构依照法律法规评估作价。其中以工业产权、非专利技术作价出资的比例不得超过资本金总额的 20%，但经特别批准，部分高新技术企业可以达到 35%。

1. 国内投资项目资本金比例

根据《国务院关于决定调整固定资产投资项目资本金比例的通知》（国发〔2009〕27 号，以下简称《通知》），各行业固定资产投资项目的最低资本金比例按表 4.2 中规定执行。

表 4.2 项目资本金占项目总投资的比例

序号	投资行业	项目资本金占项目总投资的比例
1	钢铁、电解铝	40% 及以上
2	水泥	35% 及以上
3	煤炭、电石、铁合金、烧碱、焦炭、黄磷、玉米深加工、机场、港口、沿海及内河航运，其他房地产开发项目	30% 及以上
4	铁路、公路、城市轨道交通、化肥（钾肥除外）	25% 及以上
5	保障性住房和普通商品住房项目，其他项目	20% 及以上

作为计算资本金基数的总投资，是指投资项目的固定资产投资与铺底流动资金之和，具体核定时以经批准的动态概算为依据。

投资项目资本金的具体比例，由项目审批单位根据投资项目的经济效益以及银行贷款意愿和评估意见等情况，在审批可行性研究报告时核定。经国务院批准，对个别情况特殊的国家重点建设项目，可以适当降低资本金比例。

对某些投资回报率稳定、收益可靠的基地设施、基础产业投资项目，以及经济效益好的竞争性投资项目，经国务院批准，可以试行通过发行可转换债券或组建股份制公司发行股票方式筹措资本金。

为扶持不发达地区的经济发展，国家主要通过在投资项目资本金中适当增加国家投资的比重，在信贷资金中适当增加政策性贷款比重以及适当延长政策性贷款的还款期等措施增强其投融资能力。

除了项目审批部门对项目资本金有要求以外，提供贷款的银行或其他金融机构在选择项目为其提供贷款时，也要考虑资本金的比例，因为项目投资者的资本金是金融机构的安全保障，投资者的资本金比例越大，金融机构承担的风险越小。

2. 对外商投资企业注册资本的要求

按照有关要求，外商投资企业的注册资本应与生产经营规模相适应，其注册资本占投资总额的最低比例见表4.3。

表4.3　外商投资企业注册资本占投资总额的最低比例

序号	投资总额	注册资本占投资总额的最低比例	附加条件	序号	投资总额	注册资本占投资总额的最低比例	附加条件
1	300万美元及以下（含300万美元）	7/10		3	1 000万~3 000万美元（含3 000万美元）	2/5	其中投资总额在1 250万美元以下的，注册资金不低于500万美元
2	300万~1 000万美元（含1 000万美元）	1/2	其中投资总额在420万美元以下的，注册资金不低于210万美元	4	3 000万美元以上	1/3	其中投资总额在3 600万美元以下的，注册资金不低于1 200万美元

表中的投资总额，是指投资项目的建设投资、建设期利息与流动资金之和。

对一些特殊行业的外商投资企业，注册资本还有特殊要求。按照我国现行规定，有些项目不允许国外资本控股，有些项目要求国有资本控股。自2012年1月30日起执行的《外商投资产业指导目录（2011年修订）》中明确规定，电网、核电站、铁路干线路网、民用机场、综合水利枢纽等项目，必须由中方控股。

4.3.2　项目资本金的来源及筹措

1. 项目资本金的来源

根据《通知》的要求，项目资本金的来源可以是中央和地方各级政府预算内资金；国家批准的各项专项建设资金；"拨改贷"和经营性基本建设基金回收的本息；土地批租收入；国有企业产权转让收入；地方政府按国家有关规定收取的各种税费及其他预算外资金；国家授权的投资机构及企业法人的所有者权益（包括资本金、资本公积金、盈余公积金、未分配利润、股票上市收益金等）；企业折旧基金以及投资者按照国家规定从资本市场上筹措的资金；经批准，发行股票或可转换债券；国家规定的其他可用作项目资本金的资金。

2. 项目资本金的筹措

（1）股东直接投资。股东直接投资包括政府授权投资机构入股资金、国内外企业入股资金、社会团体和个人入股的资金以及基金投资公司入股的资金，分别构成国家资本金、法人资本金、个人资本金和外商资本金。

既有法人融资项目，股东直接投资表现为扩充既有企业的资本金，包括原有股东增资扩股和吸收新股东投资。新设法人融资项目，股东直接投资表现为投资者为项目提供资本金。合资经营公司的资本金由企业的股东按股权比例认缴，合作经营公司的资本金由合作投资方按预先约定的金额投入。

（2）股票融资。无论是既有法人融资项目还是新设法人融资项目，凡符合规定条件的，均可以通过发行股票在资本市场募集股本资金。股票融资可以采取公募和私募两种形式。

（3）政府投资。政府投资资金，包括各级政府的财政预算内资金、国家批准的各种专项建设基金、统借国外贷款、土地批租收入、地方政府按规定收取的各种费用及其他预算外资金等。政府投资主要用于基础性项目和公益性项目，例如三峡工程、青藏铁路等。

3. 项目资本金的管理

投资项目的资本金一次认缴，并根据批准的建设进度按比例逐年到位。

投资项目在可行性研究报告中要就资本金筹措情况做出详细说明，包括出资方、出资方式、资本金来源及数额、资本金认缴进度等有关内容。上报可行性研究报告时须附有各出资方承诺出资的文件，以实物、工业产权、非专利技术、土地使用权作价出资的，还须附有资产评估证明等有关材料。

主要使用商业银行贷款的投资项目，投资者应将资本金按分年应到位数量存入其主要贷款银行；主要使用国家开发银行贷款的投资项目，应将资本金存入国家开发银行指定的银行。投资项目资本金只能用于项目建设，不得挪作他用，更不得抽回。有关银行承诺贷款后，要根据投资项目建设进度和资本金到位情况分年发放贷款。

有关部门要按照国家规定对投资项目资本金到位和使用情况进行监督。对资本金未按照规定进度和数额到位的投资项目，投资管理部门不发给投资许可证，金融部门不予贷款。对已存入银行的资本金挪作他用的，在投资者未按规定予以纠正之前，银行要停止对该项目拨付贷款。

对资本金来源不符合有关规定，弄虚作假，以及抽逃资本金的，要根据情节轻重，对有关责任者处以行政处分或经济处罚，必要时停缓建有关项目。

凡资本金不落实的投资项目，一律不得开工建设。

4.4 债务资金筹措

4.4.1 债务资金的概念及筹措方案研究

1. 债务资金的概念

由于有以往经营业绩，债务资金成为既有法人筹集建设项目所需资金的主要渠道。新设法人项目资金的融资能力取决于股东能对项目公司借款提供多大程度的担保。实力雄厚的股东为项目公司借款提供完全的担保，可以使项目公司取得低成本资金，降低项目的融资风险；但担保额度过高会使项目公司承担过高的担保费，从而增加项目公司的费用支出。在项目本身的财务效益好、投资风险可以有效控制的条件下，可以考虑采用项目融资方式。

2. 债务资金筹措方案研究

（1）债务资金筹措应考虑的主要因素。主要包括以下几个方面：

① 债务期限。债务期限是区分长期债务和短期债务的一个重要因素。要实现债务期限结构的优化，就要保持一个相对平衡的债务期限结构，并尽可能使项目债务与项目清偿能力相适应。一方面要使债务资金偿还期与投资人投资回收期相衔接；另一方面，尽量将债务的还本付息时间比较均衡地分开，最好是让项目债务的分期还款时间表与项目的现金流相匹配。

② 债务偿还。需要事先确定一个比较稳妥的还款计划。

③ 债务序列。债务安排可以根据其依赖于公司（或项目）资产抵押的程度或者已来自于有关外部信用担保程度而划分为由高到低不同等级的序列。在公司出现违约的情况下，公司资产和其他抵押、担保权益的分割将严格按照债务序列进行。

④ 债权保证。在项目融资活动过程中，借款人须将项目资产作为债权的担保，并用预期的收益还本付息。为了降低风险，债权人需要获得其他的担保，如完工担保、第三方的履约担保，政治风险保险等。如果没有这些担保，贷款人只能依赖于消极保证条款。

⑤ 违约风险。债务人违约或无力清偿债务时，债权人追索债务的形式和手段及追索程度决定了债务人违约风险的大小。根据融资安排的不同，不同的债权人追索债务的程度也不一样，如完全追索、有限追索或无追索。

⑥ 利率结构。债务资金利率主要有浮动利率、固定利率以及浮动/固定利率等不同的利率机制。融资中应该采用何种利率结构，需要考虑：项目现金流量的特征；金融市场上利率的走向；借款人对控制融资风险的要求。

⑦ 货币结构与国家风险。债务资金的货币结构可以依据项目现金流量的货币结构加以设计，以减少项目的外汇风险。为减少国家风险和其他不可预见风险，国际上大型项目的融资安排往往不局限于在一个国家的金融市场上融资，也不局限于一种货币融资。资金来源多样化是减少国家风险的一种有效措施。

（2）应明确的债务资金基本要素。

在融资方案中，除了要明确列出债务资金的资金来源及融资方式外，还必须具体描述债务资金的一些基本要素，以及债务人的债权保证。

① 时间和数量。要指出每项债务资金可能提供的数量及初期支付时间、贷款期和宽限期、分期还款的类型。

② 融资成本。反映融资成本的基本要素，对于贷款是利息，对于租赁是租金，对于债券是债息，应说明这些成本特性和计算方法。除此之外，对于某些伴随债务资金发生的资金筹集费，应说明其计算办法及数额。

③ 建设期利息的支付。建设期内是否需要支付利息，将影响筹资总量。不同的债权人会有不同的付息条件，一般可分为三类：投产之前不必付息，但未清偿的利息要与本金一样计

息（即复利计息）；建设期内利息必须照付；不但利息照付，而且贷款时就以利息扣除的方式贷出资金。

④ 附加条件。对于债务资金的一些附加条件应有所说明。例如：必须购买哪类货物，不得购买哪类货物；借外债时，对所借币种及所还币种有何限制等。

⑤ 债权保证。应根据所处研究阶段所能做到的深度，对债权人及有关第三方提出的债权保证加以说明。

⑥ 利用外债的责任。外国政府贷款、国际金融组织贷款、中国银行和其他国有银行统一对外筹借的国际贷款，都是国家统借债务。其中有些借款用于国家发改委、财政部审查确认并经国务院批准的项目，称"统借统还"；其余借款则由实际用款项目本身偿还，称"统借自还"。各部门、各地方经批准向国外借用的贷款，实行"谁借谁还"的原则，称"自借自还"。统借自还和自借自还的借款，中间都经过国有银行或其他被授权的机构的转贷。因此，无论以上外债的"借与还"在形式上有何区别，对债权人来讲，他们都是我国的国家债务，进入国家外债规模，影响国家债务信用。

融资方案研究中，要注意符合国家外债管理和外汇管理的相关规定。

4.4.2 国内借入资金来源

1. 政策性银行贷款

政策性银行是指由政府创立、参股或保证的，专门为贯彻和配合政府特定的社会经济政策或意图，直接或间接地从事某种特殊政策性融资活动的金融机构。目前我国的政策性银行有国家开发银行、中国进出口银行和中国农业发展银行。政策性银行贷款的特点是：贷款期限长、利率低，但对申请贷款的企业或项目有比较严格的要求。

（1）国家开发银行。

国家开发银行贷款主要用于支持国家批准的基础设施项目、基础产业项目、支柱产业项目，以及重大技术改造项目、高新技术产业化项目及其他政策性项目建设。基础设施项目主要包括：煤炭、石油、电力、钢铁、有色、黄金、化工、建材、医药等行业项目；支柱产业项目主要包括：石化、汽车、机械（重大技术装备）、电子等行业中的政策性项目；其他行业项目主要包括：环保、高科技产业及轻工、纺织等行业政策性项目。在我国的国家重点建设项目中，国家开发银行贷款占85%以上。国家开发银行的贷款期限可分为：短期贷款（1年以下）、中期贷款（1～5年）和长期贷款（5年以上），贷款期限一般不超过15年。对大型基础设施建设项目，根据行业和项目的具体情况，贷款期限可适当延长。国家开发银行执行中国人民银行统一颁布的利率规定，对长期使用国家开发银行贷款并始终保持优良信誉的借款人，项目贷款利率可适当下浮，下浮的幅度控制在中国人民银行规定的幅度之内。

国家开发银行还开展支持大学毕业生创业及下岗人员从事国家政策支持产业的经营，如项目贷款和青年创业贷款。

① 项目贷款。这种融资方式主要针对下岗人员占员工总数30%以上的企业或政府重点支持的项目，贷款者需要提供营业执照、税务登记证明、三个年度及上个月财务报表。从事

农业、环保、高科技、资源利用、社区服务等类业务的经营者都可以采用此种贷款方式。目前开展此类贷款业务的银行为国家开发银行。贷款年限为1年，最高贷款额度为500万元。

② 青年创业贷款。贷款者需要参加当地创业中心培训并成绩合格，且得到当地团委、青年创业促进会担保。这种贷款方式适用于大学刚毕业者或比较年轻的下岗再就业者的初次创业。目前开展此类贷款业务的银行为国家开发银行。贷款年限为1年，最高贷款额度为100万元。

（2）中国进出口银行。

中国进出口银行是通过办理出口信贷、出口信用风险及担保、对外担保、外国政府贷款转贷、对外援助优惠贷款以及国务院交办的其他业务，贯彻国家产业政策、外经贸政策和金融政策，为扩大我国机电产品、成套设备和高新技术产品出口和促进对外经济技术合作与交流，提供政策性金融支持。

（3）中国农业发展银行。

中国农业发展银行是按照国家的法律、法规和方针、政策，以国家信用为基础，筹集农业政策性信贷资金，承担国家规定的农业政策性金融业务，代理财政性支农资金的拨付，为农业和农村经济发展服务，如粮棉流转贷款、农村批发市场专项贷款等。

① 粮棉流转贷款。这种融资方式需要提供贷款者营业执照、税务登记证明、三个年度及上个月财务报表。这种融资方式适用于从事粮食、棉花、油料等农副产品的收购、调销、进口的企业和个体经营者。目前开展此类贷款业务的银行为中国农业发展银行。最短贷款年限为6个月，最高贷款额度为1 000万元。

② 农村批发市场专项贷款。这种融资方式需要提供贷款者营业执照、税务登记证明、实行独立核算的经营化肥、农药、种子、农机具等农业生产资料证明。这种融资方式适用于在农村从事批发、零售、贸易、再生物资回收、物流的企业或个体经营者。目前开展此类贷款业务的银行为中国农业发展银行。最短贷款年限为6个月，最高贷款额度为1 000万元。

2. 商业银行贷款

（1）商业银行贷款的特点。

① 筹资手续简单，速度较快。贷款的主要条款只需取得银行的同意，不必经过诸如国家金融管理机关、证券管理机构等部门的批准。

② 筹资成本较低。借款人与银行可直接商定信贷条件，无需大量的文件制作，而且在经济发生变化的情况下，如果需要变更贷款协议的有关条款，借贷双方可采取灵活的方式，进行协商处理。

（2）商业银行贷款期限。

商业银行和贷款人签订贷款合同时，一般应对贷款期、提款期、宽限期和还款期做出明确的规定。贷款期是指从贷款合同生效之日起，到最后一笔贷款本金或利息还清日止的这段时间，一般可分为短期、中期和长期，其中1年或1年内的为短期贷款，1~3年的为中期贷款，3年以上的为长期贷款；提款期是从合同签订生效日起，到合同规定的最后一笔贷款本金的提取日止；宽限期是从贷款合同签订生效日起，到合同规定的第一笔贷款本金归还日止；还款期是从合同规定的第一笔贷款本金归还日起，到贷款本金和利息全部还清日止。

若不能按期归还贷款，借款人应在贷款到期日之前，向银行提出展期，至于是否展期，则由银行决定。申请保证贷款、抵押贷款、质押贷款展期的，还应由保证人、抵押人、出质人出具书面的同意证明。短期贷款展期期限累计不得超过原贷款期限；中期贷款展期期限累计不得超过原借款期限的一半；长期贷款展期期限累计不得超过3年。若借款人未申请展期或申请展期未得到批准，其贷款从到期日次日起，转入逾期贷款账户。若借款人根据自身的还贷能力，要提前归还贷款，应与银行协商。

（3）商业银行贷款金额。

贷款金额是银行就每笔贷款向借款人提供的最高授信额度，借款金额由借款人在申请贷款时提出，银行核定。借款人在决定贷款金额时应考虑三个因素：第一，贷款种类，贷款金额通常不能超过贷款政策所规定的该种贷款的最高限额；第二，客观需要，根据项目建设、生产和经营过程中对资金的需要来确定；第三，偿还能力，贷款金额应与自身的财务状况相适应，保证能按期还本付息。

（4）商业银行贷款的种类。

目前，我国商业银行开展的贷款业务有以下若干种：

① 应收账款贷款。这种融资方式需要提供企业营业执照、三个年度及上个月财务报表、税务登记证明、应收账款证明、债权转让单据、买方（或被服务）企业的资质证明。这种融资方式适合从事新技术开发的生产型企业，例如电子元件加工、汽车用品加工；或者服务型企业，如餐饮、宾馆、网络服务。目前，盛京银行、光大银行、兴业银行已开设应收账款贷款业务，最低贷款额度为10万元，贷款年限为1~3年。

② 存款抵押贷款。这种融资方式需要提供企业营业执照、财务报表、税务登记证明、人民币存款单据。这种融资方式适合生产经营多年，有一定闲置资金的中、小企业。目前华夏银行已开办此种业务，最长贷款年限可达5年，闲置资金额度在30万元以上为最佳。

③ 库存金属材料贷款。这种融资方式需要提供企业营业执照，财务报表，税务登记证明，销售渠道证明，钢材、有色金属库存所有权、处分权证明（购销合同、付款凭证、发票）。这种融资方式适合国内金属加工、生产、销售类中小企业。目前中国建设银行、中国工商银行已开办此种业务，最长贷款年限为6个月，最高贷款额度为不超过金属材料库存金额的80%。

④ 化工助剂贷款。这种融资方式需要提供营业执照，财务报表，税务登记证明，销售渠道证明，化工助剂库存所有权、处分权证明（购销合同、付款凭证、发票）。这种融资方式适合国内工业、日用化工助剂加工、生产、销售类中小企业。目前中国建设银行、中国工商银行已开办此种业务，最长贷款年限为6个月，最高贷款额度为不超过化工助剂库存金额的80%。

⑤ 购船抵押贷款。这种融资方式需要提供营业执照，财务报表，税务登记证明，销售渠道证明，企业拥有船舶的所有权、处分权证明（购销合同、付款凭证、发票）。这种融资方式适合国内近海捕捞、江河运输行业的投资者，尤其是年捕鱼量在500万t以上的投资者更易受到银行的青睐。目前中国建设银行、中国工商银行已开办此种业务，最长贷款年限为1年，最高贷款额度不超过船舶价值的70%。

⑥ 厂房贷款。这种融资方式需要提供营业执照，财务报表，税务登记证明，销售渠道证明，企业厂房的所有权、处分权证明（购销合同、付款凭证、发票）。这种融资方式适合国内从事生产、加工行业的中小企业或从事厂房租赁的经营者。目前中国建设银行、中国工商银

行已开办此种业务，最长贷款年限为1年，最高贷款额度不超过厂房价值的60%。

⑦ 第四方担保贷款。即在以往担保公司、银行和中小企业传统担保融资模式基础上，引入风险投资或上下游企业作为"第四方"。该第四方承诺，当企业出现财务危机时，第四方将以股权收购等形式进入企业，为企业带来现金流用以偿付银行债务，并保持企业的持续经营。这种融资方式需要提供营业执照、财务报表、税务登记证明，提供担保的企业必须与被担保企业有供应或合作关系。这种融资方式适合于与实力较强的销售企业具有良好合作关系的供货企业，如服装、化妆品、日用品、体育用品等行业销售型或批发型企业。目前浙商银行已开办此种业务，最长贷款年限为1年，最高贷款额度为500万元。

⑧ 工程机械设备抵押贷款。这种融资方式需要提供营业执照，财务报表，税务登记证明，工程机械设备所有权、处分权证明（购销合同、付款凭证、发票）。这种融资方式适合于从事小型工程机械设备租赁生意，尤其是小型挖掘机租赁的经营者最适合采用此类贷款，目前开展此类贷款业务的银行有中国工商银行、深圳发展银行、上海浦东发展银行。最长贷款年限为1年，最高贷款额度不超过设备价值的80%。

⑨ 生意圈联保贷款。这种融资方式需要提供贷款者营业执照、税务登记证明。参与贷款者必须是同一商圈的小企业和个体工商户，并自愿组成联保，不需要其他任何抵押资产。这种融资方式对于批发市场的个体工商户尤为适用。一般来说，3~9人的联保较易获取最大限度的贷款，也比较容易通过银行的评估。目前开展此类贷款业务的银行为浙商银行。最长贷款年限为1年，最高贷款额度为450万元（最多9人联保）。

⑩ 订单贷款。这种融资方式需要提供贷款者营业执照、税务登记证明、3个年度及上个月财务报表和融资额度5%~10%的保证金。这种融资方式对于从事外贸进出口的企业尤为适用，因为外贸企业订单量大，回款风险较小。目前开展此类贷款业务的银行为深证发展银行和上海浦东发展银行。最长贷款年限为6个月，最高贷款额度为1000万元。

⑪ 专利贷款。这种融资方式需要提供贷款者营业执照、税务登记证明、3个年度及上个月财务报表和取得国家级认证的专业技术。这种融资方式最适用于进行专利产品研发、生产、销售的中小企业。目前开展此类贷款业务的银行为交通银行和中国工商银行。最长贷款年限为3年，最高贷款额度为1000万元。

3. 国内非银行金融机构贷款

非银行金融机构主要有信托投资公司、财务公司和保险公司。

（1）信托投资公司贷款。

信托贷款是信托投资公司运用吸收的信托存款、自有资金和筹集的其他资金对审定的贷款对象和项目发放的贷款。与商业银行贷款相比，信托贷款具有以下几个特点：

① 银行贷款由于现行信贷制度的限制，无法对一些企业特殊但合理的资金需求予以满足，信托贷款恰好可以满足企业特殊的资金需求。

② 银行贷款按贷款的对象、期限、用途不同，有不同的利率，但不能浮动。信托贷款的利率则相对比较灵活，可在一定范围内浮动。

信托贷款主要有技术改造信托贷款、补偿贸易信托贷款、单位住房信托贷款、联营投资信托贷款和专项信托贷款等。

(2) 财务公司贷款。

财务公司是由企业集团成员单位组建又为集团成员单位提供以中长期金融业务服务为主的非银行金融机构。财务公司贷款有短期贷款和中长期贷款。短期贷款一般为1年、6个月、3个月以及3个月以下不定期限的临时贷款；中长期贷款一般为1~3年、3~5年以及5年以上的贷款。

(3) 保险公司贷款。

虽然我国目前不论是法律法规的规定，还是现实的操作，保险公司尚不能对项目提供贷款，但从西方经济发达国家的实践来看，保险公司的资金，不但可以进入证券市场，用于购买各种股票和债券，而且可对项目提供贷款，特别是向有稳定市场和收益的基础设施项目提供贷款。

4.4.3 国外借入资金来源

国外贷款资金来源渠道主要有外国政府贷款、外国银行贷款、出口信贷、国际金融机构贷款等。

1. 外国政府贷款

外国政府贷款是指一国政府利用财政资金向另一国政府提供的援助性贷款。外国政府贷款的特点是期限长、利率低、指定用途、数量有限。

外国政府贷款的期限一般较长，如日本政府贷款的期限为15~30年（其中含宽限期5~10年）；德国政府贷款的期限最长达50年（其中含宽限期为10年）。在政府贷款协议中除规定总的期限外，还要规定贷款的提取期、偿还期和宽限期。

外国政府贷款具有经济援助性质，其利率较低或为零。如日本政府贷款的年利率为1.25%~5.75%，从1984年起，增收0.1%的一次性手续费。德国对受石油涨价影响较大的发展中国家提供的政府贷款的年利率仅为0.75%。

外国政府贷款具有特定的使用范围，如日本政府贷款主要用于教育、能源、交通、邮电、工矿、农业、渔业等方面的建设项目以及基础设施建设。

政府间贷款是友好国家经济交往的重要形式，具有优惠的性质。目前，尽管政府贷款在国际投资中不占主导地位，但其独特的作用和优势是其他国际间接投资形式所无法替代的。但同时也应当看到，投资国的政府贷款也是其实现对外政治经济目标的重要工具。政府贷款除要求贷以现汇（即可自由兑换外汇）外，有时还要附加一些其他条件。

2. 外国银行贷款

外国银行贷款也称商业信贷，是指从国际金融市场上的外国银行借入的资金。外国政府贷款和国际金融机构贷款条件优惠，但不易争取，且数量有限。因此吸收国外银行贷款已成为各国利用国外间接投资的主要形式。目前，我国接受的国外贷款以银行贷款为主。

外国商业信贷的利率水平取决于世界经济中的平均利润率和国际金融市场上的借贷供求关系，处于不断变化之中。从实际运行情况来看，国际银行贷款利率比政府贷款和国际金融机构贷款的利率要高，依据贷款国别、贷款币种和贷款期限的不同而又有所差异。

国外银行在提供中长期贷款时，除收取利息外，还要收取一些其他费用，主要有：

（1）管理费。管理费亦称经理费或手续费，是借款者向贷款银团的牵头银行所支付的费用。管理费取费标准一般为贷款总额的 0.5%～1.0%。

（2）代理费。代理费指借款者向贷款银团的代理行支付的费用。代理费多少视贷款金额、事务的繁简程度，由借款者与贷款代理行双方商定。

（3）承担费。承担费是指借款者因未能按贷款协议商定的时间使用资金而向贷款银行支付的、带有赔偿性质的费用。

（4）杂费。杂费是指由借款人支付给银团牵头银行的、为与借款人联系贷款业务所发生的费用（如差旅费、律师费和宴请费等）。杂费根据双方认可的账单支付。

国际银行贷款可划分为短期贷款、中期贷款和长期贷款，其划分的标准是：短期贷款的期限在 1 年以内，有的甚至仅为几天；中期贷款的期限为 1～5 年；长期贷款的期限在 5 年以上。银行贷款的偿还方法主要有到期一次偿还、分期等额偿还、分次等本偿还和提前偿还 4 种方式。

银行贷款所使用的货币是银行贷款条件的重要组成部分。在贷款货币的选择上，借贷双方难免有分歧。就借款者而言，在其他因素不变的前提下，更倾向于使用汇率趋于贬值的货币，以便从该货币未来的贬值中受益，而贷款者则相反。

3. 出口信贷

项目建设需要进口设备的，可以使用设备出口国的出口信贷。按照获得贷款资金的借款人，出口信贷分为买方信贷、卖方信贷和福费廷（FORFEIT）等。出口信贷通常不能对设备价款全额贷款，通常只能提供设备价款 85% 的贷款，设备出口商则给予设备的购买方以延期付款条件。出口信贷利率通常要低于国际上商业银行的贷款利率。OECD（欧洲经济合作与发展组织）国家出口信贷利率一般要遵循商业参考利率（CIRR）。出口信贷通常需要支付一定的附加费用，如管理费、承诺费、信贷保险费等。

（1）买方信贷。是由出口商所在地银行为促进本国商品的出口，而对国外进口商或进口方银行所提供的信贷。买方信贷可以通过进口国的商业银行转贷款，也可以不通过本国商业银行转贷款。通过本国商业银行转贷时，设备出口国的贷款银行将贷款贷给进口国的一家转贷银行，再由进口国转贷银行将贷款贷给设备进口商。从国际范围内看，买方信贷使用更为广泛，特别是把贷款发放给进口商所在地银行再转贷给进口商的买方信贷使用得更广泛。

（2）卖方信贷是指大型设备出口时，为便于出口商以延期付款的方式出口设备，由出口商本国的银行向出口商提供的信贷。出口商向银行借取卖方信贷后，其资金得以通融，便可允许进口商延期付款。具体为：进出口商签订合同后，进口商先支付 10%～15% 的定金；在分批交货验收和保证期满时，进口商再分期付给 10%～15% 的货款；其余 70%～80% 的货款在全部交货后若干年内分期偿还，并付给延期付款期间的利息。

（3）福费廷。是专门的代理融资技术。一些大型资本货物，如在大型水轮机组和发电机组等设备的采购中，由于从设备的制造、安装到投产需要多年时间，进口商往往要求延期付款，按项目的建设周期分期偿还。为了鼓励设备出口，几家出口商所在地银行专门开设了针对大型设备出口的特殊融资：出口商把经进口商承兑的、期限在半年以上到 5~6 年以上的远期汇票，无追索权地出售给出口商所在地的银行，出口商提前取得现款。为了保证在进口商不能履行义务的情况下出口商也能获得贷款，出口商要求进口商承兑的远期汇票附有银行担保。

4. 混合贷款、联合贷款和银团贷款

混合贷款也称政府混合贷款，它是指政府贷款、出口信贷和商业银行贷款混合组成的一种优惠贷款形式。目前各国政府向发展中国家提供的贷款，大都采用这种形式。此种贷款的特点是：政府出资必须占有一定比重，目前一般达到 50%；有指定用途，如必须进口提供贷款的国家出口商的产品；利率比较优惠，一般为 1.5%~2%；贷款期限也比较长，最长可达 30~50 年（宽限期可达 10 年），贷款金额可达合同的 100%，比出口信贷优越；贷款手续比较复杂，对项目的选择和评估都有一套特定的程序和要求，较之出口信贷要复杂得多。

联合贷款是指商业银行与世界性、区域性国际金融组织以及各国的发展基金、对外援助机构共同联合起来，向某一国家提供资金的一种形式。此种贷款比一般贷款更具有灵活性和优惠性，其特点是：政府与商业金融机构共同经营；援助与筹资互相结合，利率比较低，贷款期限比较长；有指定用途。

银团贷款也叫辛迪加贷款，它是指由一家或几家银行牵头，多家国际商业银行参加，共同向一国政府、企业的某个项目（一般是大型的基础设施项目）提供金额较大、期限较长的一种贷款。此种贷款的特点是：必须有一家牵头银行，该银行与借款人共同议定一切贷款的初步条件和相关文件，然后再由其安排参加银行，协商确定贷款额，达成正式协议后，即把下一步工作移交代理银行；必须有一个代理银行，代表银团严格按照贷款协议履行其权利和义务，并按各行出资份额比例提款、计息和分配收回的贷款等一系列事宜；贷款管理十分严密；贷款利率比较优惠，贷款期限也比较长，并且没有指定用途。

5. 国际金融机构贷款

国际金融机构包括世界性开发金融机构、区域性国际开发金融机构以及国际货币基金组织等覆盖全球的机构。其中世界性开发金融机构一般指世界银行集团 5 个成员机构中的 3 个金融机构，包括国际复兴开发银行（IBRD）、国际开发协会（IDA）和国际金融公司（IFC）；区域性国际开发金融机构指亚洲开发银行、欧洲开发银行、泛美开发银行等。在这些国际金融机构中，可以为中国提供项目贷款的包括世界银行集团的 3 个国际金融机构和亚洲开发银行。虽然国际金融机构筹资的数量有限，程序也较复杂，但这些机构所提供的项目贷款一般利率较低、期限较长。所以项目如果符合国际金融机构的贷款条件，应尽量争取从这些机构筹资。

（1）国际复兴开发银行。

国际复兴开发银行主要通过组织和发放长期贷款，鼓励发展中国家经济增长和国际贸易，

来维持国际经济的正常运行。贷款对象是会员国政府、国有企业、私营企业等,若借款人不是政府,则要由政府担保。贷款用途多为项目贷款,主要用于工业、农业、运输、能源和教育等领域。贷款期一般在 20 年左右,宽限期为 5 年左右;利率低于国际金融市场利率;贷款额为项目所需资金总额的 30%～50%。

在一般情况下,国际复兴开发银行为了减少风险,对单一项目的贷款一般不超过总投资额的 50%,除特殊项目外,绝对金额不超过 4 亿等值美元,其余外汇资金可由国际复兴开发银行担保,贷款国政府作为贷款人,在国际市场上筹资,由于以主权国家作为贷款人,因而能获得优惠贷款。

(2) 国际开发协会。

国际开发协会的宗旨是:对欠发达国家提供比国际复兴开发银行条件更为优惠的贷款,以促进这些国家经济的发展和居民生活水平的提高,从而补充国际复兴开发银行活动,促成国际复兴开发银行目标的实现。相对 IBRD 而言,国际开发协会的贷款属于软贷款。

国际开发协会的贷款对象为人均国民生产总值在 765 美元以下的贫穷发展中国家会员国或国营和私营企业;贷款期限为 50 年,宽期限为 10 年,偿还贷款时可以全部或部分用本国货币;贷款为无息贷款,只收取少量的手续费和承诺费。

(3) 国际金融公司。

国际金融公司的宗旨是通过鼓励会员国,特别是欠发达地区会员国生产性私营企业的增长,来促进经济增长,并以此补充国际复兴开发银行的各项活动。

国际金融公司的投资目标是非国有经济,投资项目中国有股权比例应低于 50%;一般要求企业的总资产在 2 000 万美元左右,项目投资额在 1 000 万美元以上,项目在行业中处于领先地位,有着清晰的主营业务和高素质的管理队伍。

国际金融公司在中国投资的重点是:

① 通过有限追索权项目筹资的方式,帮助项目筹集资金;

② 鼓励包括中小企业在内的中国本土私营部门的发展;

③ 投资金融行业,发展具有竞争力的金融机构,使其能达到国际通行的公司治理机制和运营的标准;

④ 支持中国西部和内陆省份的发展;

⑤ 促进基础设施、社会服务和环境产业的私营投资。

(4) 亚洲开发银行。

亚洲开发银行(ADB)是亚洲、太平洋地区的区域性政府间国际金融机构。亚洲开发银行的项目贷款包括以下两类:

① 普通贷款,即用成员国认缴的资本和在国际金融市场借款及发行债券筹集的资金向成员国发放的贷款。此种贷款期限比较长,一般为 10～30 年,并有 2～7 年的宽限期,贷款利率按金融市场利率,借方每年还需交 0.75% 的承诺费。此种贷款主要用于农业、林业、能源、交通运输及教育卫生等基础设施。

② 特别基金,即用成员国的捐款为成员国发放的优惠贷款及技术援助,分为亚洲发展基金和技术援助特别基金,前者为偿债能力较差的低收入成员国提供长期无息贷款,贷款期长达 40 年,宽限期 10 年,不收利息,只收 1% 的手续费。特别基金资助经济与科技落后的成员国,为项目的筹备和建设提供技术援助和咨询等。

4.4.4 融资租赁

1. 融资租赁的含义

融资租赁亦称金融租赁或资本租赁,是指不带维修条件的设备租赁业务。融资租赁与分期付款购入设备相类似,实质上是承租者通过设备租赁公司筹集设备投资的一种方式。

在融资租赁方式下,设备(即租赁物件)是由出租人完全按照承租人的要求选定的,所以出租人对设备的性能、物理性质、老化风险以及维修保养不负任何责任。在大多数情况下,出租人在租期内分期回收全部成本、利息和利润,租赁期满后,出租人通过收取名义货价的形式,将租赁物件的所有权转移给承租人。

2. 融资租赁的方式

(1)自营租赁。自营租赁亦称直接租赁,其一般程序为:用户根据自己所需设备,先向制造厂家或经销商洽谈供货条件;然后向租赁公司申请租赁预约,经租赁公司审查合格后,双方签订租赁合同,由租赁公司支付全部设备款,并让供货者直接向承租人供货,货物经验收并开始使用后,租赁期即开始,承租人根据合同规定向租赁公司分期交付租金,并负责租赁设备的安装、维修和保养。

(2)回租租赁。回租租赁亦称售出与回租,是先由租赁公司买下企业正在使用的设备,然后再将原设备租赁给该企业的租赁方式。

(3)转租赁。是指国内租赁公司在国内用户与国外厂商签订设备买卖合同的基础上,选定一家国外租赁公司或厂商,以承租人身份与其签订租赁合同,然后再以出租人身份将该设备转租给国内用户,并收取租金转付给国外租赁公司的一种租赁方式。

3. 融资租赁的租金

融资租赁的租金包括三大部分:

(1)租赁资产的成本。租赁资产的成本大体由资产的购买价、运杂费、运输途中的保险费等项目组成。

(2)租赁资产的利息。承租人所实际承担的购买租赁设备的贷款利息。

(3)租赁手续费。包括出租人承办租赁业务的费用以及出租人向承租人提供租赁服务所赚取的利润。

4. 融资租赁的优点

融资租赁作为一种融资方式,其优点主要有:

(1)融资租赁是一种融资与融物相结合的融资方式,能够迅速获得所需资产的长期使用权;

(2)融资租赁可以避免长期借款筹资所附加的各种限制性条款,具有较强的灵活性;

(3)融资租赁的融资与进口设备都由有经验和对市场熟悉的租赁公司承担,可以减少设备进口费,从而降低设备取得成本。

就全世界而言，融资租赁已成为仅次于贷款的国际信贷方式。有关专家预测，在今后10年中，世界的租赁业将出现超过贷款筹资的趋势，是极有发展前途的朝阳产业。

4.4.5 债券方式筹资

债券是借款单位为筹集资金而发行的一种信用凭证，它证明持券人有权按期取得固定利息并到期收回本金。债券筹资是一种直接融资，面向广大社会公众和机构投资者，公司发行债券一般有发行最高限额、发行公司权益资本最低限额、公司盈利能力和债务利率水平等要求条件。在发行债券筹资过程中，必须遵循有关法律规定和证券市场规定，依法完成债券的发行工作。除了一般债券融资外，还有可转换债券融资。

企业债券融资是一种直接融资。发行债券融资可以从资金市场直接获得资金，资金成本（利率）一般应低于银行借款。由于有较为严格的证券监管，只有实力很强并且有很好资信的企业才能有能力发行企业债券。发行债券融资，大多需要有第三方担保，获得债券信用增级，以使债券成功发行，并可降低债券发行成本。在国内发行企业债券需要通过国家证券监管机构及金融监管机构的审批。在国外市场上也可以发行债券，主要的国外发债市场有美国、日本、欧洲。发行债券通常要取得债券资信等级的评级。国内债券由国内的评级机构，国外发债通常需要由一些知名度较高的评级机构评级。债券评级较高的，可以以较低的利率发行。而较低评级的债券，则利率较高。债券发行与股票发行相似，可以在公开的资本市场上公开发行，也可以私募方式发行。

可转换债券是企业发行的一种特殊形式的债券。在预先约定的期限内，可转换债券的债券持有人有权选择按照预先规定的条件将债权转换为发行人公司的股权。在公司经营业绩变好时，股票价值上升，可转换债券的持有人倾向于将债权转为股权；而当公司业绩下降或者没有达到预期效益时，股票价值下降，则倾向于兑付本息。现有公司发行可转换债券，通常并不设定后于其他债权受偿，对于其他向公司提供贷款的债权人来说，可转换债不能视为公司的资本金融资。可转换债的发行条件与一般企业债券类似，但由于附加有可转换为股权的权利，通常可转换债的利率更低。

1. 债券的种类

债券的种类很多，主要分类见表4.4。

表4.4 债券的划分标准与种类

划分标准	种 类
按发行方式分类	记名债券、无记名债券
按还本期限分类	短期债券、中期债券、长期债券
按发行条件分类	抵押债券、信用债券
按可否转换为公司股票分类	可转换债券、不可转换债券
按偿还方式分类	定期偿还债券、随时偿还债券
按发行主体分类	国家债券、地方政府债券、企业债券、金融债券

2. 债券筹资的优点

（1）筹资成本较低。发行债券筹资的成本要比股票筹资的成本低。这是因为债券发行费用较低，其利息允许在所得税前支付，可以享受扣减所得税的优惠，所以企业实际上负担的债券成本一般低于股票成本。

（2）股东控制权不变。债券持有者无参与权和决策权，因此发行企业债券不会像增发股票那样可能会分散股东对企业的控制权。

（3）发挥财务杠杆作用。不论企业盈利水平如何，债券持有人只收取固定的利息，更多的收益可用于分配给股东，或留归企业以扩大经营。

（4）便于调整资本结构。企业通过发行可转换债券，或在发行债券时规定可提前赎回债券，有利于企业主动地、合理地调整资本结构确定负债与资本的合理比率。

3. 债券筹资的缺点

（1）可能产生财务杠杆负效应。债券必须还本付息，是企业固定的支付费用。随着这种固定支出的增加，企业的财务负担和破产可能性增大。一旦企业资产收益率下降到债券利息率之下，会产生财务杠杆的负效应。

（2）可能使企业总资金成本增大。企业财务风险和破产风险会因其债务的增加而上升，这些风险的上升又导致企业债券成本、权益资金成本上升，从而增大了企业总资金成本。

（3）经营灵活性降低。在债券合同中，各种保护性条款使企业在股息策略融资方式和资金调度等多方面受到制约，经营灵活性降低。

4.5 项目融资

4.5.1 项目融资及其特点

1. 项目融资的含义

项目融资是指以项目的资产、收益作抵押来融资。项目融资本质上是资金提供方对项目的发起人无追索权或有限追索权（无担保或有限担保）的融资贷款。它的一个重要特点是贷款方在决定是否发放贷款时，通常不把项目发起方现在的信用能力作为重要因素来考虑。如果项目本身有潜力，即使项目发起方现在的资产少，收益情况不理想，项目融资也完全可以成功；相反，如果项目本身发展前景不好，即使项目发起方现在的规模再大，资产再多，项目融资也不一定成功。

2. 项目融资的特点

项目融资具有以下基本特点：

（1）至少有项目发起方、项目公司、贷款方三方参与；

（2）项目发起方以股东身份组建项目公司，该项目公司为独立法人，从法律上与股东分离；

（3）银行以项目本身的经济强度作为决定是否贷款的依据，进一步说，贷款银行主要依靠项目本身的资产和未来的现金流量作为贷款偿还保证，而原则上对项目公司之外的资产没有追索权或仅有有限追索权。只要银行认为项目有希望，贷款比例可达到60%~75%，甚至到100%。如果项目公司将来无力偿还贷款，则贷款银行只能获得项目本身的收入与资产，但对项目发起方的资产基本上无权染指。

3. 项目融资的适用范围

（1）资源开发类项目：如石油、天然气、煤炭、铀等开发项目；

（2）基础设施；

（3）制造业，如飞机、大型轮船制造等。

4. 项目融资的限制

（1）程序复杂，参加者众多，合作谈判成本高；

（2）政府的控制较严格；

（3）增加项目最终用户的负担；

（4）项目风险增加融资成本。

4.5.2 项目融资的主要模式

1. 以"设施使用协议"为基础的项目融资模式

国际上，一些项目融资是围绕着一个服务性设施或工业设施的使用协议作为主体安排的。这种设施使用协议（Tolling Agreement）是指在某种服务性设施或工业设施的提供者和这种设施的使用者之间达成的一种具有"无论提货与否均需付款"性质的协议。项目公司以"设施使用协议"为基础安排项目融资，主要应用于一些带有服务性质的项目，例如石油、天然气管道、发电设施、某种专门产品的运输系统以及港口、铁路设施等。20世纪80年代以来，这种融资模式也被引入到工业项目中。

利用"设施使用协议"安排项目融资，其成败的关键是项目设施的使用者能否提供一个强有力的具有"无论提货与否均需付款"性质的承诺。这个承诺要求项目设施的使用者在融资期间无条件地定期向设施的提供者支付一定数量的、预先确定下来的项目设施使用费，而不管使用者是否真正利用了项目设施所提供的服务。这种无条件承诺的合法权益将被转让给提供资金方，再加上项目投资者的完全担保，就构成项目信用保证的主要部分。一般来说，项目设施的使用费在融资期间应足以支付项目的生产经营成本和项目的还本付息。

在生产型工业项目中,"设施使用协议"被称为"委托加工协议",项目产品的购买者提供或组织生产所需要的原材料,通过项目的生产设施将其加工成最终产品,然后由购买者在支付加工费后取走产品。

以"设施使用协议"为基础安排的项目融资具有以下特点:

(1)投资结构的选择比较灵活,既可以根据项目的性质、项目投资和设施使用者的类型等采用公司型合资结构,也可以采用非公司型合资结构、合伙制结构或者信托基金结构。

(2)具有"无论提货与否均需付款"性质的设施使用协议是项目融资不可缺少的组成部分。这种项目设施使用协议在使用费的确定上至少需要考虑到项目投资在三方面的回收,即:生产经营成本、融资成本和投资者收益。

2. 以"产品支付"为基础的项目融资模式

"产品支付(Production Payment)"是在石油、天然气和矿产品项目中常使用的无追索权或有限追索权的融资方式,是项目融资的早期形式,起源于20世纪50年代美国的石油天然气项目开发的融资安排。项目公司以收益作为项目融资的主要偿债资金来源,即贷款得到偿还之前,贷款银行拥有项目的部分或全部产品。当然,这并不是说贷款银行真的要储存几亿桶石油或足以满足一座城市需要的电力,在绝大多数情况下,产品支付只是产权的转移,而非产品本身的转移。通常贷款银行要求项目公司重新购回他们的产品或充当他们的代理人来销售这些产品。

以"产品支付"为基础的融资模式适用于资源储藏量已经探明,并且项目的现金流量能够比较准确地计算出来的项目。这种模式所能安排的资金数量取决于所购买的那一部分产品的预期未来收益按照一定贴现率计算出来的净现值。对于那些属于国家所有的资源,项目公司只能获得资源开采权的项目,"产品支付"的信用保证是通过购买项目未来生产的现金流量,加上资源开采权和项目资产的抵押来实现的。

以"产品支付"为基础的项目融资模式,在具体操作上有以下基本特征:

(1)融资模式是建立在由贷款银行购买某一特定资源产品的全部或部分营业收入权益的基础上的,它是通过让贷款银行直接拥有项目产品的所有权来融资,而不是通过抵押或权益转让的方式来实现融资的信用保证。

(2)融资期限一般应小于项目预期的经济寿命期。即如果一个资源性项目具有20年的开采期,那么,产品支付融资的贷款期限应该大大短于20年,以保证项目在还本付息之外还能实现一定的收益。

(3)贷款银行一般只为项目建设投资提供融资,而不承担项目生产费用的融资。并且,贷款银行还要求项目发起人提供项目最低产量、最低产品质量等的担保。

(4)一般要成立一个"融资中介机构",即所谓的专设公司,专门负责从项目公司中购买一定比例的产品,在市场上直接销售或委托项目公司作为代理人销售,并负责归集产品的销售收入和偿还贷款。

3. BOT项目融资方式

(1)BOT项目融资的基本思路。

BOT是Build-Operate-Transfer的缩写,即建设-经营-移交,它是指政府将一个工程项目的特许经营权授予承包商（一般为国际财团），承包商在特许经营期内负责项目设计、融资、建设和运营，并回收成本、偿还债务、赚取利润，特许经营期结束后将项目所有权再移交给政府的一种项目融资模式。实质上，BOT融资模式是政府与承包商合作经营项目的一种特殊运作模式，从20世纪80年代产生以来，越来越受到各国政府的重视，成为各国基础设施建设及资源开发等大型项目融资中较受欢迎的一种融资模式。BOT融资在我国也称为"特许经营权融资方式"，主要以外资为融资对象，其含义是指国家或者地方政府部门通过特许经营权协议，授予签约方的外商投资企业（包括中外合资、中外合作、外商独资）承担公共性基础设施项目的融资、建造、经营和维护；在协议规定的特许期限内，项目公司拥有投资建造设施的所有权，允许向设施使用者收取适当的费用，由此回收项目投资、经营和维护成本并获得合理的回报；特许期满后，项目公司将设施无偿地移交给签约方的政府部门。

（2）BOT融资的方式。

实际上BOT是一类项目融资方式的总称，通常所说的BOT主要包括典型BOT、BOOT及BOO三种基本形式。

① 典型BOT方式。

投资财团愿意自己融资，建设某项基础设施，并在项目所在国政府授予的特许经营期内经营该公共设施，以经营收入抵偿建设投资，并获得一定收益，经营期满后将此设施转让给项目所在国政府。这是最经典的BOT形式，项目公司没有项目的所有权，只有建设和经营权。

② BOOT方式。

BOOT（Build-Own-Operate-Transfer，建设—拥有—运营—移交）方式与典型BOT方式的主要不同之处是，项目公司既有经营权又有所有权，政府允许项目公司在一定范围内和一定时期内，将项目资产以融资目的抵押给银行，以获得更优惠的贷款条件，从而使项目的产品/服务价格降低，但特许期一般比典型BOT方式稍长。

③ BOO方式。

BOO（Build-Own-Operate，建设—拥有—运营）方式与前两种形式的主要不同之处在于，项目公司不必将项目移交给政府（即为永久私有化），目的主要是鼓励项目公司从项目全寿命期的角度合理建设和经营设施，提高项目产品/服务的质量，追求全寿命期的总成本降低和效率的提高，使项目的产品/服务价格更低。

除上述三种基本形式外，BOT还有十余种演变形式，如BT（Build-Transfer，建设—移交）、BTO（Build-Transfer-Operate，建设—移交—运营）等。这里简要介绍一下BT融资形式，所谓BT，是指政府在项目建成后从民营机构（或任何国营/民营/外商法人机构）中购回项目（可一次支付、也可分期支付）；与政府投资建造项目不同的是，政府用于购回项目的资金往往是事后支付（可通过财政拨款，但更多的是通过运营项目来支付）；民营机构是投资者或项目法人，必须出一定的资本金，用于建设项目的其他资金可以由民营机构自己出，但更多的是以期望的政府支付款（如可兑信用证）来获取银行的有限追索权贷款。BT项目中，投资者仅获得项目的建设权，而项目的经营权则属于政府，BT融资形式适用于各类基础设施项目，特别是出于安全考虑的必须由政府直接运营的项目。对银行和承包商而言，BT项目的风险可能比基本的BOT项目大。

如果承包商不是投资者，其建设资金不是从银行借的有限追索权贷款，或政府用于购回项目的资金完全没有基于项目的运营收入，此种情况实际上应称作"承包商垫资承包"或"政府延期付款",属于异化 BT,已经超出狭义项目融资的原有含义范畴,在我国已被禁止。因为它主要只是解决了政府当时缺钱建设基础设施的燃眉之急,并没有实现狭义项目融资所强调的有限追索、提高效率(降低价格)、公平分担风险等。

4. PPP 方式

PPP(Public-Private-Partnership,公私合作或公司合伙)融资方式最早出现于 20 世纪 90 年代,是指政府与民营机构(任何国营/民营/外商法人机构)签订长期合作协议,授权民营机构代替政府建设、运营或管理基础设施(如道路、桥梁、电厂、水厂等)或其他公共服务设施(如医院、学校、监狱、警岗等),并向公众提供公共服务。从广义上来讲,PPP 可以分为三大类,分别包括传统项目承包、开发经营项目和合作开发项目。传统承包项目中,民营机构只负责部分分包工作,其他大部分工作由政府负责;开发经营项目中,民营机构在合同期内负责项目的建设及运营,合同期满后将项目移交给政府;合作开发项目中,私营部门参与项目的融资,与政府共同分享项目的经营收入。PPP 融资方式强调政府与民营机构间的长期合作关系,也正因为民营机构参与到项目的建设过程中,为保证自身利益,项目建设过程中会积极选取最佳方式提供公共服务,使得服务质量得到提升。PPP 强调的是优势的互补、风险的分担和利益的分享。

PPP 与 BOT 在本质上区别不大,都是通过项目的期望收益进行融资,对民营机构的补偿都是通过授权民营机构在规定的特许期内向项目的使用者收取费用,由此回收项目的投资、经营和维护等成本,并获得合理的回报(即建成项目投入使用后所产生的现金流量成为支付经营成本、偿还贷款和提供投资回报等的唯一来源),特许期满后项目将移交回政府(也有不移交的,如 BOO)。

当然,PPP 与 BOT 在细节上也有一些差异。例如在 PPP 项目中,民营机构做不了的或不愿做的,需要由政府来做;其余全由民营机构来做,政府只起监管作用。而在 BOT 项目中,绝大多数工作由民营机构来做,政府则只提供支持和担保。但无论 PPP 或 BOT 方式,都要合理分担项目风险,从而提高项目的投资、建设、运营和管理效率,这是 PPP 或 BOT 的最重要的目标。此外,PPP 的含义更为广泛,反映更为广义的公司合伙/合作关系,除了基础设施和自然资源开发,还可包括公共服务设施和国营机构的私有化等。因此,近年来国际上越来越多采用 PPP 这个词,有取代 BOT 的趋势。

PPP 方式与 BOT 方式在各方责任方面有着较为明显的不同。总的来说,BOT 项目中政府与民营企业缺乏恰当的协调机制,导致双方自身目标不同,出现利益冲突,而 PPP 融资方式中政府与民营部门的关系更加紧密,具体比较见下表 4.5。

表 4.5 PPP 与 BOT 各方责任比较

融资方式	机构	融资责任	风险	关系协调	控制权
PPP	政府部门	共同	共同	强	共同
	民营部门	共同	共同	强	共同
BOT	政府部门	小	小	弱	小
	民营部门	大	大	弱	大

PPP 方式与 BOT 方式比较，各方在项目不同阶段的参与程度存在不同，具体见表 4.6。

表 4.6　PPP 与 BOT 在项目不同阶段的参与程度比较

	机构	决策	设计	建造	融资	运营
PPP	政府部门	√	√	√	√	√
	民营部门	√	√	√	√	√
BOT	政府部门	√	√			
	民营部门			√	√	√

5. TOT 项目融资方式

TOT 是 Transfer-Operate-Transfer 三个英文单词的缩写，即移交—经营—移交，它是 BOT 项目融资方式的新发展，指用私人资本或资金购买某项目资产（一般是公益性资产）的产权和经营权，购买者在一个约定的时间内通过经营收回全部投资和得到合理的回报后，再将项目产权和经营权无偿移交给原产权所有人。TOT 特别受投资者青睐，在发展中国家得到越来越多的应用，该模式为政府需要建设大型项目而又资金不足时提供了解决的途径，还为各类资本投资于基础设施开辟了新的渠道。

（1）TOT 的运作程序。

TOT 的运作程序相对比较简单，一般包括以下步骤：

a. 制定 TOT 方案并报批。转让方需先根据国家有关规定编制 TOT 项目建议书，征求行业主管部门同意后，按现行规定报有关部门批准。国有企业或国有基础设施管理人只有获得国有资产管理部门批准或授权才能实施 TOT 方式。

b. 项目发起人（同时又是投产项目的所有者）设立 SPC 或 SPV（Special Purpose Corporation 或 Special Purpose Vehicle，特殊目的公司或特殊目的机构），发起人把完工项目的所有权和新建项目的所有权均转让给 SPC 或 SPV，以确保有专门机构对两个项目的管理、转让、建造负有全权，并对出现的问题加以协调。SPC 或 SPV 通常是政府设立或政府参与设立的具有特许权的机构。

c. TOT 项目招标。按照国家规定，需要进行招标的项目，需采用招标方式选择 TOT 项目的受让方，其程序与 BOT 方式大体相同，包括招标准备、资格预审、准备招标文件、评标等步骤。

d. SPV 与投资者洽谈以达成转让投产运行项目在未来一定期限内全部或部分经营权的协议，并取得资金。

e. 转让方利用获得的资金建设新项目。

f. 新项目投入使用。

g. 转让项目经营期满后，收回转让的项目。转让期满，资产应在无债务、未设定担保、设施状况完好的情况下移交给原转让方。

（2）TOT 方式的特点。

与 BOT 相比，TOT 方式主要有以下特点：

a. 从项目融资的角度看，TOT 是通过转让已建成项目的产权和经营权来融资的，而 BOT 是政府给予投资者特许经营权的许诺后，由投资者融资新建项目，即 TOT 是通过已建成项目为其他新项目进行融资，BOT 则是为筹建中的项目进行融资。

b. 从具体运作过程看，TOT 由于避开了建造过程中所包含的大量风险和矛盾（如建设成本超支、延期、停建、无法正常运营等），并且只涉及转让经营权，不存在产权、股权等问题，在项目融资谈判过程中比较容易使双方意愿达成一致，并且不会威胁国内基础设施的控制权与国家安全。

c. 从东道国政府的角度看，通过 TOT 吸引国外或民间投资者购买现有的资产，将从两个方面进一步缓解中央和地方政府财政支出的压力；通过经营权的转让，得到一部分外资或民营资本，可用于偿还因为基础设施建设而承担的债务，也可作为当前迫切需要建设而又难以吸引外资或民营资本的项目；转让经营权后，可大量减少基础设施运营的财政补贴支出。

d. 从投资者的角度看，TOT 方式既可回避建设中的超支、停建或者建成后不能正常运营、现金流量不足以偿还债务风险，又能尽快取得收益。采用 BOT 方式，投资者先要投入资金建设，并要设计合理的信用保证结构，花费时间很长，承担风险大；采用 TOT，投资者购买的是正在运营的资产和对资产的经营权，资产收益具有确定性，也不需要太复杂的信用保证结构。

6. ABS 项目融资模式

ABS 是英文 Asset-Backed-Securitization 的缩写，即资产支持型资产证券化，简称资产证券化。资产证券化是指将缺乏流动性，但能够产生可预见的、稳定的现金流量的资产归集起来，通过一定的结构安排，对资产中风险与收益要素进行分离与重组，进而转换为在金融市场上可以出售和流通的证券的过程。

（1）ABS 融资方式。

ABS 起源于 20 世纪 80 年代，由于具有创新的融资结构和高效的载体，满足了各类资产和项目发起人的需要，从而成为当今国际资本市场中发展最快、最具活力的金融产品。具体而言 ABS 融资有两种方式：

① 通过项目收益资产证券化来为项目融资，即以项目所拥有的资产为基础，以项目资产可以带来的预期收益为保证，通过在资本市场发行债券来募集资金的一种证券化融资方式。具体来讲是项目发起人将项目资产出售给特设机构（Special-Purpose-Vehicle，以下简称 SPV），SPV 凭借项目未来可预见的稳定的现金流，并通过寻求担保等信用增级（Credit-Enhancement）手段，将不可流动的项目收益资产转变为流动性较高、具有投资价值的高等级债券，通过在国际资本市场上发行，一次性地为项目建设融得资金，并依靠项目未来收益还本付息。

② 通过与项目有关的信贷资产证券化来为项目融资，即项目的贷款银行将项目贷款资产作为基础资产，或是与其他具有共同特征的、流动性较差但能产生可预见的稳定现金流的贷款资产组合成资产池（Asset Pool），通过信用增级等手段使其转变为具有投资价值的高等级证券，通过在国际市场发行债券来进行融资，降低银行的不良贷款比率，从而提高银行为项目提供贷款的积极性，间接地为项目融资服务。

（2）ABS 融资方式的运作过程。

ABS 融资方式的运作过程主要包括以下几个方面：

① 组建特殊目的的机构 SPV。该机构可以是一个信托机构，如信托投资公司、信用担

保公司、投资保险公司或其他独立法人，该机构应能够获得国际权威资信评估机构较高级别的信用等级（AAA 或 AA 级），由于 SPV 是进行 ABS 融资的载体，成功组建 SPV 是 ABS 能够成功运作的基本条件和关键因素。

② SPV 与项目结合。即 SPV 寻找可以进行资产证券化融资的对象。一般来说，投资项目所依附的资产只要在未来一定时期内能带来现金收入，就可以进行 ABS 融资。拥有这种未来现金流量所有权的企业（项目公司）成为原始权益人。这些未来现金流量所代表的资产，是 ABS 融资方式的物质基础。在进行 ABS 融资时，一般应选择未来现金流量稳定、可靠、风险较小的项目资产。而 SPV 与这些项目的结合，就是以合同、协议等方式将原始权益人所拥有的项目资产的未来现金收入的权利转让给 SPV，转让的目的在于将原始权益人本身的风险割断。这样 SPV 进行 ABS 方式融资时，其融资风险仅与项目资产未来现金收入有关，而与建设项目的原始权益人本身的风险无关。

③ 进行信用增级。利用信用增级手段使该组资产获得预期的信用等级。为此，就要调整项目资产现有的财务结构，使项目融资债券达到投资级水平，达到 SPV 关于承包 ABS 债券的条件要求。SPV 通过提供专业化的信用担保进行信用升级，之后委托资信评估机构进行信用评级，确定 ABS 债券的资信等级。

④ SPV 发行债券。SPV 直接在资本市场上发行债券募集资金，或者经过 SPV 通过信用担保，由其他机构组织债券发行，并将通过发行债券筹集的资金用于项目建设。

⑤ SPV 偿债。由于项目原始收益人已将项目资产的未来现金收入权利让渡给 SPV，因此 SPV 就能利用项目资产的现金流入量，清偿其在国际高等级投资证券市场上所发行债券的本息。

（3）BOT 方式与 ABS 方式的比较。

具体而言，ABS 与 BOT 融资方式在项目所有权、运营权归属、适用范围、对项目所在国的影响、融资方式、风险分散度、融资成本等方面都有不同之处。

① 项目所有权、运营权归属。BOT 融资方式中，项目的所有权与经营权在特许经营期内是属于项目公司的，在特许经营结束之后，所有权与经营权将会移交给政府；在 ABS 融资方式中，根据合同规定，项目的所有权在债券存续期内由原始权益人转至 SPV，而经营权与决策权仍属于原始权益人，债券到期后，利用项目所产生的收益还本付息并支付各类费用之后，项目的所有权重新回到原始权益人手中。

② 适用范围。对于关系国家经济命脉或包括国防在内的敏感项目，采用 BOT 融资方式是不可行的，容易引起政治、社会、经济等各方面的问题；在 ABS 融资方式中，虽在债券存续期内资产的所有权归 SPV 所有，但是资产的运营与决策权仍然归属原始权益人，SPV 不参与运营，不必担心外商或私营机构控制，因此应用更加广泛。

③ 资金来源。BOT 与 ABS 融资方式的资金来源主要都是民间资本，可以是国内资金，也可以是外资，如项目发起人自有资金、银行贷款等；但 ABS 方式强调通过证券市场发行债券这一方式筹集资金，这是 ABS 方式与其他项目融资方式一个较大的区别。

④ 对项目所在国的影响。BOT 会给东道国带来一定负面效应，如掠夺性经营、国家税收流失及国家承担价格、外汇等多种风险，ABS 则较少出现上述问题。

⑤ 风险分散度。BOT 风险主要由政府、投资者/经营者、贷款机构承担；ABS 则由众多的投资者承担，而且债券可以在二级市场上转让，变现能力强。

⑥ 融资成本。BOT 过程复杂、牵涉面广、融资成本因中间环节多而增加；ABS 则只涉及原始权益人、SPV、证券承销商和投资者，无需政府的许可、授权、担保等，过程简单，降低了融资成本。

ABS 项目融资方式适用于房地产、水、电、道路、桥梁、铁路等收入安全、持续、稳定的项目。一些出于某些原因不宜采用 BOT 方式的、重要的、关系国计民生的重大项目也可以考虑采用 ABS 方式进行融资。

7. 以"杠杆租赁"为基础的项目融资

（1）以"杠杆融资"为基础的项目融资的基本思路。

以"杠杆融资"为基础的项目融资模式，是指在项目投资者的要求和安排下，由两个或两个以上的专业租赁公司、银行以及其他金融机构等以合伙制形式组成的合伙制金融租赁公司作为出租人，融资购买项目的资产，然后租赁给作为承租人的项目公司的一种融资模式。合伙制金融租赁公司和贷款银行的收入及信用保证来自税务好处、租赁费用、项目的资产以及对项目现金流量的控制。当租赁公司的成本全部收回并且获得了相应的回报后，项目公司只需交纳很少的租金，在租赁期满后，项目发起人的一个相关公司可以将项目资产以事先商定的价格购买回去，或者由项目公司以代理人的身份代理租赁公司把资产以其可以接受的价格卖掉，售价大部分会当作代销手续费由租赁公司返还给项目公司。

（2）以"杠杆融资"为基础的项目融资的主要特点。

① 融资方式较复杂。由于杠杆租赁融资结构中涉及的参与者数目较多，资产抵押以及其他形式的信用担保在股本参加者与债务参加者之间的分配和优先顺序问题也比一般项目融资模式复杂，再加上税务、资产管理与转让等问题，造成组织这种项目融资所花费的时间要相对长一些，法律结构以及文件也相对复杂一些，因而比较适合大型工程项目的融资安排。

② 融资成本较低。杠杆租赁由于充分利用了项目的税务好处，所以降低了投资者的融资成本和投资成本，同时也增加了融资结构中债务偿还的灵活性。利用税务扣减一般可以偿还项目全部融资总额的 30%～50%。

③ 可实现百分之百的融资。在这种模式中，由金融租赁公司的部分股本资金加上银行贷款，就可解决项目所需资金或设备，项目发起人可以不需要再进行任何股本投资。

④ 应用范围比较广泛。既可以作为一项大型工程项目的项目融资安排，也可以为项目的一部分建设工程安排融资，例如用于购置项目的某一专项大型设备。

8. PFI 方式

PFI（Private Finance Initiative，私人主动融资）是指由私营企业进行项目的建设与运营，从政府方或接受服务方收取费用以回收成本，在运营期结束时，私营企业应将所运营的项目完好地、无债务地归还政府。PFI 融资方式具有使用领域广泛、缓解政府资金压力、提高建设效率等特点。利用这种融资方式，可以弥补财政预算的不足、有效转移政府财政风险、提高公共项目的投资效率、增加私营部门的投资机会。

PFI 是一种强调私营企业在融资中主动性与主导性的融资方式，在这种方式下，政府以不同于传统的由其自身负责提供公共项目产出的方式，而是采取促进私营企业有机会参与基础设施和公共物品的生产和提供公共服务的一种全新的公共项目产出方式。通过 PFI 方式，政府与私营企业进行合作，由私营企业承担部分政府公共物品的生产或提供公共服务，政府购买私营企业提供的产品或服务，或给予私营企业以收费特许权，或政府与私营企业以合伙方式共同运营等方式来实现公共物品产出中的资源配置最优化、效率和产出的最大化。

（1）PFI 的典型模式。

PFI 模式最早出现在英国，在英国的实践中，通常有三种典型模式，即经济上自立的项目、向公共部门出售服务的项目与合资经营项目。

① 在经济上自立的项目。以这种方式实施的 PFI 项目，私营企业提供服务时，政府不向其提供财政的支持，但是在政府的政策支持下，私营企业通过项目的服务向最终使用者收费，来回收成本和实现利润。其中，公共部门不承担项目建设和运营的费用，但是私营企业可以在政府的特许下，通过适当调整对使用者的收费来补偿成本的增加。在这种模式下，公共部门对项目的作用是有限的，也许仅仅是承担项目最初的计划或按照法定程序帮助项目公司开展前期工作和按照法律进行管理。

② 向公共部门出售服务的项目。这种项目的特点在于，私营企业提供项目服务所产生的成本，完全或主要通过私营企业服务提供者向公共部门收费来补偿，这样的项目主要包括私人融资兴建的监狱、医院和交通线路等。

③ 合资经营项目。这种形式的项目中，公共部门与私营企业共同出资、分担成本和共享收益。但是，为了使项目成为一个真正的 PFI 项目，项目的控制权必须是由私营企业来掌握，公共部门只是一个合伙人的角色。

（2）PFI 的优点。

PFI 与私有化不同，公共部门要么作为服务的主要购买者，要么充当实施项目的基本法定授权控制者，这是政府部门必须坚持的基本原则；同时，与买断经营也有所不同，买断经营方式中的私营企业受政府的制约较小，是比较完全的市场行为，私营企业既是资本财产的所有者又是服务的提供者。PFI 方式的核心旨在增加包括私营企业参与的公共服务或者是公共服务的产出大众化。

PFI 在本质上是一个设计、建设、融资和运营模式，政府与私营企业是一种合作关系，对 PFI 项目服务的购买是由有采购特权的政府与私营企业签订的。

PFI 模式的主要优点表现在：

① PFI 有非常广泛的适用范围，不仅包括基础设施项目，在学校、医院、监狱等公共项目上也有广泛的应用。

② 推行 PFI 方式，能够广泛吸引经济领域的私营企业或非官方投资者，参与公共物品的产出，这不仅大大地缓解了政府公共项目建设的资金压力，同时也提高了政府公共物品的产出水平。

③ 吸引私营企业的知识、技术和管理方法，提高公共项目的效率和降低产出成本，使社会资源配置更加合理化，同时也使政府摆脱了受到长期困扰的政府项目低效率的压力，使政府有更多的精力和财力用于社会发展更加急需的项目建设。

④ PFI 方式是政府公共项目投融资和建设管理方式的重要的制度创新，这也是 PFI 方式的最大的优势。在英国的实践中，被认为是政府获得高质量、高效率的公共设施的重要工具，已经有很多成功的案例。

（3）PFI 方式与 BOT 方式的比较。

PFI 与 BOT 方式在本质上没有太大区别，但在一些细节上仍存在不同，主要表现在适用领域、合同类型、承担风险、合同期满处理方式等方面。

① 适用领域。BOT 方式主要用于基础设施或市政设施，如机场、港口、电厂、公路、自来水厂等，以及自然资源开发项目。PFI 方式的应用面更广，除上述项目之外，一些非营利的、公共服务设施项目（如学校、医院、监狱等）同样可以采用 PFI 融资方式。

② 合同类型。两种融资方式中，政府与私营部门签署的合同类型不尽相同，BOT 项目的合同类型是特许经营合同，而 PFI 项目中签署的是服务合同，PFI 项目的合同中一般会对设施的管理、维护提出特殊要求。

③ 承担风险。BOT 项目中，私营企业不参与项目设计，因此设计风险由政府承担，而 PFI 项目由于私营企业参与项目设计，需要其承担涉及风险。

④ 合同期满处理方式。BOT 项目在合同中一般会规定特许经营期满后，项目必须无偿交给政府管理及运营，而 PFI 项目的服务合同中往往规定，如果私营企业通过正常经营未达到合同规定的收益，可以继续保持运营权。

4.6 融资方案分析

在初步确定工程项目的资金筹资方式和资金来源后，应进一步对融资方案进行分析，以降低融资成本和融资风险。

4.6.1 资金成本的含义和性质

1. 资金成本的含义

资金是一种资源，筹资和使用任何资金都要付出代价，资金成本就是投资者在工程项目实施中，为筹集和使用资金而付出的代价。资金成本由两部分组成，即资金筹集成本和资金使用成本。

（1）资金筹集成本是指投资者在资金筹措过程中支付的各项费用。主要包括向银行借款的手续费；发行股票、债券而支付的各项代理发行费用，如印刷费、手续费、公证费、担保费和广告费等。资金筹集成本一般属于一次性费用，筹资次数越多，资金筹集成本也就越大。

（2）资金使用成本又称资金占用费，它主要包括支付给股东的各种股利、向债权人支付的贷款利息以及支付给其他债权人的各种利息费用等。资金使用成本一般与所筹资金的多少以及所筹资金使用时间的长短有关，具有经常性、定期支付的特点，是资金成本的主要内容。

2. 资金成本的作用

（1）资金成本是选择资金来源和筹资方式的重要依据。企业筹集资金的方式多种多样，如发行股票、债券、银行借款等，不同的筹资方式，其相应的资金成本也不尽相同。资金成本的高低可以作为比较各种筹资方式优缺点的一项依据。

（2）资金成本是投资者进行资金结构决策的基本依据。如上所述，一个工程项目的资金结构一般是由借入资金与自有资金组合而成，这种组合有多种方案，如何寻求两者间的最佳组合，一般可通过计算综合资金成本作为项目筹资决策的依据。

（3）资金成本是评价各种工程项目是否可行的一个重要尺度。国际上通常将资金成本视为工程项目的"最低收益率"和是否接受工程项目的"取舍率"，在评价投资方案是否可行的标准上，一般要以项目本身的投资收益率与其资金成本进行比较。如果项目的预期投资收益率小于其资金成本，则项目不可行。

4.6.2 资金成本的计算

1. 资金成本计算的一般形式

资金成本可用绝对数表示，也可用相对数表示。为便于分析比较，资金成本一般用相对数表示，称之为资金成本率。其一般计算公式为

$$K = \frac{D}{P-F} \quad 或 \quad K = \frac{D}{P(1-f)} \tag{4.4}$$

式中　K——资金成本率（一般统称为资金成本）；
　　　P——筹集资金总额；
　　　D——资金占用费；
　　　F——筹资费；
　　　f——筹资费费率（即筹资费占筹集资金总额的比率）；

2. 各种资金来源的资金成本计算

（1）银行借款的资金成本。
① 不考虑资金筹集成本时的资金成本

$$K_d = (1-T) \times R \tag{4.5}$$

式中　K_d——银行借款的资金成本；
　　　T——所得税税率；
　　　R——银行借款利率。
② 对项目贷款实行担保时的资金成本

$$K_d = (1-T) \times (R + V_d) \tag{4.6}$$

$$V_\mathrm{d} = \frac{V}{P \times n} \times 100\%$$

式中 K_d——银行借款的资金成本；

V_d——担保费率；

V——担保费总额；

P——企业借款总额；

n——担保年限。

③ 考虑资金筹集成本时的资金成本

$$K_\mathrm{d} = \frac{(1-T) \times (R+V_\mathrm{d})}{(1-f)} \tag{4.7}$$

【例 4.1】 某企业为某建设项目申请银行长期贷款 1 000 万元，年利率为 10%，每年付息一次，到期一次还本，贷款管理费及手续费率为 0.5%。企业所得税税率为 25%，试计算该项目长期借款的资金成本。

【解】 根据式（4.7），该项目长期借款的资金成本为

$$K_\mathrm{d} = \frac{(1-T) \times R}{(1-f)} = \frac{(1-25\%) \times 10\%}{(1-0.5\%)} = 7.54\%$$

（2）债券资金成本。

发行债券的成本主要是指债券利息和筹资费用。债券利息的处理与长期借款利息的处理相同，应以税后的债务成本为计算依据。债券的筹资费用一般比较高，不可在计算融资成本时省略。债券资金成本的计算公式为

$$K_\mathrm{b} = \frac{I_\mathrm{b}(1-T)}{B(1-f_\mathrm{b})} \quad \text{或} \quad K_\mathrm{b} = \frac{R_\mathrm{b}(1-T)}{(1-f_\mathrm{b})} \tag{4.8}$$

式中 K_b——债券资金成本；

B——债券筹资额；

f_b——债券筹资费率；

I_b——债券年利息；

R_b——债券利率。

若债券溢价或折价发行，为了更精确地计算资金成本，应以其实际发行价格作为债券筹资额。

【例 4.2】 假定某公司发行面值为 500 万元的 10 年期债券，票面利率 8%，发行费率 5%，发行价格 550 万元，公司所得税税率为 25%，试计算该公司债券的资金成本。如果公司以 350 万元发行面额为 500 万元的债券，则资金成本又为多少？

【解】 根据式（4.8），以 550 万元价格发行的资金成本为

$$K_\mathrm{b} = \frac{I_\mathrm{b}(1-T)}{B(1-f_\mathrm{b})} = \frac{500 \times 8\% \times (1-25\%)}{550 \times (1-5\%)} = 5.74\%$$

以 350 万元价格发行的资金成本为

$$K_b = \frac{I_b(1-T)}{B(1-f_b)} = \frac{500 \times 8\% \times (1-25\%)}{350(1-5\%)} = 9.02\%$$

（3）优先股成本。

与负债利息的支付不同，优先股的股利不能在税前扣除，因而在计算优先股成本时无需经过税赋的调整。优先股成本的计算公式为

$$K_p = \frac{D_p}{P_p(1-f_p)} \tag{4.9}$$

或

$$K_p = \frac{P_p \times i}{P_p(1-f_p)} = \frac{i}{(1-f_p)}$$

式中　K_p——优先股资金成本；

　　　D_p——优先股每年股息；

　　　P_p——优先股票面值；

　　　f_p——优先股筹资费率；

　　　i——为股息率。

【例4.3】　某公司为某项目发行优先股股票，票面额按正常市价计算为200万元，筹资费率为4%，股息年利率为14%，试求其资金成本。

【解】　根据式（4.9）得

$$K_p = \frac{i}{1-f_p} = \frac{14\%}{1-4\%} = 14.58\%$$

（4）普通股资金成本。

普通股资金成本属权益融资成本。权益资金的资金占用费是向股东分派的股利，而股利是以所得税后净利润支付的，不能抵减所得税。计算普通股资金成本，常用的方法有"评价法"和"资本资产定价模型法"。

① 评价法。

$$K_c = \frac{D_c}{P_c(1-f_c)} + G \tag{4.10}$$

式中　K_c——普通股资金成本；

　　　D_c——预期年股利额；

　　　P_c——普通股筹资额；

　　　f_c——普通股筹资费率；

　　　G——普通股利年增长率。

【例4.4】　某公司发行普通股正常市价为300万元，筹资费率为4%，第一年的股利率为10%，以后每年增长5%，试求其资金成本率。

【解】　根据式（4.10）有

$$K_c = \frac{D_c}{P_c(1-f_c)} + G = \frac{300 \times 10\%}{300 \times (1-4\%)} + 5\% = 15.4\%$$

② 资本资产定价模型法。

$$K_c = R_f + \beta(R_m - R_f) \tag{4.11}$$

式中　R_f——无风险报酬率；

　　　R_m——平均风险股票必要报酬率；

　　　β——股票的风险校正系数。

【例 4.5】 某证券市场无风险报酬率为 11%，平均风险股票必要报酬率为 15%，某一股份公司普通股 β 值为 1.15，试计算该普通股的资金成本。

【解】 根据式（4.11）有

$$K_c = R_f + \beta(R_m - R_f) = 11\% + 1.15 \times (15\% - 11\%) = 15.6\%$$

（5）融资租赁资金成本。

企业租入某项资产，获得其使用权，要定期支付租金，并且租金列入企业成本，可以减少应付所得税。因此，其租金成本率为

$$K_L = \frac{E}{P_L} \times (1-T) \tag{4.12}$$

式中　K_L——融资租赁资金成本；

　　　E——年租金额；

　　　P_L——租赁资产价值。

（6）留存盈余资金成本。

留存盈余是指企业未以股利等形式发放给投资者而保留在企业的那部分盈利，即经营所得净收益的积余，包括盈余公积和未分配利润。

留存盈余是所得税后形成的，其所有权属于股东，实质上相当于股东对公司的追加投资。股东将留存盈余留用于公司，是想从中获取投资报酬，所以留存盈余也有资金成本，即股东失去的向外投资的机会成本。它与普通股成本的计算基本相同，只是不考虑筹资费用。如按评价法，计算公式为

$$K_r = \frac{D_c}{P_c} + G \tag{4.13}$$

式中　K_r——留存盈余资金成本，其他符号同前。

（7）加权平均资金成本。

工程项目的资金筹集一般采用多种融资方式，不同来源的资金，其成本各不相同。由于条件制约，项目不可能只从某种低成本的来源筹集资金，而是各种筹资方案的有机组合。因此，为了对整个项目的融资方案进行筹资决策，在计算各种融资方式个别资金成本的基础上，还要计算整个融资方案的加权平均融资成本，以反映工程项目的整个融资方案的融资成本状况。其计算公式为

$$K_\mathrm{W} = \sum_{j=1}^{n} K_j \times W_j \qquad (4.14)$$

式中　K_W——加权平均资金成本；

　　　K_j——第 j 种融资渠道的资金成本；

　　　W_j——第 j 种融资渠道筹集的资金占全部资金的比重（权数）。

4.6.3　资本结构

资本结构是指项目融资方案中各种资金来源的构成及其比例关系，又称资金结构。在项目融资活动中，资本机构有广义和狭义之分。广义的资本结构是指项目公司全部资本的构成，不但包括长期资本，还包括短期资本，主要是短期债务资本。狭义的资本结构是指项目公司所拥有的各种长期资本的构成及比例关系，尤其是指长期的股权资本和债务资本的构成及比例关系。

项目的资金结构安排和资金来源选择在项目融资中起着非常关键的作用，巧妙地安排项目的资金构成比例，选择合适的资金形式，可以达到既能减少项目投资者自有资金的直接投入，又能提高项目综合经济效益的双重目的。

资本结构的分析应包括项目筹集资金中股本资金、债务资金的形式，各种资金所占比例，以及资金的来源，包括项目资本金与负债资金比例、资本金结构和债务资金结构。

1. 项目资本金与债务资金比例

项目建设资金的权益资金和债务资金结构是融资方案制定中必须考虑的一个重要方面。在项目总投资和和投资风险一定的条件下，项目资本金比例越高，权益投资人投入项目的资金越多，承担的风险越高，而提供债务资金的债权人承担的风险越低。从权益投资人的角度考虑，项目融资的资金结构应追求以较低的资本金投资争取较多的债务资金，同时要争取尽可能低的对股东的追索，另外由于债务资本的利息在所得税前列支，在考虑公司所得税的基础上，债务资本要比项目资本金的资金成本低很多，由于财务杠杆作用，适当的债务资本比例能够提高项目资本金财务内部收益率。而提供债务资金的债权人则希望债权得到有效的风险控制。同时，项目资本金比例越高，贷款的风险越低，有利于债权得到有效的风险控制。同时，项目资本金比例越高，贷款的风险越低，贷款的利率可以越低，如果权益资金过大，风险可能会过于集中，财务杠杆作用下滑。但如果项目资本金占的比重太小，会导致负债融资的难度提升和融资成本的提高。

因此，对于大多数项目，资本安排中实际的资本结构必须在项目资本金和债务资本金间达到一个合理的比例关系，它们之间的合理比例需要由各个参与方的利益平衡来决定。一般认为，在符合国家资本金的制度规定、金融机构信贷法规即债权人有关资产负债比例要求的前提下，既能满足权益投资者获得期望投资回报的要求，又能较好地防范财务风险的比例是较理想的资本金与债务资金比例。

2. 项目资本金结构

项目资本金内部结构比例是指项目投资各方的出资比例。投资方对项目不同的出资比例决定了投资各方对项目的建设和经营所享有的决策权、应承担的责任以及项目收益的分配。采用新设法人筹资方式的项目，应根据投资各方在资本、技术、人力和市场开发等方面的优势，通过协商确定各方的出资比例、出资形式和出资时间。采用既有法人筹资方式的项目，在确定项目资本金结构时，要考虑既有法人的财务状况和筹资能力，合理确定既有法人内部筹资与新增资本金在项目筹资总额中所占的比例，分析既有法人内部筹资与新增资本金的可能性与合理性。因为既有法人将自身所拥有的现金和非现金资产投资于拟建项目，一方面，在其投资额度上受到公司自身财务资源的限制；另一方面，投资的这一部分资产被拟建项目长期占用，势必会降低自身的财务流动性。

另外，按照我国现行相关制度规定，有些项目不允许国外资本控股，有些项目要求必须由国有资本控股。因此，对于国内投资项目，应分析控股股东的合法性和合理性；对于外商投资项目，要注意对外商投资建设项目的规定，分析外方出资比例的合法性和合理性。

3. 项目债务资金结构

在一般情况下，项目融资中债务融资占有较大的比例。因此，项目债务资金的筹集是解决项目融资的资金结构问题的核心。项目债务资本结构比例反映债权各方为项目提供债务资本的数额比例、债务期限比例、内债和外债的比例，以及外债中各币种债务的比例等。不同类型的债务资本融资成本不同，融资的风险也不一样。比如增加短期债务资本能降低总的融资成本，但会增大公司的财务风险；而增加长期债务虽然能降低公司的财务风险，但会增加公司的融资成本。因此，在确定项目债务资本结构比例时，需要在融资成本和融资风险之间取得平衡，既要降低融资成本，又要控制融资风险。

选择债务融资的结构应该考虑以下几个方面：

（1）债务期限配比。在项目负债结构中，长短期负债借款需要合理搭配。短期借款利率低于长期借款，适当安排一些短期融资可以降低总的融资成本，但如果过多的采用短期融资，会使项目公司的财务流动性不足，项目的财务稳定性下降，产生过高的财务风险。长期负债融资的期限应当与项目的经营期限相协调。

（2）债务偿还顺序。长期债务需要根据一个事先确定下来的比较稳定的还款计划表来还本付息。对于从建设期开始的项目融资，债务安排中一般还有一定的宽限期。在此期间，贷款的利息可以资本化。但是，某些类型的债务资金安排对提前还款有所限制。例如，一些债券形式要求至少一定年限内借款人不能提前还款。再比如，采用固定利率的银行贷款，因为银行安排固定利率的成本原因，如果提前还款，借款人可能会被要求承担一定的罚款或分担银行的成本。通常，在多种债务中，对于借款人来讲，在时间上，由于较高的利率意味着较重的利息负担，所以应当先偿还利率较高的债务，后偿还利率较低的债务。对于有外债的项目，由于有汇率风险，通常应先偿还硬货币的债务，后偿还软货币的债务。但是为了使所有债权人都有一个比较满意的偿还顺序，在融资方案中应对此作出妥善安排。

（3）境内外借款占比。对于借款公司来讲，使用境外借款或国内银行外汇贷款，如果贷款条件一样，并没有什么区别。境内外借款主要决定于项目使用外汇的额度，同时可能主要由借款取得可能性及方便程度决定。但是对于国家来讲，项目使用境外贷款，相对于使用国内银行的外汇贷款而言，国家的总体外汇收入增加，对于当期的国家外汇平衡有利。但对于境外贷款偿还期内的国家外汇平衡会产生不利影响。从项目的资金平衡利益考虑，如果项目的产品销售不取得外汇，应当尽量不要使用外汇贷款，投资中如果需要外汇，可以采取投资方注入外汇，或者以人民币购汇。如果项目使用的外汇额度很大，以至于项目大量购汇将会对当期国家的外汇平衡产生难以承受的影响，则需要考虑使用外汇贷款。如果国家需要利用项目从境外借款融入外汇，改善国家当期外汇平衡，也可以考虑由项目公司在国际上借贷融资，包括向世界银行等国际金融机构借款。

（4）利率结构。项目融资中的债务资金利用率主要为浮动利率、固定利率以及浮动/固定利率三种机制。评价项目融资中应该采用何种利率结构，需要综合考虑三方面的因素。

① 项目现金流量的特征起着决定性的作用。对于一些工程项目而言，项目的现金流量相对稳定，可预测性很强。采用固定利率机制有许多优点，有利于项目现金流量的预测，减少项目风险。相反，一些有关产品或资源项目的现金流量很不稳定，采用固定利率就有一定的缺点，在产品价格不好时将会增加项目的风险。

② 对进入市场中利率的走向分析在决定债务资金利率结构时也起到很重要的作用。在利率达到或接近谷底时，如果能够将部分或全部浮动利率债务转换成固定利率债务，无疑对借款人是一种有利的安排，这样可以在较低成本条件下将一部分融资成本固定下来。

③ 任何一种利率结构都有可能为借款人带来一定的利益，但也会相应增加一定的成本，最终取决于借款人如何在控制金融风险和减少融资成本之间的权衡。如果借款人将控制融资风险放在第一位，在适当的时机将利率固定下来是有利的，然而短期内可能要承受较高的利息成本。如果借款人更趋向于减少融资成本，问题就变得相对复杂得多，要更多地依赖金融市场上利率走向的分析。因此，近几年来在上述两种利率机制上派生出几种具有固定利率特征的浮动利率机制，以满足借款人的不同需要。

简单地说，具有固定利率特征的浮动利率机制是相对浮动利率加以优化，对于借款人来讲，在某个固定利率之下，利率可以自由变化。但是，利率如果超过该固定水平，借款人只按照固定利率支付利息。这种利率安排同样是需要成本的。

（5）货币结构。项目融资债务资金的货币结构可以依据项目现金流量的货币结构加以设计，以减少项目的外汇风险。不同币种的外汇汇率总是在不断变化。如果条件许可，项目使用外汇贷款需要仔细选择外汇币种。外汇贷款的借款币种与还款币种有时是可以不同的。通常主要应当考虑的是还款成本，选择币值较为软弱的币种作为还款币种。这样，当这种外汇币值下降时，还款金额相对降低了。当然，币值软弱的外汇贷款利率通常较高。这就需要在汇率变化和利率差异之间做出预测权衡和抉择。

4. 资本结构的比选方法

资本结构是否合理，一般是通过分析每股收益的变化来进行衡量的。凡是能够提高每股收益的资本结构就是合理的，反之则是不合理的。一般来说，每股收益一方面受资本结构的影响，同样也受销售水平的影响。因此，可运用融资的每股收益分析方法分析三者的关系。

每股收益分析是利用每股收益的无差别点进行的。所谓每股收益的无差别点，是指每股收益不受融资方式影响的销售水平。根据每股收益无差别点，可以分析判断不同销售水平下适用的资本结构。每股收益 EPS 的计算公式如下

$$EPS = \frac{(S-VC-F-I)(1-T)-D_p}{N} = \frac{(EBIT-I)(1-T)-D_p}{N} \quad (4.15)$$

式中　S——销售额；

　　　VC——变动成本；

　　　F——固定成本；

　　　I——债务利息；

　　　N——流通在外的普通股股数；

　　　$EBIT$——息税前盈余；

　　　D_p——优先股年股利。

在每股收益无差别点上，无论是采用负债融资，还是采用权益融资，每股收益都是相等的，若以 EPS_1 表示负债融资，以 EPS_2 表示权益融资，有

$$EPS_1 = EPS_2$$

$$\frac{(S_1-VC_1-F_1-I_1)(1-T)-D_{p1}}{N_1} = \frac{(S_2-VC_2-F_2-I_2)(1-T)-D_{p2}}{N_2} \quad (4.16)$$

在每股收益无差别点上，$S_1 = S_2$，则

$$\frac{(S-VC_1-F_1-I_1)(1-T)-D_{p1}}{N_1} = \frac{(S-VC_2-F_2-I_2)(1-T)-D_{p2}}{N_2} \quad (4.17)$$

能使得上述公式成立的销售额 S 即为每股收益无差别点销售额。

【例 4.6】　某项目公司原有资本 5 000 万元，其中长期债务资本 2 000 万元，优先股股本 500 万元，普通股股本 2 500 万元。该公司每年负担的利息费用为 200 万元，每年发放的优先股股利为 55 万元。该公司发行在外的普通股为 100 万股，每股面值为 25 元。该公司的企业所得税税率为 25%。因该公司决定扩大项目规模，为此需要追加筹集 2 500 万元长期资本。现有两种备选方案。

一是全部发行公司债券，票面利率为 12%，利息为 300 万元。

二是全部发行普通股，增发 100 万股普通股，每股面值为 25 元。

【解】　将上述资料中的有关数据代入条件公式

$$\frac{(EBIT-500)\times(1-25\%)-55}{100} = \frac{(EBIT-200)\times(1-25\%)-55}{200}$$

$$EBIT = 873.33 \text{（万元）}$$

此时的每股收益额为

$$\frac{(873.33-500)\times(1-25\%)-55}{100} = 2.25 \text{（元）}$$

上述每股收益无差别分析，如图4.3所示。

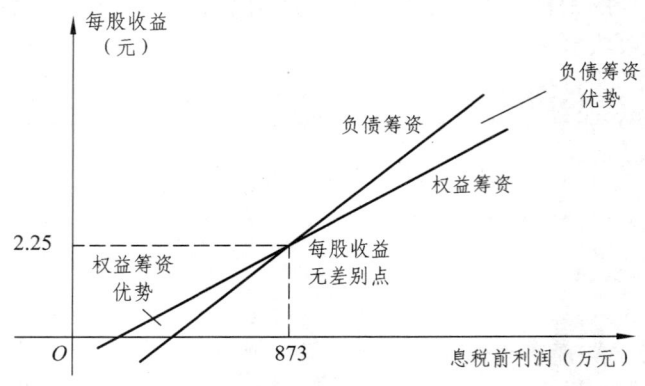

图 4.3　每股收益差别分析

从图4.3中可以看出，当息税前利润大于873.33万元，采用负债筹资方式较为有利；当息税前利润低于873.33万元时，采用发行普通股筹资较为有利；而当息税前利润等于873.33万元时，采用这两种方式并无差别。

4.6.4　融资风险分析

融资方案的实施经常会受到各种风险因素的影响。融资风险分析就是对可能影响融资方案的风险因素进行识别和预测。通常可能的融资风险因素有下列几种：

1. 投资缺口风险

工程项目在建设过程中由于技术设计、施工图设计及施工过程中增加工程，价格上涨引起工程造价变化等，都会引起投资额的增加，导致原估算投资额出现缺口。

2. 资金供应风险

资金供应风险是指融资方案在实施过程中，可能出现资金不落实，导致建设工期长、工程造价升高、原定投资效益目标难以实现的风险。主要风险有：

（1）原定筹资额全部或部分落空，例如已承诺出资的投资者中途变故，不能兑现承诺；
（2）原定发行股票、债券计划不能实现；
（3）既有项目法人融资项目由于企业经营状况恶化，无力按原定计划出资；
（4）其他资金不能按建设进度足额及时到位。

3. 利率风险

利率水平随着金融市场行情而变动，如果融资方案中采用浮动利率计息，则应分析贷款利率变动的可能性及其对项目造成的风险和损失。

4. 汇率风险

汇率风险是指国际金融市场外汇交易结算产生的风险，包括人民币对各种外币币值的变动风险和各外币之间比价变动的风险。利用外资数额较大的投资项目应对外汇汇率的趋势进行分析，估测汇率发生较大变动时，对项目造成的风险和损失。

4.7 项目总投资使用计划与资金筹措表编制

项目资金筹措方案是在项目分年投资计划基础上编制的，是对资金来源、资金筹措方式、融资结构和数量等做出的整体安排。

项目的资金筹措需要满足项目投资资金使用的要求。

一个完整的项目资金筹措方案，主要由两部分内容构成：项目资金来源计划表和总投资使用与资金筹措计划表。项目资金来源计划表主要反映项目资本金及债务资金来源的构成。在表中应对每一项资金来源的融资条件和融资可信程度加以说明和描述，或在表中附注。总投资使用计划与资金筹措表是投资估算和融资方案两部分的衔接点。

总投资使用计划与资金筹措表的格式详见附表 4.1。编制项目总投资使用计划与资金筹措表时应注意下列问题：

1. 各年度的资金平衡

资金来源必须满足投资使用的要求，应做到资金的需求与筹措在时序、数量两方面都能平衡。

资金来源的数量规模最好略大于投资使用的要求。

2. 建设期利息

（1）首先要按照与建设投资用款计划相匹配的筹资方案来计算。
（2）因融资条件的不同，建设期利息计算主要分为三种情况：
建设期内只计不付——建设期利息复利计算计入债务融资总额，视为新的负债；
建设期内采用项目资本金按约定偿付——债务融资总额不包括建设期利息；
使用债务资金偿还同种债务资金的建设期利息——相当于增加债务融资的本金总额。

复习思考题

1. 什么是项目资本金？其比例如何确定？项目资本金的来源渠道有哪些？
2. 国内、国外负债融资有哪些主要渠道？

3. 项目融资有哪几种模式？各有何特点？

4. 什么是资金成本？各种不同来源的资金成本如何计算？

5. 融资风险有哪些表现形式？

6. 某公司从银行借款 10 万元，年利率 8%，公司所得税率为 25%，筹资费假设为零，如果按下列方式支付利息，试计算借款的资金成本。

（1）一年分 4 次支付利息；

（2）一年分 12 次支付利息；

（3）一年分 2 次支付利息。

7. 某公司为购买新设备，发行了一批新债券。每张债券票面值为 10 000 元，年利率 8%，一年分 4 次支付利息，15 年期满。每张债券发行时市价 9 500 元。如果所得税税率为 25%，试计算公司新发行债券的资本成本。

附表 4.1 总投资使用计划与资金筹措表   万元

序号	项目	合计	计算期					
	年份		1	2	3	4	….	n
1	总投资							
1.1	建设投资							
1.2	建设期利息							
1.3	固定资产投资方向调节税							
1.4	流动资金							
2	资金筹措							
2.1	项目资本金							
	项目资本金使用							
2.2	债务资金							
	债务资金使用							
2.3	其他资金							

5 财务效益与费用估算

【学习要点】
（1）财务效益与费用的概念；
（2）财务效益与费用相关参数；
（3）营业收入的估算；
（4）总成本费用的估算；
（5）经营成本的估算；
（6）借款还本付息的估算；
（7）财务效益与费用估算表的相互联系。

本章主要阐述了财务效益与费用估算的概念及相关参数，重点分析了营业收入、总成本费用、经营成本、利润和税金等参数的确定方法及其相互关系。

5.1 财务效益与费用估算概述

在工程项目进行财务分析之前，必须先进行财务效益与费用的估算。它是在经过项目建设必要性审查、生产建设条件评估和技术可行性评估之后，在市场需求调查、销售规划、技术方案和规模经济分析论证的基础上，从项目财务分析的要求出发，按照现行财务制度规定，对项目有关的成本和收益等财务效益与费用数据进行收集、估算，并编制财务效益与费用数据估算表格等一系列工作。

财务效益与费用的估算是项目财务分析、经济费用效益分析和投资风险分析的重要基础和依据。它不仅为财务分析提供必要的数据，而且对财务分析的结果，及最后的决策意见都产生决定性的影响，在可行性研究和项目评价中具有承上启下的关键作用。

5.1.1 财务效益与费用估算的概念及相关参数

1. 财务效益与费用的概念

财务效益与费用是指项目运营期内企业因项目所获得的收入以及企业为项目所付的支

出。主要包括营业收入、成本费用和有关税金等。某些项目可能得到的补贴收入也应计入财务效益。

2. 财务效益与费用估算的参数

进行财务效益与费用估算所涉及的参数很多,按其作用不同,主要分为两类:一是计算参数;二是判据参数。

计算参数:主要是计算项目财务效益和费用的参数。包括:产出物数量、销售价格,原材料和燃料动力消耗量及价格,人员工资费用,折旧和摊销年限,成本计算中的各种费率、税率、利率等,及据此计算得到的营业收入、成本费用、营业税金及附加等参数。这类参数影响项目财务分析结果的可信度。

判据参数:主要是判断项目效益是否满足要求的基准参数。包括:基准收益率、基准投资回收期、基准投资利润率、偿债备付率等。这类基准参数决定着对项目效益的判断,是取舍项目的依据。

3. 财务效益与费用估算的主要内容

项目目标不同,财务效益与费用包含的内容也不同。

(1) 经营性项目。市场化运作的经营性项目,其目标是通过销售产品或提供服务实现盈利。其财务效益主要指营业收入。

(2) 非经营性项目的财务效益与费用估算详见 6.4 节非经营性项目财务分析。

4. 财务效益与费用的识别和估算应注意的问题

(1) 财务效益与费用的估算应遵守现行财务、会计以及税收制度的规定。

由于财务效益与费用的识别和估算是对将来情况的预测,经济评价中允许做有别于财会制度的处理,但是要求财务效益与费用的识别和估算在总体上与会计准则和税收制度相适应。

(2) 财务效益与费用的估算应遵守有无对比的原则。

"有无对比"是国际上项目评价中通用的效益与费用识别的基本原则。项目评价的许多方面都需要遵循这条原则。所谓"有项目"是指实施项目后的将来状况;"无项目"是指不实施项目时的将来状况。在识别项目的效益和费用时,需注意只有"有无对比"的差额部分才是由于项目的投资建设增加的效益和费用,即增量效益和费用。

(3) 财务效益与费用的估算范围应体现效益与费用对应一致的原则。

为了正确评价项目的获利能力,必须遵循项目的直接费用与直接效益计算范围的一致性原则。

(4) 财务效益与费用数据确定的稳妥原则。

财务分析结果的准确性取决于效益与费用数据的可靠性。财务分析中所需要的大量数据都来自预测和估计,难免有不确定性。为了使财务分析结果能提供较为可靠的信息,避免人为的乐观估计所带来的风险,更好地满足投资决策需要,在效益与费用数据的确定和选取中遵循稳妥原则是十分必要的。

（5）财务效益与费用的估算应根据项目的性质、类别和行业特点，明确相关政策和其他依据、选取适宜的方法，进行文字说明和数据估算。

5.1.2 财务效益与费用估算的步骤

1. 熟悉项目概况，制订财务效益与费用估算工作计划

因为每个投资项目的背景和特点不同，所以编制可行性研究和项目评价报告的人员必须对项目的基本情况做全面的了解，便于制定具有针对性的工作计划。

2. 收集资料

财务效益与费用估算工作涉及的范围很广，需要收集大量的资料，主要有：国家有关部门制定的法律法规、政策、规章制度、办法和标准等；有关部门批准的项目相关文件，如土地转让的批复等；本项目的市场研究、生产规模、生产工艺技术方案和工程方案等资料及同类项目的有关资料等。

3. 进行财务效益与费用估算

在收集、整理和分析有关资料的基础上，测算各项财务基础数据，并编制相应的财务效益与费用估算表格。在进行融资前分析时，应先估算独立于融资方案的建设投资和营业收入，然后估算经营成本和流动资金。在进行融资后分析时，应先确定初步的融资方案，然后估算建设期利息，进而完成固定资产原值的估算，通过还本付息计算求得运营期各年利息，完成总成本费用的估算。

上述估算步骤只是体现了融资前分析和融资后分析对效益和费用数据的要求，具体项目可据实际情况灵活应用。

5.1.3 项目计算期的分析确定

项目涉及整个计算期的数据。项目计算期是指对项目进行经济评价应延续的年限，是财务分析的重要参数，包括建设期和运营期。

1. 建设期

评价用的建设期是指从项目资金正式投入起到项目建成投产止所需要的时间。建设期的确定应综合考虑项目的建设规模、建设性质（新建、扩建或技术改造）、项目复杂程度、当地建设条件、管理水平与人员素质等因素，并与项目进度计划中的建设工期相协调。项目建设

计划中的工期是指项目从现场破土动工起到项目建成投产止所需要的时间,两者的终点相同,但起点可能有差异。对于既有法人融资的项目,评价用建设期与建设工期一般无甚差异。但新设法人项目需要先注册企业,届时就需要投资者投入资金,其后项目才开工建设,因而两者的起点会有差异。因此根据项目的实际情况,评价用建设期可能大于或等于项目实施进度中的建设工期。

对于一期、二期连续建设的项目、滚动发展的总体项目等应结合项目的具体情况确定评价用建设期。

2. 运营期

评价用运营期应根据多种因素综合确定,包括行业特点、主要装置(或设备)的经济寿命期(考虑主要产出物生命周期、主要装置物理寿命、综合折旧年限等确定)。

对于中外合资项目还要考虑合资双方商定的合资年限,再按上述原则估定评价用运营期后,还要与该合资运营年限相比较,再按两者孰短的原则确定。

5.1.4 财务效益与费用估算采用的价格

在项目财务效益与费用估算中,要对项目整个计算期内的价格进行预测,涉及如何处理价格变动的问题。在整个计算期的若干年内,是采用同一个固定价格,还是各年都变动价格以及价格如何变动,这就是投资项目财务效益与费用估算中采用什么价格体系的问题。

1. 基价、时价和实价的概念

财务效益与费用估算涉及的价格体系有三种,即固定价格体系(或称基价体系)、实价体系和时价体系。同时涉及三种价格,即基价、实价和时价。

(1)基价(Base Year Price),是指以基年价格水平表示的,不考虑其后价格变动的价格,也称固定价格(Constant Price)。一般选择评价工作的年份为基年,也有选择预计的开始建设年份的。如某项目财务分析在 2015 年进行,一般选择 2015 年为基年,假定某货物 A 在 2015 年的价格为 100 元,即其基价为 100 元,是以 2015 年价格水平表示的。基价是确定项目涉及的各种货物预测价格的基础,也是估算建设投资的基础。

(2)时价(Current Price),顾名思义是指任何时候的当时市场价格。它包含了相对价格变动和绝对价格变动的影响,以当时的价格水平表示。以基价为基础,按照预计的各种货物的不同价格上涨率(可称为时价上涨率)分别求出它们在计算期内任何一年的时价。假定 2016 年货物 A 的时价上涨率为 2%,在 2015 年基价 100 元的基础上,2016 年的时价应为[100×(1+2%)],即 102 元。若 2017 年货物 A 的时价上涨率为 3%,则 2017 年货物 A 的时价为[100×(1+2%)×(1+3%)],即 105.06 元。

(3)实价(Real Price)是以基年价格水平表示的,只反映相对价格变动因素影响的价格。可以由时价中扣除物价总水平变动的影响求得实价。若物价总水平上涨率为 3.571 4%,则

2016年货物A的实价为[102/(1 + 3.571 4%)]，即98.48元。这可以说明，虽然看起来2016年A的价格比2015年上涨率2%，但扣除物价总水平上涨影响后，货物A的实际价格反而比2015年降低了，这是由于某种原因所导致的相对价格变动所致。如果把实际价格的变化率称为实际上涨率，那么货物A的实际上涨率为 [(1 + 2%)/(1 + 3.571 4%)] − 1 = − 1.52%。

只有当时价上涨率大于物价总水平上涨率时，该货物的实价上涨率才会大于零，此时说明该货物价格上涨超过物价总水平的上涨。设第 i 年的实价上涨率为 r_i，时价上涨率为 c_i，物价总水平上涨率为 f_i，则有

$$r_i = \frac{(1+c_i)^i}{(1+f_i)^i} - 1 \tag{5.1}$$

如果所有货物间的相对价格保持不变，则实价上涨率为零，每种货物的实价等于基价，同时意味着每种货物的时价上涨率相同，也即各种货物的时价上涨率等于物价总水平上涨率。

2. 对财务效益与费用估算中采用价格体系的简化

在实践中，投资项目可根据具体情况采用简化的价格体系进行项目财务效益与费用估算。《方法与参数》和《指南》都各自提出了简化处理的办法，虽然表述不尽相同，但实际上两者对财务效益与费用估算采用价格体系的简化处理基本一致，可以归纳为以下几点：

（1）一般在建设期间既要考虑通货膨胀因素，又要考虑相对价格变化，包括对建设投资的估算和对运营期投入产出价格的预测。

（2）项目运营期内，一般情况下盈利能力分析和偿债能力分析可采用同一套价格，即预测的运营期价格。

（3）项目运营期内，可根据项目和产出的具体情况，选用固定价格（项目运营期内各年价格不变）或实价，即考虑相对价格变化的变动价格（项目运营期内各年价格不同，或某些年份价格不同）。

（4）当有要求或通货膨胀严重时，项目偿债能力分析和财务生存能力分析要采用时价体系。

5.2 营业收入与补贴收入的估算

5.2.1 营业收入的估算

营业收入是指销售产品或提供服务所取得的收入，通常是项目财务效益的主要部分。也是现金流量表中现金流入的主体和利润表的主体。对于销售产品的项目，营业收入即为销售收入。在估算营业收入的同时一般还要完成相关流转税金的估算。流转税金主要指营业税、增值税、消费税以及营业税金附加等。

在项目评价中,营业收入估算通常假定当年的产品当年全部销售,也就是当年商品量等于当年销售量。营业收入估算的具体要求如下:

1. 合理确定运营负荷

计算营业收入,首先要正确估计各年运营负荷(或称生产能力利用率、开工率)。运营负荷是指项目运营过程中负荷达到设计能力的百分数,它的高低与项目运营复杂程度、产品生命周期、技术成熟程度、市场开发程度、原材料供应、配套条件、管理因素等都有关系。在市场经济条件下,如果其他方面没有大的问题,运营负荷的高低应主要取决于市场。在项目评价阶段,通过对市场和营销策略所做的研究,结合其他因素研究确定分年运营负荷,作为计算各年营业收入和成本费用的基础。

运营负荷的确定一般有两种方式:一是经验设定法,即根据以往项目的经验,结合该项目的实际情况,粗估各年的运营负荷,以设计能力的百分数表示。例如,经常设定一段低负荷的投产期,以后各年均按达到年设计能力计算。二是营销计划法,通过制定详细的分年营销计划,确定各种产出各年的生产量和商品量。项目运营负荷可能先低后高,再降低,也可能是其他形式。根据项目和产品的具体情况,也有的始终达不到年设计能力,如生产季节性强的产品项目。

2. 合理确定产品和服务的价格

为提高营业收入估算的准确性,应遵循前述稳妥原则,采用适宜的方法,合理确定产品或服务的价格。

对某些基础设施项目,其提供服务的价格或收费标准有时需要通过由成本加适当的利润的方式来确定,或者根据政府调控价格确定。

3. 多种产品分别估算或合理折算

对于生产多种产品和提供多项服务的项目,应分别估算各种产品及服务的营业收入。对于那些不便于按详细的品种分类计算营业收入的项目,也可采取折算为标准产品的方法计算营业收入。

4. 编制营业收入估算表

营业收入估算表的格式可随行业和项目而异。项目营业收入估算表格既可单独给出,也可同时列出各种应纳营业税金及附加以及增值税。

以工业项目为例,营业收入估算公式为:

$$年营业收入 = 产品销售单价 \times 产品年销售量 \tag{5.2}$$

5.2.2 补贴收入

按照《企业会计制度》(2001),企业按照规定实际收到退还的增值税,或按销量或工作量等依据国家规定的补助定额计算并按期给予的定额补贴,以及属于国家财政扶持的领域而给予的其他形式的补贴,应计入补贴收入科目。

按照《企业会计准则》(2006)企业从政府无偿取得的货币性资产与非货币性资产称为政府补助,并按照是否形成长期资产区分为与资产相关的政府补助和与收益相关的政府补助。在项目财务分析中,作为运营期财务效益核算的往往是与收益相关的政府补助,主要用于补偿项目建成(企业)以后期间的相关费用或损失。补贴收入与营业收入一样,应列入现金流量表和利润表中。

5.3 总成本费用估算

5.3.1 总成本费用构成

1. 总成本费用的概念

总成本费用是指在一定时期(项目评价中一般指一年)为生产和销售产品或提供服务而发生的全部费用。需结合运营负荷,分年确定各种投入的数量,注意成本费用与收入的计算口径对应一致。

2. 总成本费用的构成

财务评价中总成本费用的构成和估算通常由以下两种公式表达。

(1) 生产成本加期间费用估算法

$$总成本费用 = 生产成本 + 期间费用 \tag{5.3}$$

其中

$$生产成本 = 直接材料费 + 直接燃料和动力费 + 直接工资或薪酬 + \\ 其他直接支出 + 制造费用 \tag{5.4}$$

$$期间费用 = 管理费用 + 财务费用 + 营业费用 \tag{5.5}$$

项目评价中财务费用一般只考虑利息支出,上式可改写为

$$期间费用 = 管理费用 + 利息支出 + 营业费用 \tag{5.6}$$

采用这种方法一般需要先分别估算各种产品的生产成本,然后与估算的管理费用、利息支出和营业费用相加。

(2) 生产要素估算法

$$\text{总成本费用} = \text{外购原材料、燃料及动力费} + \text{工资或薪酬} + \text{折旧费} +$$
$$\text{摊销费} + \text{修理费} + \text{利息支出} + \text{其他费用} \qquad (5.7)$$

企业财务核算中，制造费用、管理费用和营业费用中均包括多项费用，且行业间不尽相同。为了估算简便，财务分析中可将其归类估算，式（5.7）中其他费用系指由这三项费用中分别扣除工资或薪酬、折旧费、摊销费、修理费以后的其余部分。即：其他费用包括其他制造费用、其他管理费用和其他营业费用三部分。

生产要素估算法是从估算各种生产要素的费用入手，汇总得到项目总成本费用，而不管其具体应归集到哪个产品上。即将生产和销售过程中消耗的全部外购原材料、燃料及动力等费用要素加上全部工资或薪酬、当年应计提的全部折旧费、摊销费以及利息支出和其他费用，构成项目的总成本费用。采用这种估算方法，不必考虑项目内部各生产环节的成本结转，同时也较容易计算可变成本、固定成本和增值税进项税额。

5.3.2 总成本费用各分项的估算要点

下面以生产要素估算法为例，分步说明总成本费用各分项的估算要点。

1. 外购原材料、燃料及动力费估算

外购原材料和燃料动力费的估算需要以下基础数据：
（1）相关专业所提出的外购原材料和燃料动力年耗用量。
（2）选定价格体系下的预测价格，应按入库价格计算，即到厂价格并考虑途/库耗；或者按到厂价格计算，同时把途/库耗量换算到年耗用量中。
估算公式为

$$\text{外购原材料和燃料动力费} = \text{外购原材料和燃料动力年耗用量} \times \text{单价} \qquad (5.8)$$

2. 工资或薪酬估算

财务分析中的工资和福利费（职工薪酬），是指企业为获得职工提供的服务而给予各种形式的报酬以及福利费，通常包括职工工资、奖金、津贴和补贴；职工福利费；医疗保险费、养老保险费、失业保险费、工伤保险费和生育保险费等社会保险费；住房公积金；工会经费和职工教育经费；因解除与职工的劳动关系给予的补偿等。

在项目评价中，当采用生产要素法估算总成本费用时，公式中的职工薪酬是指项目全部定员的职工薪酬。

确定工资或薪酬时需考虑以下因素：
（1）项目地点。工资或薪酬水平随地域的不同会有差异，要注意考虑地域的不同对工资水平的影响，项目评价中对此应有合理反映。
（2）原企业工资水平。对于依托老厂建设的项目，在确定单位工资或薪酬时，需要将原

企业工资或薪酬水平作为参照系。

（3）行业特点。不同行业的工资或薪酬水平也可能有较大差异，确定单位工资或薪酬时需考虑行业特点，参照同行业企业薪酬标准。

（4）平均工资或分档工资或薪酬。根据不同项目的需要，财务分析中可视情况选择按项目全部人员年工资或薪酬的平均数值计算，即

$$年职工薪酬 = 全部定员职工数 \times 人均年工资额 \tag{5.9}$$

或者按照人员类型和层次的不同分别设定不同档次的工资或薪酬进行计算。如采用分档工资或薪酬，最好编制工资或薪酬估算表。

3. 固定资产原值和折旧费估算

（1）固定资产与固定资产原值。

固定资产是指同时具有下列特征的有形资产：

① 为生产商品、提供劳务、出租或经营管理而持有的；

② 使用寿命超过一个会计年度。

固定资产原值是指项目投产时（达到预定可使用状态）按规定由投资形成固定资产的价值，包括工程费用、工程建设其他费用中应计入固定资产原值的部分（也称固定资产其他费用）、预备费和建设期利息。

按照生产要素估算法估算总成本费用时，需要按项目全部固定资产原值计算折旧。

（2）固定资产折旧。

固定资产在使用过程中的价值损耗，通过提取折旧的方式补偿。

财务分析中，折旧费通常按年计列。按生产要素法估算总成本费用时，固定资产折旧费可直接列支于总成本费用。符合税法的折旧费允许在所得税前列支。

固定资产的折旧方法可在税法允许的范围内由企业自行确定。一般采用直线法，包括年限平均法（原称平均年限法）和工作量法。税法也允许对由于技术进步，产品更新换代较快，或常年处于强振动、高腐蚀状态的固定资产缩短折旧年限或者采取加速折旧的方法。我国税法允许的加速折旧方法有双倍余额递减法和年数总和法。

固定资产折旧年限、预计净残值率可在税法允许的范围内由企业自行确定，或按行业规定。项目评价中可按税法明确规定的分类折旧年限或行业规定的综合折旧年限计算。

上述各种方法的计算公式如下：

① 年限平均法

$$年折旧额 = \frac{固定资产原值 \times (1 - 净残值率)}{折旧年限} \tag{5.10}$$

② 工作量法。

工作量法常用于按照行驶里程计算折旧或是按照工作小时计算折旧的固定资产。

计算公式如下

$$单位工作量折旧额 = \frac{固定资产原值 \times (1 - 净残值率)}{预计使用期内完成的额定工作量} \tag{5.11}$$

$$年折旧额 = 单位工作量折旧额 \times 年工作量 \qquad (5.12)$$

③ 双倍余额递减法

$$年折旧额 = \frac{2 \times 固定资产净值}{折旧年限} \qquad (5.13)$$

$$固定资产净值 = 固定资产原值 - 以前各年累计折旧额 \qquad (5.14)$$

实行双倍余额递减法的，应在折旧年限到期前两年内，将固定资产净值扣除净残值后的净额平均摊销。

$$年折旧额 = \frac{固定资产净值 \times (1 - 净残值率)}{2} \qquad (5.15)$$

④ 年数总和法

$$当年折旧率 = \frac{折旧年限 - 固定资产已使用年限}{折旧年限 \times (折旧年限 + 1)/2} \qquad (5.16)$$

$$年折旧额 = (固定资产原值 - 预计净残值) \times 当年折旧率 \qquad (5.17)$$

⑤ 几种折旧方法的比较：在上述几种折旧方法中，按年限平均法计算的各年折旧率和年折旧额都相同；而按双倍余额递减法计算的各年折旧率虽相同，但年折旧额因按固定资产净值计算，故逐年变小；按年数总和法进行计算时，虽按原值进行计算，但因各年折旧率逐渐变小，故年折旧额也逐年变小。但无论按哪种方法计算，只要折旧年限相同，所取净残值率也相同，在设定的折旧年限内，总折旧额是相同的。只是按后两种方法，在折旧年限前期折旧额大，以后逐年变小，故称快速折旧或加速折旧法。

同时可以看出，如果不计净残值率，采用双倍余额递减法估算的第 1 年的折旧额是采用年限平均法的 2 倍。

4. 固定资产修理费估算

固定资产修理费是指为保持固定资产的正常运转和使用、充分发挥其使用效能，在运营期内对其进行必要修理所发生的费用，按其修理范围的大小和修理时间间隔的长短可以分为大修理和中小修理。

项目评价中修理费可直接按固定资产原值（扣除所含的建设期利息）的一定百分数估算，百分数的选取应考虑行业和项目特点。

按照生产要素估算法估算总成本费用时，计算修理费的基数应为项目全部固定资产原值（扣除所含的建设期利息）。

5. 无形资产摊销费估算

无形资产是指企业拥有或者控制的没有实物形态的可辨认非货币性资产，包括专利权、非专利技术、商标权、著作权、土地使用权和特许权等。项目评价中可以将项目投资中包括的专利及专有技术使用费、土地使用权费、商标权费等费用直接转入无形资产原值。但房地产开发企业开发商品房时，相关的土地使用权账面价值应当计入所建造的房屋建筑物成本。

按照有关规定，无形资产从开始使用之日起，在有效使用期限内平均摊入成本。法律和合同规定了法定有效期限或者受益年限的，摊销年限从其规定，同时注意摊销年限应符合税法关于所得税前扣除的有关要求。无形资产的摊销一般采用年限平均法，不计残值。

6. 其他资产摊销费估算

其他资产原称递延资产，是指除固定资产、无形资产和流动资产之外的其他资产。关于建设投资中哪些费用可转入其他资产，有关制度和规定中不完全一致。项目评价中可将生产准备费、办公和生活家居购置费等开办费性质的费用直接形成其他资产。其他资产的摊销也采用年限平均法，不计残值，其摊销年限应注意符合税法的要求。

7. 其他费用估算

其他费用包括其他制造费用、其他管理费用和其他营业费用这三项费用，是指由制造费用、管理费用和营业费用中分别扣除工资或薪酬、折旧费、摊销费和修理费等以后的其余部分。

（1）其他制造费用。

制造费用是产品生产成本的重要组成部分。制造费用指企业为生产产品和提供劳务而发生的各项间接费用，但不包括企业行政管理部门为组织和管理生产经营活动而发生的管理费用。

其他制造费用是指由制造费用中扣除工资或薪酬、折旧费、修理费后的其余部分。

项目评价中常见的估算方法有：① 按固定资产原值（扣除所含的建设期利息）的百分数估算；② 按人员定额估算。具体估算方法可参照行业的规定。

（2）其他管理费用。

管理费用是指企业行政管理部门为组织和管理企业生产经营活动所发生的费用。

其他管理费用是指由管理费用中扣除工资或薪酬、折旧费、摊销费、修理费以后的其余部分。

项目评价中常见的估算方法是取工资或薪酬总额的倍数或按人员定额估算。

若管理费用中的技术使用费、研究开发费和土地使用税等数额较大，可单独核算后并入其他管理费用，或另外列项计入总成本费用。近年对高危行业企业要求提取的安全生产费用也可同样处理。

（3）其他营业费用。

营业费用是指企业在销售商品过程中发生的各项费用以及专设销售机构的各项经费，还包括企业委托其他单位代销产品时所支付的委托代销手续费。

其他营业费用是指由营业费用中扣除工资或薪酬、折旧费和修理费后的其余部分。

项目评价中常见的其他营业费用估算方法是按营业收入的百分数估算。

8. 利息支出估算

按照现行财税规定，可以列支于总成本费用的是财务费用，是指企业为筹集所需资金而发生的费用，包括利息支出（减利息收入）、汇兑损失（减汇兑收益）以及相关的手续费等。

在项目评价中,一般只考虑利息支出。具体内容详见 5.3.5 节借款还本付息的估算。

9. 维持运营的投资费用

在运营期内发生的固定资产更新费用和矿产资源开发项目的开拓延伸费用等,应计作维持运营的投资费用,并在现金流量表中将其作为现金流出,同时应调整相关报表。

10. 成本与费用估算的有关表格

在分项估算上述各成本费用的同时,应编制相应的成本费用估算表,包括总成本费用估算表和各分项成本费用估算表。这些报表都属于财务分析的辅助报表。按生产要素估算法的总成本费用表参考格式见附表 5.1。为了编制总成本费用估算表,还需配套编制下列表格:包括"外购原材料费估算表""外购燃料和动力费估算表""固定资产折旧费估算表""无形资产和其他资产摊销费估算表""长期借款利息估算表"(可与"借款还本付息计划表"合二为一)等。这些表格的编制应符合有关规定,并体现行业特点。

5.3.3 经营成本估算

经营成本是项目评价的现金流量分析中所采用的一个特定的概念,作为运营期内的主要现金流出。

经营成本与融资方案无关。因此在完成建设投资和营业收入估算后,就可以估算经营成本,为项目融资前的现金流量分析提供数据。

经营成本的构成可用下式表示

$$经营成本 = 外购原材料费 + 外购燃料及动力费 + 工资或薪酬 + 修理费 + 其他费用 \tag{5.18}$$

经营成本与总成本费用的关系如下

$$经营成本 = 总成本费用 - 折旧费 - 摊销费 - 利息支出 \tag{5.19}$$

5.3.4 固定成本与可变成本估算

根据成本费用与产量的关系可以将总成本费用分解为可变成本、固定成本和半可变(或半固定)成本。

1. 固定成本

固定成本是指不随产品产量变化的各项成本费用。固定成本主要包括计时工资或薪酬、折旧费、摊销费、修理费和其他费用等。

2. 可变成本

可变成本是指随产品产量增减而成正比例变化的各项成本费用。可变成本主要包括外购原材料、燃料及动力费和计件工资等。

3. 半可变（或半固定）成本

有些成本费用属于半可变（或半固定）成本，同时具有固定成本和变动成本的特征，如不能熄灭的工业炉的燃料费用等。工资、营业费用和流动资金利息等也都可能既有可变因素也有固定因素。必要时需将半可变（或半固定）成本进一步分解为可变成本和固定成本，使成本费用最终划分为可变成本和固定成本。

项目评价中一般可以根据行业特点进行简化处理。长期借款利息应视为固定成本，流动资金借款和短期借款利息可能部分与产品产量相关，其利息可视为半可变（或半固定）成本，为简化计算，一般也将其作为固定成本。

进行盈亏平衡分析时，需要将总成本费用分解为固定成本和可变成本。

经营成本、固定成本和可变成本根据总成本费用估算表直接计算。

5.3.5 借款还本付息的估算

财务费用是指企业为筹集所需资金而发生的费用。在项目评价中，财务费用一般只考虑利息支出。利息支出的估算包括长期借款利息（即建设投资借款在投产后需支付的利息）、流动资金借款利息和短期借款利息三部分。

1. 建设投资借款还本付息的估算

建设投资借款还本付息的估算主要测算还款期的利息和偿还贷款的时间，从而观察项目的偿还能力和收益，为财务分析和项目决策提供依据。

（1）还本付息资金来源。

根据国家现行财税制度的规定，贷款还本的资金来源主要包括可用于归还借款的利润、固定资产折旧、无形资产及其他资产摊销费和其他还款资金来源。

① 利润。

用于归还贷款的利润，一般应是提取了盈余公积金、公益金后的未分配利润。项目投产初期，如果用规定资金来源归还贷款的缺口较大，也可暂时不提取公积金和公益金，但这段时间不宜过长，否则将影响企业的扩展能力。

② 固定资产折旧。

鉴于项目投产初期尚未面临固定资产更新的问题，作为固定资产重置准备金性质的折旧基金，在被提取以后暂时处于闲置状态。

③ 无形资产及递延资产摊销费。

摊销费是按现行的财务制度计入项目的总成本费用，但是项目在提取摊销费后，这笔资金没有具体的用途规定，具有"沉淀"性质，因此可以用来归还贷款。

④ 其他还款资金。

这是指按有关规定可以用减免的销售税金作为偿还贷款的资金来源。进行预测时，如果没有明确的依据，可以暂不考虑。

项目在建设期借入的全部建设投资贷款本金及其在建设期的借款利息（即资本化利息）两部分构成项目总投资的贷款总额，在项目投产后可由上述资金来源偿还。

在生产期内，建设投资和流动资金的贷款利息，按现行的财务制度，均应计入项目总成本费用中的财务费用。

（2）还本付息额的计算。

建设投资借款一般是长期借款。建设投资借款利息是指建设投资借款在还款起始年年初（通常也是运营期初）的余额（含未支付的建设期利息）应在运营期支付的利息。建设投资借款还本付息方式要由借贷双方约定，通行的还本付息方法主要有等额还本付息和等额还本、利息照付两种，有时也可采取其他方法。

① 等额还本付息方式。

等额还本付息方式是在指定的还款期内每年还本付息的总额相同，随着本金的偿还，每年支付的利息逐年减少，同时每年偿还的本金逐年增多。

还本付息计算公式如下

$$A = I_c \times \frac{i(1+i)^n}{(1+i)^n - 1} \tag{5.20}$$

式中　A——每年还本付息额（等额年金）；

　　　I_c——还款起始年年初的借款余额（含未支付的建设期利息）；

　　　i——年利率；

　　　n——预定的还款期；

　　　$\dfrac{i(1+i)^n}{(1+i)^n-1}$——资金回收系数，可以自行计算或查复利系数表。

计算步骤：

a. 计算还款起始年年初的借款余额（含未支付的建设期利息）I_c；

b. 计算每年还本付息额（等额年金）A；

c. 计算每年应付利息

$$每年应付利息 = 年初借款余额 \times 年利率 \tag{5.21}$$

d. 计算每年偿还本金

$$每年偿还本金 = A - 每年应付利息 \tag{5.22}$$

其中非还款起始年各年年初借款余额等于 I_c 减去本年以前各年偿还的本金累计。

【例 5.1】 若还款年年初的借款余额为 1 000 万元，年利率为 5%，预定的还款期为 5 年，若按等额还本付息方式计算，每年还本付息额以及所付利息和偿还本金为多少？

【解】 已知还款年年初的借款余额为 1 000 万元，先求年还本付息额（年金 A），然后再逐年分别求出付息和还本额。

$$A = 1\,000 \times \frac{5\% \times (1+5\%)^5}{(1+5\%)^5 - 1} = 1\,000 \times (A/P, 5\%, 5) = 230.97$$

第 1 年 付息：1 000 × 5% = 50（万元）
　　　　还本：230.97 − 50 = 180.97（万元）
第 2 年 付息：(1 000 − 180.97) × 5% = 40.95（万元）
　　　　还本：230.97 − 40.95 = 190.02（万元）
第 3 年 付息：(1 000 − 180.97 − 190.02) × 5% = 31.45（万元）
　　　　还本：230.97 − 31.45 = 199.52（万元）
第 4 年 付息：(1 000 − 180.97 − 190.02 − 199.52) × 5% = 21.47（万元）
　　　　还本：230.97 − 21.47 = 209.50（万元）
第 5 年 付息：(1 000 − 180.97 − 190.02 − 199.52 − 209.50) × 5% = 11.00（万元）
　　　　还本：230.97 − 11.00 = 219.97（万元）

计算得出的各年利息，分别计入各年总成本费用中的利息支出。

也可通过表格计算，表格计算更清晰，如本题用表格计算过程详见表 5.1。

表 5.1 等额还本付息计算表　　　　　　　　　万元

项　目	年　份				
	1	2	3	4	5
年初借款余额	1000	819.03	629	429.48	219.97
本年还本	180.97	190.02	199.52	209.51	219.97
本年付息	50	40.95	31.45	21.48	11
本年还本付息	230.97	230.97	230.97	230.97	230.97
年末借款余额	819.03	629	429.48	219.97	0

② 等额还本、利息照付方式。

等额还本、利息照付方式是在每年等额还本的同时，支付逐年相应减少的利息。还本付息计算公式如下

$$A_t = \frac{I_c}{n} + I_c \times \left(1 - \frac{t-1}{n}\right) \times i \tag{5.23}$$

式中　A_t——第 t 年还本付息额；

　　　$\dfrac{I_c}{n}$——每年偿还本金额；

　　　$I_c \times \left(1 - \dfrac{t-1}{n}\right) \times i$——第 t 年支付利息额。

计算步骤：

a. 计算还款起始年年初的借款余额（含未支付的建设期利息）I_c；

b. 计算每年偿还本金 A

$$A = I_c/n \quad (5.24)$$

n 为贷款人偿还期（不包括建设期）。

c. 计算每年应付利息

$$每年应付利息 = 年初借款余额 \times 年利率 \quad (5.25)$$

d. 计算每年的还本付息总额

$$每年还本付息总额 = A + 每年应付利息 \quad (5.26)$$

【例 5.2】 按照【例 5.1】中的条件，采用等额还本、利息照付方式计算各年还本和付息额。

【解】 已知还款年年初的借款余额为 1 000 万元；先求每年偿还本金额 = 1 000/5 = 200（万元）；再求每年应付利息。

第 1 年付息：$1\,000 \times [1 - (1-1)/5] \times 5\% = -50$（万元）
第 2 年付息：$1\,000 \times [1 - (2-1)/5] \times 5\% = 40$（万元）
第 3 年付息：$1\,000 \times [1 - (3-1)/5] \times 5\% = 30$（万元）
第 4 年付息：$1\,000 \times [1 - (4-1)/5] \times 5\% = 20$（万元）
第 5 年付息：$1\,000 \times [1 - (5-1)/5] \times 5\% = 10$（万元）

③ 其他还本付息方式。其他还本付息方式是指由借贷双方商定的除上述两种方式之外的还本付息方式。

本题也可列表格求解，读者可以尝试一下。

2. 流动资金借款还本付息估算

项目评价中估算的流动资金借款从本质上说应归类为长期借款，但财务分析中往往设定年终偿还、下年初再借的方式，并按一年期利率计息，即流动资金借款在生产经营期内只计算每年所支付的利息，本金通常在项目寿命期最后一年一次性偿还，也可在还完建设投资借款后安排。利息计算公式为

$$流动资金借款利息 = 年初流动资金借款余额 \times 流动资金借款年利率 \quad (5.27)$$

3. 短期借款还本付息估算

项目评价中的短期借款是指项目运营期间为了满足资金的临时需要而发生的短期借款，短期借款的数额应在财务计划现金流量表中有所反映，其利息应计入总成本费用表的利息支出中。短期借款利息计算与流动资金借款利息相同，按一年期考虑。短期借款本金偿还按照随借随还的原则处理，即当年借款尽可能于下年偿还。

5.4 相关税金的估算

1. 注意事项

财务分析中涉及多种税金的计算，不同项目涉及的税金种类和税率可能各不相同。税金计取得当是正确估算项目费用乃至净效益的重要因素。要根据项目的具体情况选用适宜的税种和税率。这些税金及相关优惠政策会因时而异，部分会因地而异，项目评价时应密切注意当时、当地的税收政策，适时调整计算，使财务分析比较符合实际情况。

2. 财务分析涉及的税费种类

财务分析涉及的税费主要包括增值税、营业税、消费税、资源税、所得税、关税、城市维护建设税和教育费附加等，有些行业还涉及土地增值税、矿产资源补偿费、石油特别收益金和矿区使用费等。在会计处理上，营业税、消费税、资源税、土地增值税、城市维护建设税和教育费附加包含在"营业税金及附加"科目中。财务分析时应说明税种、征税方式、计税依据、税率等。如有减免税优惠，应说明减免依据及减免方式。

5.4.1 营业税金及附加估算

1. 营业税

对适用营业税的项目，财务分析应按税法规定计算营业税。

自2009年1月1日起施行新修订的《中华人民共和国营业税暂行条例》。条例规定："在中华人民共和国境内提供本条例规定的劳务、转让无形资产或者销售不动产的单位和个人，为营业税的纳税人，应当依照本条例缴纳营业税。营业税的税目、税率，依照本条例所附的《营业税税目税率表》执行。"《营业税税目税率表》详见表5.2。

表 5.2 营业税税目税率表

税　目	税　率
一、交通运输业	3%
二、建筑业	3%
三、金融保险业	5%
四、邮电通信业	3%
五、文化体育业	3%
六、娱乐业	5%～20%
七、服务业	5%
八、转让无形资产	5%
九、销售不动产	5%

注：此表来自《中华人民共和国营业税暂行条例》中华人民共和国国务院令 第540号。

纳税人提供应税劳务、转让无形资产或者销售不动产，按照营业额和规定的税率计算应纳税额。应纳税额计算公式为

$$应纳税额 = 营业额 \times 税率 \tag{5.28}$$

纳税人的营业额为纳税人提供应税劳务、转让无形资产或者销售不动产收取的全部价款和价外费用。

2. 消费税

我国对部分货物征收消费税。项目评价中涉及适用消费税的产品或进出口货物时，应按税法规定计算消费税。

3. 土地增值税

土地增值税是按转让房地产（包括转让国有土地使用权、地上的建筑物及其附着物）取得的增值额征收的税种，房地产项目应按规定计算土地增值税。

4. 资源税

按照新近修改的，于2011年11月1日起实施的《中华人民共和国资源税暂行条例》："在中华人民共和国领域及管辖海域开采本条例规定的矿产品或者生产盐（以下称开采或者生产应税产品）的单位和个人，为资源税的纳税人，应当依照本条例缴纳资源税""资源税的应纳税额，按照从价定率或者从量定额的办法，分别以应税产品的销售额乘以纳税人具体适用的比例税率或者以应税产品的销售数量乘以纳税人具体适用的定额税率计算"。

5. 城市维护建设税、教育费附加和地方教育附加

（1）城市维护建设税。

城市维护建设税以纳税人实际缴纳的增值税、营业税和消费税税额为计税依据，分别与增值税、营业税和消费税同时缴纳。城市维护建设税税率根据纳税人所在地而不同。在市区，税率为7%；在县城或镇，税率为5%；不在市区、县城或镇的，税率为1%。

（2）教育费附加。

以各单位和个人实际缴纳的增值税、营业税和消费税税额为计征依据，教育费附加费率为3%，分别与增值税、营业税、消费税同时缴纳。

（3）地方教育附加。

为贯彻落实《国家中长期教育改革和发展规划纲要（2012—2020年）》，进一步规范和拓宽财政性教育经费筹资渠道，支持地方教育事业发展，根据国务院有关工作部署和具体要求，2010年财政部发布《关于统一地方教育附加政策有关问题的通知》财综〔2010〕98号。一是要求统一开征地方教育附加；二是统一地方教育附加征收标准。地方教育附加征收标准统一为单位和个人（包括外商投资企业、外国企业及外籍个人）实施缴纳的增值税、营业税和消费税税额的2%。

（4）根据《国务院关于统一内外资企业和个人城市维护建设税和教育费附加制度的通知》

（国发〔2010〕35号）的规定，自2010年12月1日起，对外商投资企业、外国企业及外籍个人征收城市维护建设税和教育费附加。

5.4.2 其他税费

1. 增值税

对适用增值税的项目，财务分析应按税法规定计算增值税。

2009年1月1日起，我国开始施行2008年11月颁布的《中华人民共和国增值税暂行条例》，由过去的生产型增值税改革为消费型增值税，允许抵扣规定范围的固定资产进项税额。财务分析中应按规定正确计算可抵押固定资产的增值税。

《中华人民共和国增值税暂行条例》规定："在中华人民共和国境内销售货物或者提供加工、修理修配劳务以及进口货物的单位和个人，为增值税的纳税人，应当依照本条例缴纳增值税。"纳税人销售货物或者提供应税劳务（以下简称销售货物或者应税劳务），应纳税额为当期销项税额抵押当期进项税额后的余额。应纳税额计算方式为

$$应纳税额 = 当期销项税额 - 当期进项税额 \qquad (5.29)$$

当期销项税额小于当期进项税额不足抵扣时，其不足部分可以结转下期继续抵押。销项税额计算公式为

$$\begin{aligned}销项税额 &= 销售额 \times 增值税率 \\ &= [销售收入(含税销售额)/(1+增值税率)] \times 增值税率\end{aligned} \qquad (5.30)$$

$$进项税额 = [外购原材料、燃料费/(1+增值税率)] \times 增值税率 \qquad (5.31)$$

销售额为纳税人销售货物或者应税劳务向购买方收取的全部价款和价外费用，但是不包括收取的销项税额。

"纳税人购进货物或者接受应税劳务（以下简称购进货物或者应税劳务）支付或者负担的增值税额，为进项税额。下列进项税额准予从销项税额中抵扣：

（1）从销售方取得的增值税专用发票上注明的增值税额。

（2）从海关取得的海关进口增值税专用缴款书上注明的增值税额……"

《中华人民共和国增值税暂行条例》还规定："非增值税应税项目、免征增值税项目、集体福利或者个人消费的购进货物或者应税劳务"的进项税额不得从销项税额中抵扣。所谓非增值税应税项目，是指提供非增值税应税劳务、转让无形资产、销售不动产和不动产在建工程。不动产是指不能移动或者移动后会引起性质、形状改变的财产，包括建筑物、构筑物和其他土地附着物。纳税人新建、改建、扩建、修缮、装饰不动产，均发生不动产在建工程。

据此，财务分析中可抵押固定资产增值税仅包括设备、主要安装材料的进项税额。

2. 关 税

关税是以进出口应税货物为纳税对象的税种。项目评价中涉及应税货物的进出口时，应按规定正确计算关税。引进设备材料的关税体现在投资估算中，而进口原材料的关税体现在成本中。

3. 企业所得税

企业所得税是针对企业应纳税所得额征收的税种，项目评价中应注意按有关税法对所得税前扣除项目的要求，正确计算应纳税所得额，并采用适用的税率计算企业所得税，同时注意正确适用有关的所得税优惠政策，并加以说明。企业所得税计算公式

$$应纳所得税税额 = (利润总额 - 弥补亏损) \times 税率 \tag{5.32}$$

5.5 财务效益与费用要素和估算表的相互联系

5.5.1 营业收入、成本、税金和利润的关系

图 5.1 是简化了的工业项目营业收入、成本、税金和利润的关系示意图。总成本费用按费用要素列出。这里忽略了营业外的收入和支出，也不考虑企业的其他投资收益，因此，利润总额就等于销售利润。

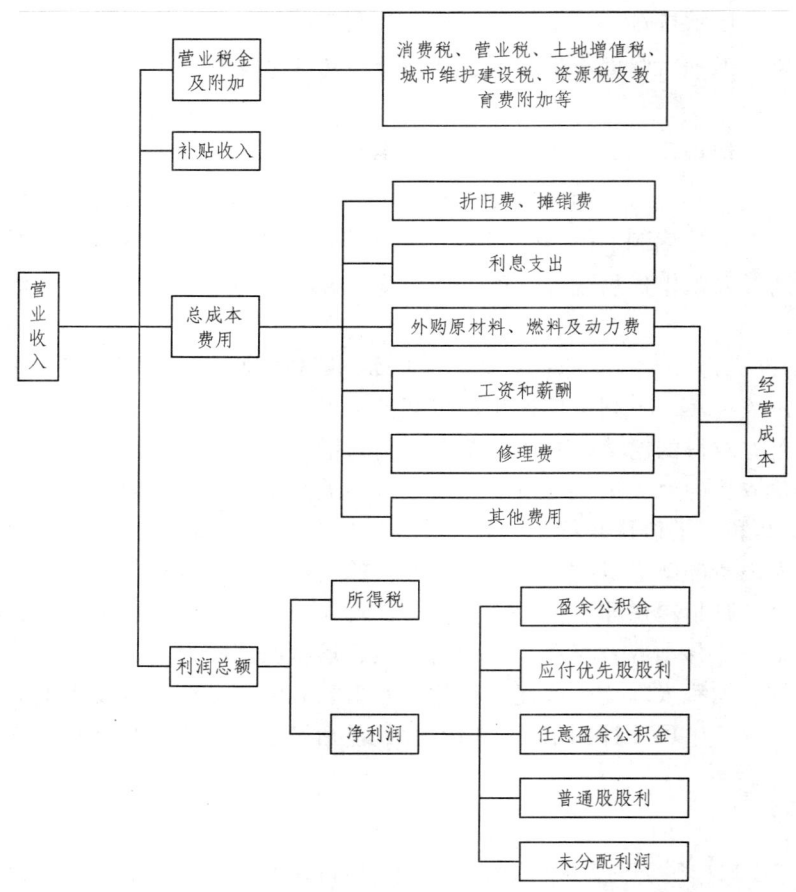

图 5.1 营业收入、成本、税金和利润的关系图

5.5.2 财务效益与费用估算表的相互联系

财务效益与费用估算的内容是相互连贯的，各类估算表的数据是相互衔接的。

财务效益与费用估算表主要有建设投资估算表、流动资金估算表、总成本费用估算表、营业收入、营业税金及附加估算表、增值税估算表等。这些报表可归纳为三类：

第一类：预测项目建设期间的资金流动状况的报表，如项目总投资使用计划与资金筹措表和建设投资估算表。

第二类：分析项目投产后的资金流动状况的报表，如流动资金估算表、总成本费用估算表、营业收入、营业税金及附加和增值税估算表等。

为编制生产总成本费用估算表，还附设了外购原材料费估算表、外购燃料和动力费估算表、固定资产折旧费估算表、无形资产和其他资产摊销估算表、工资及福利费估算表。

第三类：预测项目投产后用规定的资金归还固定资产借款本息的情况。借款还本付息计划表和利润与利润分配表不是财务基础数据测算表，如此绘制只是为了保持该图的完整性。

财务效益与费用估算表的相互联系见图5.2

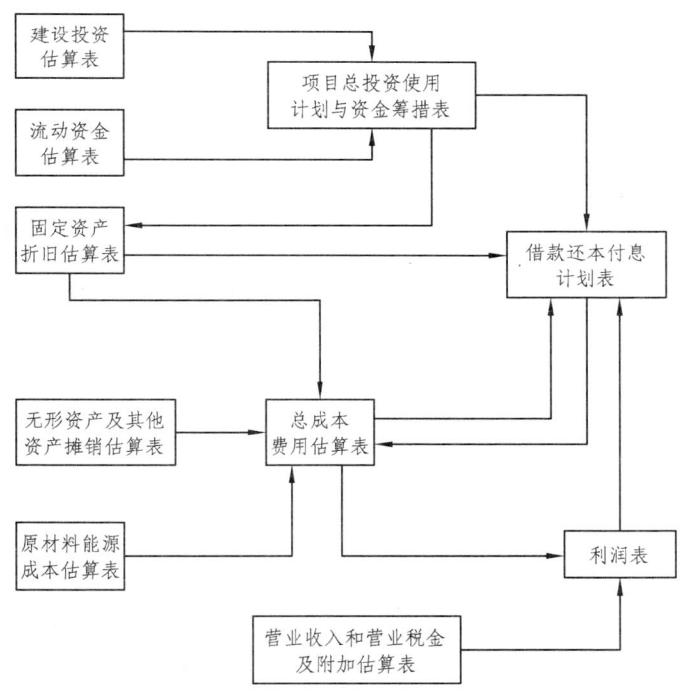

图 5.2 财务效益与费用估算表的相互联系

复习思考题

1. 财务效益与费用估算参数有哪些
2. 财务效益与费用的识别和估算应注意哪些问题？
3. 基价、时价、实价的含义及相互关系是什么？

4. 总成本费用的构成要素是什么（按生产要素法）？什么是经营成本？
5. 营业税金及附加包含哪些内容？
6. 简述营业收入、成本、税金和利润的关系。
7. 某建设项目，计算期10年，建设期2年，在建设期贷款总额5 000万元，建设期利息360万（未还），年利率为8%。生产期预定的还款期为5年，若分别按等额还本付息方式和等额还本、利息照付方式计算，每年还本付息额以及所付利息和偿还本金各为多少？

附表5.1 总成本费用估算表（生产要素法） 万元

序号	项目 年份	计算期						合计
		1	2	3	4	……	n	
1	外购原材料							
2	外购燃料及动力							
3	工资或薪酬							
4	修理费							
5	其他费用							
6	经营成本							
7	折旧费							
8	摊销费							
9	利息支出							
10	总成本费用（6+7+8+9）							
	其中：固定成本							
	变动成本							

附表5.1.1 外购原材料费用估算表 万元

序号	项目 年份	合计	计算期					
			1	2	3	4	….	n
1	外购原材料							
1.1	原材料A							
	单价							
	数量							
	进项税额							
1.2	原材料B							
	单价							
	数量							
	进项税额							
	……….							
2	辅助材料费用							
	进项税额							
3	其他							
	进项税额							
4	外购原材料合计							
5	外购原材料进项税额合计							

附表 5.1.2 外购燃料和动力费估算表   万元

序号	项目＼年份	合计	计算期					
			1	2	3	4	……	n
1	燃料费							
1.1	燃料 A							
	单价							
	数量							
	进项税额							
1.2	燃料 B							
	单价							
	数量							
	进项税额							
	……							
2	动力费							
	单价							
	数量							
	进项税额							
	……							
3	外购燃料及动力费合计							
4	外购燃料及动力费进项税额合计							

附表 5.1.3 固定资产折旧估算表   万元

序号	项目＼年份	折旧年限	计算期					
			1	2	3	4	……	n
	固定资产合计							
	原值							
	当期折旧值							
	净值							
1	房屋及建筑物							
	原值							
	当期折旧值							
	净值							
2	机器设备							
	原值							
	折旧值							
	净值							
	……							
3	合计							
	原值							
	折旧值							
	净值							

注：① 本表自生产年份起开始计算，各类固定资产按《工业企业财务制度》规定的年限分列。
② 生产期内发生的更新改造投资列入其投入年份。

附表 5.1.4　无形及其他资产摊销估算表　　　　　　　　　　万元

序号	项目 \ 年份	折旧年限	原值	计算期					
				1	2	3	4	……	n
1	无形资产								
	原值								
	当期摊销费								
	净值								
2	其他资产								
	原值								
	当期摊销费								
	净值								
	……								
3	合计								
	原值								
	当期摊销费								
	净值								

附表 5.1.5　工资或薪酬估算表　　　　　　　　　　万元

序号	项目 \ 年份	合计	计算期					
			1	2	3	4	……	n
1	工人							
	人数							
	人均年工资							
	工资额							
2	技术人员							
	人数							
	人均年工资							
	工资额							
3	管理人员							
	人数							
	人均年工资							
	工资额							
4	工资总额（1+2+3）							
5	福利费							
	合计（4+5）							
	净值							

6 财务分析

【学习要点】
（1）财务分析的概念、内容和程序；
（2）项目投资现金流量表的编制和指标计算；
（3）资本金现金流量表的编制和指标计算；
（4）利润表的编制和指标计算；
（5）偿债能力指标分析；
（6）财务生存能力指标分析；
（7）财务基准收益率；
（8）非经营性项目的特点。

财务分析，又称财务评价，是项目分析与评价中为判定项目财务可行性所进行的一项重要工作，是项目经济评价的重要组成部分，是投融资决策的重要依据。本章在工程经济学及前面几章的基础上介绍财务分析的主要内容、财务分析的程序以及财务盈利能力、偿债能力和财务生存能力分析的方法和参数等。

6.1 财务分析概述

6.1.1 财务分析的概念和作用

1. 财务分析的概念

财务分析是在现行会计规定、税收法规和价格体系下，通过财务效益与费用的估算以及编制财务辅助报表的基础上，编制财务基本报表，计算财务分析指标，考察和分析项目的盈利能力、偿债能力和财务生存能力，判断项目的财务可行性，明确项目对财务主体的价值及对投资者的贡献，为投资决策、融资决策以及银行审贷提供依据。

2. 财务分析的作用

（1）财务分析是项目评价的重要组成部分。项目评价应从多角度、多方面进行，对于项目的前评价、中评价和后评价，财务分析都是必不可少的重要内容之一。在项目的前评价——决策分析与评价的各个阶段中，包括机会研究报告、项目建议书、初步可行性研究报告、可行性研究报告，财务分析都是重要的组成部分。

（2）财务分析是重要的决策依据。在经营性项目决策过程中，财务分析结论是重要的决策依据。项目发起人决策是否发起或进一步推进该项目，权益投资人决策是否投资于该项目，债权人决策是否贷款给该项目，财务分析都是重要依据之一。对于那些需要政府核准的项目，各级核准部分在做出是否核准该项目的决策时，许多相关财务数据可作为项目社会和经济影响大小的估算基础。

（3）财务分析在项目或方案比选中起着重要作用。项目前评价的精髓是方案比选，在项目建设规模、产品方案、工艺技术方案、工程方案等方面都必须通过方案比选予以优化。财务分析结果可以反馈到建设方案构造和研究中，用于方案比选，优化方案设计，使项目整体更趋于合理。

（4）财务分析能配合投资各方谈判，促进平等合作。目前，投资主体多元化已成为项目的融资主流，存在着多种形式的合作方式，主要有国内合资或合作的项目、中外合资或合作的项目、多个外商参与的合资或合作的项目等。在酝酿合资、合作的过程中，咨询工程师会成为各方谈判的有力助手，财务分析结果起着组织投资各方平等合作的重要作用。

（5）财务分析中的财务生存能力分析对非经营性项目的财务可持续性的考察起着重要作用。

6.1.2 财务分析的内容

项目决策可分为投资决策和融资决策两个层次。投资决策重在考察项目净现金流的价值是否大于其投资成本，融资决策重在考察资金筹措方案能否满足要求。根据不同决策的需要，财务分析可分为融资前分析和融资后分析。

1. 融资前分析

融资前的项目投资现金流量分析，体现项目或方案本身设计的合理性，用于投资决策以及方案或项目的比选，即用于考察项目是否基本可行，并值得为之融资。这对项目发起人、投资者、债权人和政府部门都是有用的。

融资前分析只进行盈利能力分析，并以动态分析为主，以静态分析为辅，编制项目投资现金流量表。根据需要，可从所得税前和（或）所得税后两个角度进行分析。选择计算所得税前和（或）所得税后指标。

在项目建议书阶段，可只进行融资前分析。

2. 融资后分析

如果融资前分析的结论是"可行",再进一步考虑融资方案,进行项目的融资后分析,包括项目盈利能力分析、偿债能力分析和财务生存能力分析等,进而判断项目在融资条件下的合理性。融资后分析是比选融资方案,进行融资决策和投资者最终决定出资的依据。

如果融资前分析结果不能满足要求,可返回对项目建设方案进行修改;若多次修改后分析结果仍不能满足要求,甚至可以做出放弃或暂时放弃项目的建议。

财务分析内容据项目性质和类型有所不同。对于经营性项目,财务分析应包括本章所述全部内容;对于非经营性项目,主要分析其财务生存能力,以便采取必要的措施使项目得以财务收支平衡,正常运营。

6.1.3 财务分析的程序

财务分析是在项目市场研究、生产条件及技术方案研究的基础上进行的,它主要通过估算有关的基础数据,编制财务报表,计算分析相关经济评价指标,做出评价结论。其程序如下:

(1)选择分析方法。

在明确项目评价范围的基础上,根据项目性质的和融资方式选取适宜的财务分析方法。

(2)识别财务效益与费用范围。

项目财务分析的利益主体主要包括项目投资经营实体(或项目财务主体)和权益投资方等。对于不同利益主体,项目带来的财务效益与费用范围不同,需要仔细识别。

(3)估算财务效益与费用。

选取必要的基础数据进行财务效益与费用的估算,包括营业收入、成本费用估算和相关税金估算等,并编制相关辅助报表。以上内容实质上是为财务分析做准备,也称财务分析基础数据与参数的确定、估算与分析。

(4)估算各期现金流量,编制项目投资现金流量表,并计算盈利能力指标。

(5)上面(4)盈利能力指标满足要求,分析融资方案,估算各期现金流量,编制其他基本报表。

(6)计算财务分析指标,进行盈利能力分析、偿债能力分析和财务生存能力分析。

以上是确定性分析,但估算的财务基础数据与实际总是存在偏差,从而引起评价指标的变动和评价结果的不确定性。所以,我们要分析主要财务基础数据的波动大小与可能性,及其波动对项目评价指标和评价结果的影响。

(7)进行不确定性和风险分析。

(8)得出评价结论。

常常需要将财务分析的结果进行反馈,优化初步设定的建设方案,有时需要对原建设方案进行较大的调整。

财务分析的程序详如图 6.1 所示。

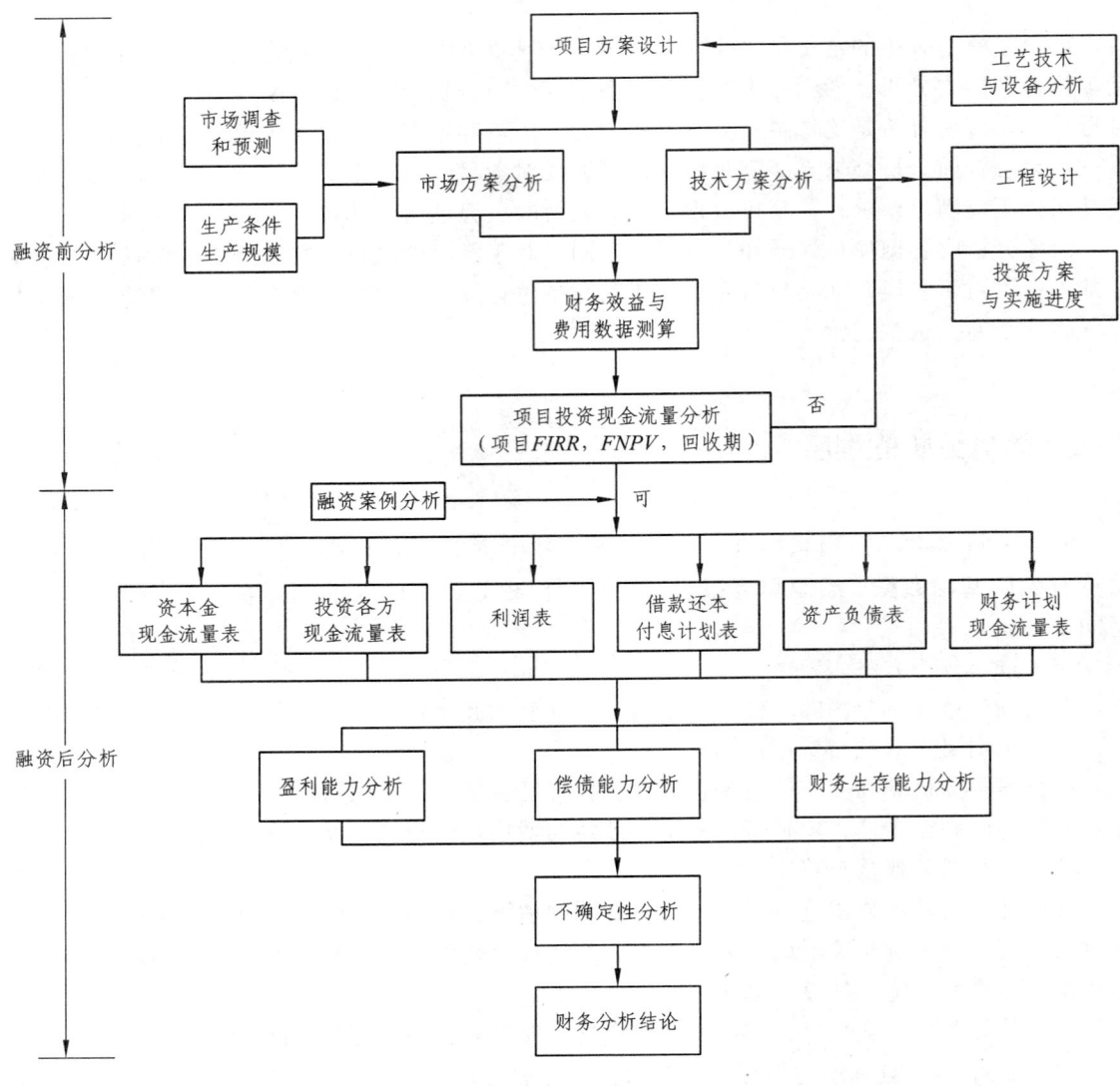

图 6.1 财务分析的程序

6.1.4 财务分析报表和指标体系

1. 财务分析报表

财务分析所使用的主要报表分为基本报表和辅助报表两类,财务分析报表如图 6.2 所示。

```
         ┌ 1. 项目投资现金流量表——融资前盈利能力分析
         │ 2. 项目资本金现金流量表——融资后盈利能力分析
基本     │ 3. 投资各方现金流量表——投资方盈利能力分析
报表  ──┤ 4. 利润与利润分配表——项目利润和利润分配状况分析
         │ 5. 财务计划现金流量表——项目生存能力分析
         │ 6. 资产负债表——偿债能力("三率")分析
         └ 7. 借款还本付息计划表——偿债能力(利息备付率、偿债备付率)分析

         ┌ 1. 总投资估算表
         │ 2. 建设投资估算表
辅助     │ 3. 流动资金估算表
报表  ──┤ 4. 项目总投资使用计划与资金筹措表
         │ 5. 营业收入、营业税金及附加和增值税估算表
         └ 6. 总成本估算表

         ┌ 1. 外购原材料费估算表
         │ 2. 外购燃料和动力费估算表
基础     │ 3. 固定资产折旧费估算表
报表  ──┤ 4. 无形资产和其他资产摊销估算表
         └ 5. 工资及福利费估算表
```

图 6.2　财务分析报表

2. 财务分析指标体系

根据财务分析基本报表可计算财务分析的盈利能力、偿债能力和财务生存能力的指标。财务分析指标体系见表 6.1。

表 6.1　财务分析指标体系

财务分析内容		基本报表	财务分析指标	
			静态指标	动态指标
融资前	盈利能力分析	项目投资现金流量表	静态投资回收期	项目投资财务净现值 $FNPV$，项目投资财务内部收益率 $FIRR$，动态投资回收期
融资后	盈利能力分析	项目资本金现金流量表		项目资本金财务内部收益率 $FIRR$
		投资各方现金流量表		投资各方财务内部收益率 $FIRR$
		利润与利润分配表	总投资收益率 项目资本金净利润率	
	偿债能力分析	借款还本付息计划表	偿债备付率 利息备付率	
		资产负债表	资产负债率 借款偿还期	
	财务生存能力分析	财务计划现金流量表	各年净现金流量 各年累计盈余资金	
不确定性分析		盈亏平衡分析	盈亏平衡产量 盈亏平衡生产能力利用率	
		敏感性分析	敏感度系数临界值	
风险分析		概率分析	$FNPV \geq 0$ 的累计概率	
			定性分析	

6.2 融资前财务分析——盈利能力分析

融资前财务分析是在不考虑债务融资条件下，从项目投资总获利能力角度，考察项目方案设计的合理性，所以只进行盈利能力分析。融资前分析计算的相关指标，应作为初步投资决策与融资方案研究的依据和基础。在项目建议书阶段，可只进行融资前分析。融资前盈利能力分析依据项目投资现金流量表的数据，应以动态分析为主，静态分析为辅。

6.2.1 项目投资现金流量表编制

融资前财务分析主要基于项目投资现金流量分析。

1. 项目投资现金流量分析的含义

项目投资现金流量分析是从融资前的角度，即在不考虑债务融资的情况下，确定现金流入和现金流出，编制项目投资现金流量表，计算财务内部收益率和财务净现值等指标，进行项目投资盈利能力分析，考察项目对财务主体和投资者总体的价值贡献。

项目投资净现金流量分析是从项目投资总获利能力的角度，考察项目方案设计合理性。不论实际可能支付的利息是多少，分析结果都不发生变化，因此可以排除融资方案的影响。项目投资现金流量分析计算的相关指标可作为初步投资决策的依据和融资方案研究的基础。

2. 项目投资现金流量识别与报表编制

进行现金流量分析，首先要正确识别和确定现金流量，包括现金流入和现金流出。是否能作为融资前项目投资现金流量分析的现金流量，要看其是否与融资方案无关。从该角度识别的现金流量也被称为自由现金流量。

（1）现金流入。

按照上述原则，项目投资现金流量分析的现金流入主要包括销售收入、补贴收入，回收固定资产余值及回收流动资金等三项内容构成。

产品销售收入是项目建成后对外销售产品或提供劳务所取得的收入。在计算时，一般假定销售量等于生产量，其计算公式为

$$销售收入 = 销售量 \times 销售单价 = 生产量 \times 销售单价 \tag{6.1}$$

回收固定资产余值及回收流动资金一般是在项目计算期的最后一年一次收回。固定资产余值回收额应按题目中给的固定资产折旧方法计算。流动资金回收额为项目的全部流动资金。

（2）现金流出。

现金流出主要包括建设投资（含固定资产进项税）、流动资金、经营成本、营业税金及附加。如果运营期内需要投入维持运营投资，也应将其作为现金流出。

建设投资：包括工程费用、预备费、工程建设其他费用以及投资方向调节税等四个内容。

流动资金来自投资计划与资金筹措表，在编制现金流量表时要注意的是：流动资金投入的年份，一般是在项目投产的第一年开始投入流动资金，最后一年一次收回。

经营成本是指总成本费用中扣除折旧费、摊销费、和贷款利息以后的余额。其计算公式为

$$经营成本 = 总成本费用 - 折旧费 - 摊销费 - 财务费用 \quad (6.2)$$

销售税金及附加的计算均按有关规定进行。

以上是所得税前分析，视所得税为现金流出时为所得税后分析。

所得税额是在项目营运当年的应纳税所得额大于零的情况下，根据："应纳税所得额 × 所得税税率"的公式计算出来的。由于是融资前分析，该所得税应与融资方案无关，其数值应区别于其他财务报表中的所得税。该所得税应根据不受利息因素影响的息税前利润（EBIT）乘以所得税税率计算，称为调整所得税，也可称为融资前所得税。

（3）净现金流量。

净现金流量是计算评价指标的基础。项目计算期各年的净现金流量为各年现金流入量减去对应年份现金流出量而计算的。

根据上述现金流量编制的现金流量表称为项目投资现金流量表，其格式见表6.7。

（4）现金流量表的延长。

在利用现金流量表进行项目财务评价时，采用在现金流量表中增加三个栏目，即折现系数、净现值和累计净现值。在这一部分要注意两点：一个是折现系数的计算，要与项目计算期的年序规定相一致；另一个是累计净现值，其在项目计算期最后一年的数据即为该项目的净现值（NPV）。

（5）项目计算期的年序规定。

现金流量表的年序规定为 1，2，…，n，有的年序规定为 0，1，2，…，n，要予以注意。采用这种年序表示，建设开始年计为计算期的第一年，年序为 1，以此类推。因此，在进行现金流量的折现计算时，第一年（即年序 1）的现金流量要按（$1+i$）负的一次方折现，第二年（年序 2）的现金流量要按（$1+i$）负的二次方折现……应牢记这种规定，否则就会造成现金流量计算的混乱和错误。

6.2.2 项目投资现金流量分析的指标

财务盈利能力分析是项目财务分析的重要组成部分，从是否考虑资金时间价值的角度，财务盈利能力分析分为动态分析与静态分析；从是否在融资方案的基础上进行分析的角度，财务盈利能力分析又可分为融资前分析（Without Funding）和融资后分析（With Funding）。

动态分析采用现金流量分析方法，在项目计算期内，以相关效益费用数据为现金流量，编制现金流量表，考虑资金时间价值，采用折现方法计算净现值、内部收益率等指标，用以分析考察项目投资盈利能力。现金流量分析又可分为项目投资现金流量分析、项目资本金现金流量分析和投资各方现金流量分析三个层次。项目投资现金流量分析是融资前分析，项目资本金现金流量分析是融资后分析。

静态分析是指不考虑资金时间价值,直接用未经折现净现金流量的进行计算分析的方法,包括总投资收益率、项目资本金净利润率、静态投资回收期等指标的计算。静态分析的内容都是融资后分析。

本节基于项目投资现金流量表,是融资前盈利能力分析,以动态指标计算为主。可计算以下评价指标:项目静态投资回收期(p_t)、动态投资回收期(p_t')、项目投资财务净现值($FNPV$)和项目投资财务内部收益率($FIRR$)。

1. 静态投资回收期(p_t)

定义:项目投资回收期是指以项目的净收益回收项目投资所需要的时间,一般以年以单位,并从项目建设开始时算起,若从项目投产开始时算起的,应予以特别注明。其表达式为

$$\sum_{t=1}^{p_t}(CI-CO)_t = 0 \tag{6.3}$$

式中 CI——现金流入量;

CO——现金流出量;

$(CI-CO)_t$——第 t 年的净现金流量。

项目投资回收期可借助项目投资现金流量表,依据未经折现的净现金流量和累计净现金流量计算,项目现金流量表中累计净现金流量由负值变为零时的时点,即为项目投资回收期。其计算公式见式(6.4)。

$$p_t = T - 1 + \frac{\text{第}(T-1)\text{年的累积净现金流量的绝对值}}{\text{第}T\text{年的净现金流量}} \tag{6.4}$$

式中 T——各年累计净现金流量首次为正值或零的年份。

国家(或部门)规定的"基准回收期"T_b。

判别准则:

$p_t \leq T_b$,可以考虑接受;

$p_t > T_b$,拒绝,项目不通过。

投资回收期短,表明投资回收快,抗风险能力强。对于某些风险较大的项目,需要计算投资回收期指标。

当投资回收期小于或等于设定的基准投资回收期时,表明投资回收速度符合要求。基准投资回收期的取值可根据行业水平或投资者的要求确定。

2. 动态投资回收期(p_t')

动态投资回收期,借助项目投资现金流量表,依据经折现的净现金流量及其累计净现金流量计算。在考虑资金时间价值的条件下,用项目净效益回收项目全部投资所需要的时间。

其表达式为

$$\sum_{t=1}^{p_t'}(CI-CO)_t(1+i_c)^{-t} = 0 \tag{6.5}$$

式中　i_c——设定的折现率,通常可选用财务内部收益率的基准值(可称财务基准收益率、最低可接受收益率等)。

计算式

$$p'_t = T - 1 + \frac{第(T-1)年的累积折现值的绝对值}{第T年的折现净现金流量} \qquad (6.6)$$

式中　T——各年累计折现值首次为正值或零的年份。

国家(或部门)规定的"基准回收期"T_b。

判别准则:

$P'_t \leq T_b$,可以考虑接受;

$P'_t > T_b$,拒绝,项目不通过。

3. 项目投资财务净现值(FNPV)

项目投资财务净现值是指项目寿命期内将各年净现金流量按一定的折现率折现到同一时点(一般是期初)的现值之和。计算公式为

$$FNPV = \sum_{t=1}^{n}(CI-CO)_t \cdot (1+i_c)^{-t} \qquad (6.7)$$

式中　n——计算期年数;

其他符号含义同上。

判断准则:

$FNPV \geq 0$,项目可接受;

$FNPV < 0$,项目拒绝,不通过。

项目投资财务净现值是考察项目盈利能力的绝对量指标,它反映项目在满足按设定折现率要求的盈利之外所能获得的超额盈利的现值。项目投资财务净现值等于或大于零,表明项目的盈利能力达到或超过了设定折现率要求的盈利水平,该项目财务效益可以被接受。

4. 项目投资财务内部收益率(FIRR)

定义:项目投资财务内部收益率是指能使项目在整个计算期内各年净现金流量现值累计等于零时的折现率,即项目各年净现值之和为零时的特殊折现率。在此折现率下项目现金流入量现值等于现金流出量现值。它是考察项目盈利能力的相对量指标。其表达式为

$$\sum_{t=1}^{n}(CI_t - CO_t)(1+FIRR)^{-t} = 0 \qquad (6.8)$$

式中　$FIRR$——项目投资财务内部收益率;

其他符号含义同上。

判断准则:

$FIRR \geq i_c$(基准收益率),项目可接受;

$FIRR < i_c$，项目拒绝，不通过。

项目投资财务内部收益率一般通过计算机软件中配置的财务函数计算，若需要手算时，可根据现金流量表中的净现金流量采用下面所述的人工试算法计算。

$FIRR$ 的求解步骤：

（1）计算各年的净现金流量；

（2）在满足下列两个条件的基础上预先估计两个适当的折现率 i_1 和 i_2。

a. $i_1 < i_2$ 且 $i_2 - i_1 \leq 5\%$；

b. $NPV(i_1) > 0$，$NPV(i_2) < 0$。

如果 i_1 和 i_2 不满足这两个条件要重新预估，直至满足条件。

（3）用线性插值法近似求得内部收益率 IRR（如图6.3所示）

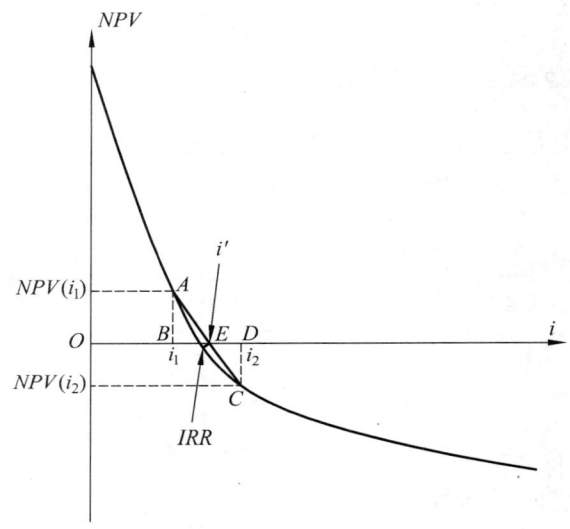

图 6.3

$\triangle ABE \backsim \triangle DCE$

$\therefore AB:CD = BE:DE$

即

$$\frac{NPV(i_1)}{|NPV(i_2)|} = \frac{i^* - i_1}{i_2 - i^*} \tag{6.9}$$

$$IRR \approx i^* = i_1 + \frac{NPV(i_1)}{NPV(i_1) + |NPV(i_2)|}(i_2 - i_1)$$

5. 所得税前分析和所得税后分析的作用

按项目投资所得税前净现金流量计算相关指标，即所得税前指标，是投资盈利能力的完整体现，可用以考察项目的基本面，即由项目方案设计本身所决定的财务盈利能力，它不受融资方案和所得税政策变化的影响，仅仅体现项目方案本身的合理性。该指标可以作为初步投资决策的主要指标，用以考察项目是否基本可行，并值得去为之融资。所谓"初步"相对而言，意指根据该指标可以做出项目方案一旦实施即能实现投资目标的判断，可以决策投资，在此后再通过融资方案的比选分析，有了解较为满意的融资方案后，投资者才能最终出资。所得税前指标应该受到项目有关各方（项目发起人、项目业主、银行和政府相关部门）广泛的关注。该指标还特别适用于建设方案研究中的方案比选。政府投资和政府关注项目必须进行所得税前分析。

项目投资所得税后分析也是一种融资前分析，所采用的表格同所得税前分析，只是在现金流中增加了调整所得税，根据所得税后的净现金流量来计算相关指标。

所得税后分析是所得税前分析的延伸。由于计算基础——净现金流量中剔除了所得税，有助于判断在不考虑融资方案的条件项目投资对企业价值的贡献。

6.3 融资后财务分析

在融资前盈利能力分析结论满足要求的情况下，初步设定融资方案，再进行融资后分析。融资后分析应以融资前分析和初步的融资方案为基础，考察项目在拟定的投融资条件下的盈利能力、偿债能力和财务生存能力，判断项目方案在融资条件下的可行性。融资后分析可用于比选融资方案，帮助投资者做出融资决策。

编制项目资本金现金流量表、投资各方现金流量表、利润表、财务计划现金流量表、借款还本付息计划表、资产负债表等财务分析基本报表，据此分别计算盈利能力、偿债能力和财务生存能力的分析指标，得出评价结论。

6.3.1 盈利能力分析

主要包括项目资本金现金流量分析、投资各方现金流量分析和利润表的编制及相应指标计算分析。

1. 项目资本金现金流量分析

（1）项目资本金现金流量分析的含义和作用。

项目资本金现金流量分析是在拟定的融资方案下，从项目资本金出资者整体角度确定其现金流入和现金流出，编制项目资本金现金流量表，计算项目资本金内部收益率指标，考察项目资本金可获得的收益水平。

项目资本金现金流量分析是融资后分析。项目资本金现金流量分析指标应该能反映从项目权益投资者整体角度考察盈利能力的要求。

项目资本金现金流量分析指标是比较和取舍融资方案的重要依据。在通过融资前分析已对项目基本获利能力有判断的基础上，通过项目资本金现金流量分析结果可以进而判断项目方案在融资条件下的合理性，因此可以说项目资本金现金流量分析指标是融资决策的依据，有助于投资者在其可接受的融资方案下最终决策出资。

（2）项目资本金现金流量识别和报表编制。

项目资本金现金流量分析需要编制项目资本金现金流量表，该表的现金流入包括营业收入（必要时该可包括补贴收入），在计算期的最后一年，还包括回收资产余值及回收流动资金。

现金流出主要包括建设投资和流动资金中的项目资本金（权益资金）、经营成本、营业税金及附加、还本付息和所得税。该所得税应等同于利润表等财务报表中的所得税，而区别于项目投资现金流量表中的调整所得税。如果计算期内需要投入维持运营投资，也应将其作为现金流出（通常可设定维持运营投资由企业自有资金支付）。可见该表净现金流量包括了项目（企业）在缴税和还本付息之后所剩余的收入（含投资者应分得的利润），也即企业的净收益，又是投资者的权益性收益。

项目资本金现金流量表是站在项目投资主体的角度考察项目的现金流入和流出情况，它与项目现金流量表的共同点与区别有两点：

① 现金流入各项与项目投资现金流量表相同。

② 现金流出项目中，首先是对投资只计算自有资金，其次增加了两个栏目：借款本金偿还和借款利息支出。其中借款本金偿还又包括两部分：一部分是借款还本付息计算表中本年还本额；另一部分是流动资金借款本金偿还，一般发生在计算期的最后一年。

项目资本金现金流量表的格式详见表6.8。

2. 投资各方现金流量分析

对于某些项目，为了考察投资各方的具体收益，还需要进行投资各方现金流量分析。投资各方现金流量分析是从投资各方实际收入和支出的角度，确定现金流入和现金流出，分别编制投资各方现金流量表，计算投资各方的内部收益率指标，考察投资各方可能获得的收益水平。

投资各方现金流量表中的现金流入和现金流出科目需要根据项目具体情况和投资各方因项目发生的收入和支出角度，确定现金流入和支出情况选择填列。依据该表计算的投资各方财务内部收益率指标，其表达式和计算方法同项目投资财务内部收益率，只是依据表格和净现金流量内涵不同，判断的基准参数也不同。

在仅按股本比例分配利润和分担亏损与风险的情况下，投资各方的利益是均等的，可不进行投资各方现金流量分析。投资各方有股权之外的不对等的利益分配时，投资各方的收益率将会有差异，比如其中一方有技术转让方面的收益，或一方有租赁设施的收益，或一方有土地使用权收益的情况。另外，不按比例出资和进行分配的合作经营项目，投资各方的收益率也可能会有差异。计算投资各方的财务内部收益率可以看出各方收益的非均衡性是否在一个合理的水平上。有助于促成投资各方在合作谈判中达成平等互利的协议。

投资各方现金流量表的格式详见附表6.1。

3. 利润表分析

利润表反映项目计算期内各年的利润总额、所得税及税后利润的分配情况。并计算总投资收益率和项目资本金净利润率指标。

表中营业收入、营业税金及附加和总成本费用的数据分别取自相应的辅助报表。

$$利润总额 = 营业收入 - 营业税金及附加 - 总成本费用 + 补贴收入 \quad (6.10)$$

$$所得税 = 应纳税所得额 \times 所得税税率 \quad (6.11)$$

应纳税所得额是指利润总额进行调整后的数额,在建设项目财务评价中,主要是按减免所得税及用税前利润弥补上年度亏损的有关规定进行的调整。在利润表中计算时,利润总额有可能出现负值,应予以注意。当出现负值时,当年不计提所得税,下一年的利润总额要减去亏损部分。

$$税后利润(净利润) = 利润总额 - 所得税 \quad (6.12)$$

$$可供分配利润 = 净利润 + 期初未分配利润 \quad (6.13)$$

$$可供投资者分配利润 = 可供分配利润 - 提取法定盈余公积金 \quad (6.14)$$

$$未分配利润 = 可供投资者分配利润 - 应付优先股股利 -$$
$$提取任意盈余公积金 - 各投资方利润分配 \quad (6.15)$$

税后利润按法定盈余公积金、应付利润及未分配利润等项进行分配。

① 法定盈余公积金按照当年净利润的10%提取,盈余公积金已达注册资金50%时可以不再提取。

② 可供投资者分配利润为向投资者分配的利润。

③ 未分配利润主要指用于偿还固定资产投资借款。按照国家现行财务制度规定,可供分配利润应首先用于偿还长期借款,偿还完毕,才向投资者进行分配。

利润表的格式详见表6.9。

4. 盈利能力指标计算

(1)项目资本金财务内部收益率(FIRR)。

根据项目资本金现金流量可计算项目资本金财务内部收益率(FIRR)。

按照我国财务分析方法的要求,一般可以只计算项目资本金财务内部收益率一个指标,其表达式和计算方法同项目投资财务内部收益率,只是所依据的表格和净现金流量的内涵不同,判断的基准参数(财务基准收益率)也不同。

判断准则:

项目资本金财务基准收益率应体现项目发起人(代表项目所有权益投资者)对投资获利的最低期望值(也称最低可接受收益率)。当项目资本金财务内部收益率大于或等于该最低可接受收益率时,说明在该融资方案下,项目资本金获利水平超过或达到了要求,该融资方案是可以接受的。

据利润表可分析总投资收益率和项目资本金净利润率两个静态盈利能力指标。

（2）总投资收益率。

定义：总投资收益率表示总投资的盈利水平，是指项目达到设计能力后正常年份的年息税前利润（EBIT）或运营期内年平均息税前利润与项目总投资的比率。

其计算公式

$$总投资收益率 = \frac{年息税前利润}{项目总投资} \times 100\% \tag{6.16}$$

式中

$$息税前利润 = 利润总额 + 支付的全部利息 \tag{6.17}$$

$$息税前利润 = 营业收入 - 营业税金及附加 - 经营成本 - 折旧和摊销 \tag{6.18}$$

总投资收益率高于同行业的收益率参考值，表明用总投资收益率表示的盈利能力满足要求。

（3）项目资本金净利润率。

定义：项目资本金净利润率表示项目资本金的盈利水平，是指项目达到设计能力后正常年份的年净利润或运营期内年平均净利润与项目资本金的比率。

其计算公式

$$项目资本金净利润率 = \frac{年净利润}{项目资本金} \times 100\% \tag{6.19}$$

判断准则：

项目资本金净利润率高于同行业的净利润率参考值表明用项目资本金净利润率表示的盈利能力满足要求。

6.3.2 偿债能力分析

偿债能力分析主要是通过编制借款还本付息计划表和资产负债表，计算利息备付率、偿债备付率等比率指标，分析企业（项目）是否能够按计划偿还为项目所筹措的债务资金，判断其偿债能力。

1. 借款还本付息计划表分析

（1）借款还本付息计划表的概念。

借款还本付息计划表是反映项目计算期内各年借款本金偿还和利息支付情况，用以计算借款偿还期 P_d 或者利息备付率（ICR）、偿债备付率（DSCR）和资产负债率（LOAR）等指标，进行偿债能力分析的表格。

（2）借款还本付息计划表的编制。

应根据与债权人商定的或预计可能的债务资金偿还条件和方式计算并编制借款还本付息计划表。其中：

借款:在建设期,期初借款余额等于上年借款本金和建设期利息之和;在生产期,等于上年尚未还清的借款本金。

当期还本付息: 当期还本付息可以根据当年偿还借款本金和利息的资金来源填写。期末余额为期初本息余额与当期还本付息数额的差。

债券:表中债券是指通过发行债券来筹措建设资金,因此债券的性质应当等同于借款。两者之间的区别是,通过债券筹集建设资金的项目,项目是向债权人支付利息和偿还本金,而不是向贷款的金融机构支付利息和偿还本金。

计算公式可参看 5.3.5 节借款还本付息的估算。

借款还本付息计划表格式参见表 6.10。

2. 资产负债表分析

(1) 资产负债表的概念。

资产负债表综合反映项目计算期内各年末资产、负债和所有者权益的增减变化及对应关系,计算资产负债率,用以分析财务主体的偿债能力。

资产负债表通常按企业范围编制,企业资产负债表是国际上通用的财务报表,表中数据可由其他报表直接引入或经适当计算后列入,以反映企业某一特定日期的财务状况。编制过程中应实现资产与负债和所有者权益两方面的自然平衡。资产负债表格式见表 6.11。

(2) 资产负债表的编制。

资产负债表由两部分组成,即资产、负债及所有者权益。

① 资产由流动资产总额、在建工程、固定资产净值、无形及其他资产净值 4 项组成。其中:

a. 流动资产总额包括货币资金、应收账款、预付账款、存货和其他组成。

b. 在建工程是指年固定资产投资额,其中包括固定资产投资方向调节税和建设期利息。

c. 固定资产净值从固定资产折旧费估算表取得。

d. 无形及其他资产净值从无形及其他资产摊销估算表取得。

② 负债及所有者权益。

负债包括流动负债总额、建设投资借款、流动资金借款。

所有者权益包括资本金、资本公积金、累计盈余公积金、累计未分配利润。

3. 偿债能力指标计算

根据借款还本付息计划表和资产负债表的数据可以计算借款偿还期 P_d 或者利息备付率(ICR)、偿债备付率(DSCR)和资产负债率(LOAR)等指标。

(1) 利息备付率。

定义:指项目在借款偿还期内,各年可用于支付利息的息税前利润与当期应付利息的比值。主要用以衡量项目偿付借款利息的能力。

其计算公式

$$\text{利息备付率} = \frac{\text{息税前利润}}{\text{当期应付利息}} \quad (6.20)$$

判断准则:
利息备付率应当大于1,并结合债权人的要求确定。
(2) 偿债备付率:
定义:偿债备付率系指在借款偿还期内,用于计算还本付息的资金与应还本付息金额的比值,它表示可用于计算还本付息的资金偿还借款本息的保障程度。
其计算公式

$$偿债备付率 = \frac{息税前利润+折旧+摊销-企业所得税}{应还本付息金额} \quad (6.21)$$

应还本付息金额,包括还本金额和计入总成本费用的全部利息。融资租赁费用可视同借款偿还。运营期内的短期借款本息也应纳入计算。
判断准则:
偿债备付率应当大于1,并结合债权人的要求确定。
如果项目在运行期内有维持运营的投资,可用于还本付息的资金应扣除维持运营的投资。
偿债备付率应分年计算。偿债备付率高,表明可用于还本付息的资金保障程度高。
(3) 资产负债率。
定义:资产负债率系指各期末负债总额同资产总额的比率。
其计算公式

$$资产负债率 = \frac{期末负债总额}{期末资产总额} \times 100\% \quad (6.22)$$

适度的资产负债率,表明企业经营安全、稳健,具有较强的筹资能力,也表明企业和债权人的风险较小。对该指标的分析,应结合国家宏观经济状况、行业发展趋势、企业所处竞争环境等具体条件判定。项目财务分析中,在长期债务还清后,可不再计算资产负债率。
(4) 借款偿还期 P_d。
定义:以项目投产后获得的可用于还款的资金偿还建设投资借款本息所需要的时间,一般以年为单位。根据"借款还本付息计划表"计算。
可用于还款的资金包括:利润、折旧、摊销及其他还款资金。
其计算公式

$$借款偿还期 = 偿还借款本金的资金来源大于年初借款本息累计的年份 \\ -开始借款的年份 + \frac{当年偿还借款数}{当年可用于还款的资金来源} \quad (6.23)$$

借款偿还期满足贷款机构的要求期时,即认为项目是有清偿能力的。该指标适用于不预先给定借款偿还期,而是按最大偿还能力计算借款偿还期的项目。

6.3.3 财务生存能力分析

财务生存能力分析亦可称为资金平衡分析。财务生存能力分析应结合偿债能力分析进行,如果拟安排的还款期过短,致使还本付息负担过重,导致为维持资金平衡必须筹借的短期借款过多,可以调整还款期,减轻各年还款负担。通常因运营期前期的还本付息负担较重,故应特别注重运营期前期的财务生存能力分析。

财务计划现金流量表是财务生存能力分析的基本报表,其编制基础是财务分析辅助报表和利润与利润分配表。

1. 财务计划现金流量表分析

财务计划现金流量表是"方法与参数三"中新增加的报表,是国际上通用的财务报表。其作用相当于原"资金来源与运用表",该表从经营活动、投资活动、筹资活动三个方面分别反映现金流入和现金流出,最终合计得到项目各年的累计盈余资金,目的是分析项目是否有足够的净现金流量维持正常运营,是分析项目财务生存能力的报表。

财务计划现金流量表格式见表 6.12,表中绝大部分数据可来自其他表格。

2. 财务生存能力指标计算

通过以下相辅相成的两个方面可具体判断项目的财务生存能力。

(1)拥有足够的经营净现金流量是财务可持续的基本条件,特别是在运营初期。

一个项目具有较大的经营净现金流量,说明项目方案比较合理,实现自身资金平衡的可能性大,不会过分依赖短期融资来维持运营。

反之,一个项目不能产生足够的经营净现金流量,或经营净现金流量为负值,说明维持项目正常运行会遇到财务上的困难,项目方案缺乏合理性,实现自身资金平衡的可能性小,有可能要靠短期融资来维持运营;或者是非经营项目本身无能力实现自身资金平衡,提示要靠政府补贴。

(2)各年累计盈余资金不出现负值是财务生存的必要条件。

在整个运营期间,允许个别年份的净现金流量出现负值,但不能容许任一年份的累计盈余资金出现负值。一旦出现负值时应适时进行短期融资,该短期融资应体现在财务计划现金流量表中,同时短期融资的利息也应纳入成本费用和其后的计算。较大的或较频繁的短期融资,有可能导致以后的累计盈余资金无法实现正值,致使项目难以持续运营。

6.3.4 财务基准收益率

1. 财务基准收益率的含义和作用

财务基准收益率是现金流量分析最重要的基准参数,它用于判别财务内部收益率是否满足要求,同时它也是计算财务净现值的折现率。

采用财务基准收益率作为折现率。用于计算财务净现值,可使财务净现值大于或等于零与财务内部收益率大于或等于财务基准收益率两者对项目财务可行性的判断结果一致。

计算财务净现值的折现率也可取不用于财务基准收益率的数值。依据不充分时或可变因素较多时，可取几个不同数值的折现率，计算多个财务净现值，以给决策者提供全面的信息。

2. 财务基准收益率的确定

（1）财务基准收益率的确定要与指标的内涵相对应。所谓基准，即是设定的投资截止率（国外又称"Cut off Rate"），收益率低于这个水平不予投资。这也就是最低可接受收益率的概念。

选取财务基准收益率，应该明确是对谁而言。不同的人，或者从不同的角度去考虑，对投资收益会有不同的期望值。因此，在谈到财务基准收益率时应有针对性。也就是说，项目财务分析中不应该总是用同一个财务基准收益率作为各种财务内部收益率的判别基准。

（2）财务基准收益率的确定要与所采用的价格体系相协调。所谓"协调"，是指采用的投入和产出价格是否包含通货膨胀因素，应与指标计算时对通货膨胀因素的处理相一致。如果计算期内考虑通货膨胀，并采用时价计算财务内部收益率，则确定判别基准时也应考虑通货膨胀因素，反之亦然。是否含有通货膨胀因素的财务内部收益率的及其基准收益率之间的关系近似为

$$i'_c \cong i_c + f \quad (6.24)$$

$$IRR' = IRR + f \quad (6.25)$$

式中　i_c——不含通货膨胀因素的财务基准收益率（即人们预期价格不变时的利率），也叫实际利率；

i'_c——含通货膨胀因素的财务基准收益率（即银行执行的利率），也叫浮动利率；

IRR——不含通货膨胀因素的财务内部收益率；

IRR'——含通货膨胀的财务内部收益率；

f——通货膨胀率。

（3）财务基准收益率的确定要考虑资金成本。投资获益要大于资金成本，否则该项投资就没有价值。因此通常把资金成本作为财务基准收益率的确定基础，或称第一参考值。

（4）财务基准收益率的确定要考虑资金机会成本。投资获益要大于资金机会成本，否则该项投资就没有比较价值。因此通常也把资金机会成本作为财务基准收益率的确定基础。

（5）项目投资财务内部收益率的基准参数可采用国家、行业或专业（总）公司统一发布执行的财务基准收益率，或由评价者根据投资方的要求设定。一般可在加权平均资金成本（简称 WACC）的基础上，再加上调控意愿等因素来确定财务基准收益率。加权平均资金成本的计算见第 4 章资金成本的计算。

选择项目投资财务内部收益率的基准参数时要注意所得税前和所得税后指标的不同。

（6）项目资本金财务内部收益率的判别基准。项目资本金财务内部收益率的基准参数应为项目资本金所有者整体的最低可接受收益率。其数值大小主要取决于资金成本、资金收益水平、风险以及项目资本金对所有者权益资金收益的要求，还与投资者对风险的态度有关。通常可采用相关公式计算（详见第四章），也可参照同类项目（企业）的净资产收益率确定，《方法与参数》第三版也给出了项目资本金财务基准收益率的参考值。

（7）投资各方财务内部收益率判别基准。投资各方财务内部收益率的基准参数为投资各方对投资收益水平的最低期望值，应该由各投资者自行确定，因为不同的投资者决策理念、决策实力和风险承受能力有很大差异。出于某些原因，投资者可能会对不同项目有不同的收益水平要求。

6.3.5 财务分析结论

对项目的财务分析内容及方法进行说明，并根据财务分析指标的计算结果对项目财务情况进行定量说明，再结合不确定性与风险分析的结果，可得出项目财务分析是否可行的结论。

6.4 非经营性项目财务分析

1. 非经营性项目财务分析的含义

非经营性项目是指旨在实现社会目标和环境目标的非营利性项目，包括社会公益事业项目、环境保护项目和某些公用基础设施项目。

这些项目经济上的显著特点是为社会提供的服务和使用功能不收取费用或只收少量费用。对这类项目进行财务分析的目的是为了考察项目的财务状况，以便采取措施使其能维持运营，发挥功能；同时也是为了进行方案比选，在满足项目目标的前提下，选择花费最少的建设方案。

2. 非经营性项目财务分析的要求视项目具体情况有所不同

（1）无营业收入的公益性项目，通常需要政府长期补贴才能维持运营，要在估算运营成本的基础上，估算每年需要政府补贴的数额，分析、研究政府提供补贴的方式，确保项目运营的财务可持续性。不需进行盈利能力分析，其财务分析重在考察财务可持续性。

（2）对有营业收入的项目，财务分析应根据收入抵补支出的不同程度，区别对待。

通常营业收入补偿费用的顺序是：支付运营维护成本、缴纳流转税、偿还借款利息、计提折旧和偿还借款本金。

① 有营业收入，但不足以补偿运营维护成本的项目，应估算收入和成本费用，通过两者差额来估算运营期各年需要政府给予补贴的数额，进行财务生存能力分析，并分析政府长期提供财政补贴的可行性。

注意：对有债务资金的项目，还应结合借款偿还要求进行财务生存能力分析。

② 有些项目在短期内收入不足以补偿全部运营维护成本，但随着时间推移，通过价格（收费）水平的逐步提高，可以弥补甚至产生盈余。这时只需要进行偿债能力分析（如有借款时）和财务生存能力分析，推算运营前期各年所需的财政补贴数额，分析政府在有限时间内提供

财政补贴的可行性。

③ 营业收入在补偿项目运营维护成本、提取折旧、偿还借款本息后还有盈余，其财务分析内容可与一般项目基本相同。

3. 非经营性项目分析指标

对非经营性项目可采用以下指标来分析投资、运营成本及服务收费的合理性。

（1）单位功能（或者单位使用效益）投资。

这项指标是指建设一个单位使用功能所需的投资，如医院项目每张病床的投资；学校项目每个就学学生的投资；办公用房项目每个工作人员占用面积的投资等。

进行方案比选时，在功能相同的情况下，一般以单位投资较小的方案为优。

（2）单位功能运营成本。

这项指标是指项目的年运营费用与年服务总量之比，如污水处理厂项目处理每吨污水的运营费用。

$$年运营费用 = 运营直接费用 + 管理费用 + 财务费用 + 折旧 + 摊销 \quad (6.26)$$

年服务总量指拟建项目建设规模所设定的年服务量。

（3）服务收费价格。

这项指标是指向服务对象提供每单位服务收取的服务费用，用以考察收费的合理性。

6.5 财务分析案例

6.5.1 项目资料

1. 项目背景

某新建化肥厂，其可行性研究已完成市场需求预测、生产规模、工艺技术方案、建厂条件和厂址方案、环境保护诸方面的研究论证和多方案比较，项目财务分析在此基础上进行。

预计此项目计算期为 12 年。项目建设期为 3 年，第 4 年投产，第 5 年达到设计生产能力。建设投资 5 739 万元，其中资本金投资为 3 500 万元，不足部分向银行贷款。银行贷款条件是年利率为 5%，建设期间只计息不还款（设：年中发放贷款），第 4 年投产后开始还贷，每年付清利息并分 6 年等额偿还建设期资本化后的全部借款本金。建设期各年建设投资投入比例分别为 20%，50%，30%，资本金和贷款均按投资比例投入。

流动资金投资约需 2 400 万元，30% 由资本金解决，其他 70% 用银行贷款，年利率 4%。项目分年投资及贷款情况见表 6.2。

表 6.2 项目分年投资及贷款情况 万元

年 份	1	2	3	合计
建设投资	1 147.8	2 869.5	1 721.7	5 739
流动资金投资			2 400	2 400
资本金	700	1 750	1 050 + 720	4 220
借款需要量	447.8	1 119.5	671.7 + 1 680	3 919

销售收入、销售税金及附加（销售收入的3%）和经营成本的预测值见表6.3，其他支出忽略不计。

表 6.3 预测数据 万元

年 份	4	5	6	…	12
销售收入	3 920	5 040	5 600	…	5 600
销售税金及附加	117.6	151.2	168	…	168
经营成本	2 450	3 150	3 500	…	3 500

按平均年限法计算固定资产折旧。折旧年限为10年，残值率5%。
无形资产销费为1 500万元，按5年摊销。
假设每年可分配利润扣除公积金后全部向投资者分配。

2. 问 题

（1）分析确定财务效益与费用估算的参数，包含计算用数据参数及判别用参数。
（2）编制财务分析报表。主要有总成本费用估算表、项目投资现金流量表、项目资本金现金流量表、利润表、借款还本付息计划表、资产负债表和财务计划现金流量表。
（3）根据财务报表，计算财务分析指标，对该项目进行融资前盈利能力分析和融资后的盈利能力、偿债能力和财务生存能力分析，并得出分析结论。

6.5.2 融资前分析

1. 财务效益与费用估算

（1）固定资产折旧费估算

$$(5\ 739 - 1\ 500) \times (1 - 0.05) \div 10 = 402.705\ （万元）$$

最后一年回收固定资产原值：$4\ 239 \times 0.05 + 402.705 = 614.655$（万元）
（2）基准折现率：12%。
依据：中国部分行业建设项目财务基准收益率取值表，国家发展和改革委员会、建设部2006年7月3日发布并至今使用；城市基础设施项目全部投资税前财务基准收益率，建设部

2008年9月发布并至今使用，化肥行业9%。

考虑影响因素：资金成本；风险报酬率；通货膨胀率等。将基准折现率确定为12%。

（3）设基准投资回收期为10年。

2. 据以上资料编制项目投资现金流量表，详见表6.7，据此表计算盈利能力指标

3. 盈利能力指标计算

所得税前：

$$P_t = 7.61 \text{ 年} < 10 \text{ 年}$$

$$FNPV = 1\,559.92 > 0$$

$$FIRR = 16.98\% > 12\%$$

所得税后：

$$P_t = 8.37 \text{ 年} < 10 \text{ 年}$$

$$FNPV = 436.32 > 0$$

$$FIRR = 13.46\% > 12\%$$

融资前盈利能力分析可行，满足行业最低要求，且项目投资能按时收回。进入融资后分析。

6.5.3 融资后分析

1. 财务效益与费用估算

（1）融资方案及融资成本分析。

题目已给融资方案，具体见表6.2，据此计算建设期利息。建设期利息计算见表6.4。

表6.4 建设期利息的计算　　　　　　万元

序号	项目	利率/%	建设期			合计
			1	2	3	
1	建设期利息	5				
1.1	期初借款余额			459.00	1 629.43	
1.2	当期借款		447.80	1 119.50	671.70	2 239
1.3	当期应计利息		11.20	50.94	98.26	160.40
1.4	期末借款余额		459.00	1 629.44	2 399.40	2 399.4

流动资金利息：$1\,680 \times 4\% = 67.2$（万元）

（2）固定资产折旧费估算。

$$固定资产原值 = 5\ 739 + 160.40 - 1\ 500 = 4\ 399.4（万元）$$

$$年折旧额 = 4\ 399.4 \times (1 - 0.05) \div 10 = 417.94（万元）$$

$$固定资产余值为：4\ 399.4 \times 0.05 + 417.94 = 637.91（万元）$$

（3）摊销费为 1 500 万元，按 5 年摊销。年摊销额 = 1 500 ÷ 5 = 300（万元）。

（4）利润和利润分配

利润和利润分配见附表。所得税按利润总额的 25% 计取，盈余公积金按税后利润的 10% 计取。假设每年特种基金为零，假设每年可分配利润扣除公积金后全部向投资者分配。

2. 报表编制

据以上分析编制总成本费用估算表，详见表 6.6；编制项目资本金现金流量表，详见表 6.8；编制利润表，详见表 6.9；编制借款还本付息计划表，详见表 6.10；编制资产负债表，详见表 6.11；编制财务计划现金流量表，详见表 6.12。

3. 盈利能力分析

盈利能力分析是根据项目资本金现金流量表和利润表计算。

$$FNPV = 1319.72 > 0$$

$$FIRR = 19.03\% > 12\%$$

$$项目总投资收益率 = 运营期内年平均息税前利润/项目总投资$$
$$= 1\ 514.06 \times 100\%/(5\ 739 + 160.4 + 2\ 400) = 18.24\%$$

项目总投资收益率大于行业平均利润率 8%，说明单位投资收益水平达到行业标准。

$$项目资本金净利润率 = 运营期内年平均净利润/项目资本金$$
$$= 1\ 085.14 \times 100\%/4\ 220 = 25.71\%$$

以上指标表明，该项目融资方案较好，盈利能力满足要求。

4. 偿债能力分析

偿债能力分析根据借款还本付息计划表和资产负债表计算，利息备付率和偿债备付率指标计算见表 6.5。

表 6.5 利息备付率和偿债备付率指标计算

年份 项目	4	5	6	7	8	9	10	11	12
利息备付率	3.39	6.11	8.25	9.55	11.33	17.36	22.53	22.53	22.53
偿债备付率	2.05	2.69	3.05	3.15	3.26	3.17	21.64	21.64	0.83

该项目利息备付率大于1.0,偿债备付率前11年均大于1,只有在最后面一年小于1,因为要偿还流动资金的借款本金。总体来说该项目偿债能力较强。

5. 财务生存能力分析

财务生存能力分析根据财务计划现金流量表的数据。

从财务计划现金流量表上可以看出,项目具有较大的经营净现金流量,说明项目方案比较合理,实现自身资金平衡的可能性大,不会过分依赖短期融资来维持运营;财务可持续的基本条件满足。各年累计盈余资金都大于零,财务生存的必要条件满足。说明该项目财务生存能力较强。

6.5.4 评价结论

通过以上分析,该项目融资前盈利能力很好;融资方案合理,融资后的盈利能力、偿债能力和财务生存能力都满足投资者的要求。从财务分析的角度,该项目可行。但还需要进一步分析该项目的不确定性与风险,才能得到更加可靠的结论。同时进行经济费用效益分析,使项目的建设符合国家和社会利益,使建设的可行性、合理性更充分。

6.5.5 财务分析报表

表6.6 总成本费用估算表(生产要素法)　　　　　　　　　　万元

序号	项目 年份	计算期												合计
		1	2	3	4	5	6	7	8	9	10	11	12	
1	经营成本				2450.00	3150.00	3500.00	3500.00	3500.00	3500.00	3500.00	3500.00	3500.00	30100.00
2	折旧费				417.94	417.94	417.94	417.94	417.94	417.94	417.94	417.94	417.94	3761.48
3	摊销费				300.00	300.00	300.00	300.00	300.00					1500.00
4	利息支出				187.17	167.17	147.18	127.18	107.19	87.19	67.20	67.20	67.20	1024.69
5	总成本费用(1+2+3+4)				3355.11	4035.12	4365.12	4345.13	4325.13	4005.14	3985.14	3985.14	3985.14	64802.07

表 6.7 项目投资现金流量表

单位：万元

序号	项目＼年份	1	2	3	4	5	6	7	8	9	10	11	12	合计
	生产负荷（%）				70.00	90.00	100.00	100.00	100.00	100.00	100.00	100.00	100.00	
1	现金流入				3 920.00	5 040.00	5 600.00	5 600.00	5 600.00	5 600.00	5 600.00	5 600.00	8 614.65	51 174.65
1.1	营业收入				3 920.00	5 040.00	5 600.00	5 600.00	5 600.00	5 600.00	5 600.00	5 600.00	5 600.00	48 160.00
1.2	补贴收入													
1.3	回收固定资产余值												614.65	614.65
1.4	回收流动资金												2 400.00	2 400.00
2	现金流出	1 147.80	2 869.50	1 721.70	4 967.60	3 301.20	3 668.00	3 668.00	3 668.00	3 668.00	3 668.00	3 668.00	3 668.00	39 683.80
2.1	建设投资	1 147.80	2 869.50	1 721.70										4 239.00
2.2	流动资金				2 400.00									2 400.00
2.3	经营成本				2 450.00	3 150.00	3 500.00	3 500.00	3 500.00	3 500.00	3 500.00	3 500.00	3 500.00	30 100.00
2.4	营业税金及附加				117.60	151.20	168.00	168.00	168.00	168.00	168.00	168.00	168.00	1 444.80
2.5	维持运营投资													
3	所得税前净现金流量（1−2）	−1 147.80	−2 869.50	−1 721.70	−1 047.60	1 738.80	1 932.00	1 932.00	1 932.00	1 932.00	1 932.00	1 932.00	4 946.65	11 490.85
4	累积所得税前净现金流量	−1 147.80	−4 017.30	−5 739.00	−6 786.60	−5 047.80	−3 115.80	−1 183.80	748.20	2 680.20	4 612.20	6 544.20	11 490.85	
5	调整所得税				158.61	255.21	303.51	303.51	303.51	378.51	378.51	378.51	378.51	2 838.43
6	所得税后净现金流量（3−5）	−1 147.80	−2 869.50	−1 721.70	−1 206.21	1 483.59	1 628.49	1 628.49	1 628.49	1 553.49	1 553.49	1 553.49	4 568.14	8 652.42
7	累积所得税后净现金流量	−1 147.80	−4 017.30	−5 739.00	−6 945.21	−5 461.63	−3 833.14	−2 204.66	−576.17	977.32	2 530.80	4 084.29	8 652.42	

计算指标：

项目投资财务内部收益率（%）（所得税前）＝16.98%

项目投资财务内部收益率（%）（所得税后）＝13.46%

项目投资财务净现值（所得税前）＝1 559.92(万元)

项目投资财务净现值（所得税后）＝436.32(万元)

投资回收期（年）（所得税前）＝7.61(年)

投资回收期（年）（所得税后）＝8.37(年)

表6.8 项目资本金现金流量表

单位：万元

序号	项目\年份	1	2	3	4	5	6	7	8	9	10	11	12	合计
	生产负荷(%)				70.00	90.00	100.00	100.00	100.00	100.00	100.00	100.00	100.00	
1	现金流入				3 920.00	5 040.00	5 600.00	5 600.00	5 600.00	5 600.00	5 600.00	5 600.00	8 637.91	51 197.91
1.1	营业收入				3 920.00	5 040.00	5 600.00	5 600.00	5 600.00	5 600.00	5 600.00	5 600.00	5 600.00	48 160.00
1.2	补贴收入													
1.3	回收固定资产余值												637.91	637.91
1.4	回收流动资金												2 400.00	2 400.00
2	现金流出	700.00	1 750.00	1 050.00	3 986.49	4 081.69	4 481.80	4 466.80	4 451.81	4 511.81	4 096.91	4 096.91	5 776.91	43 451.14
2.1	项目资本金	700.00	1 750.00	1 050.00	720.00									2 720.00
2.2	借款本金偿还				399.90	399.90	399.90	399.90	399.90	399.90	0.00	0.00	1 680.00	4 079.40
2.3	借款利息支付				187.17	167.17	147.18	127.18	107.19	87.19	67.20	67.20	67.20	1 024.69
2.4	经营成本				2 450.00	3 150.00	3 500.00	3 500.00	3 500.00	3 500.00	3 500.00	3 500.00	3 500.00	30 100.00
2.5	营业税金及附加				117.60	151.20	168.00	168.00	168.00	168.00	168.00	168.00	168.00	1 444.80
2.6	所得税				111.82	213.42	266.72	271.72	276.72	356.72	361.71	361.71	361.71	2 582.25
2.7	维持运营投资													
3	净现金流量(1-2)	-700.00	-1 750.00	-1 050.00	-66.49	958.31	1 118.20	1 133.20	1 148.19	1 088.19	1 503.09	1 503.09	2 861.00	7 746.77

计算指标：
资本金内部收益率(%)=19.03%。

表 6.9 利润表

单位：万元

序号	项目 \ 年份	1	2	3	4	5	6	7	8	9	10	11	12	合计
1	营业收入				3 920.00	5 040.00	5 600.00	5 600.00	5 600.00	5 600.00	5 600.00	5 600.00	5 600.00	48 160.00
2	营业税金及附加				117.60	151.20	168.00	168.00	168.00	168.00	168.00	168.00	168.00	1 444.80
3	总成本费用				3 355.11	4 035.12	4 365.12	4 345.13	4 325.13	4 005.14	3 985.14	3 985.14	3 985.14	36 386.18
4	补贴收入													
5	利润总额（1-2-3+4）				447.29	853.68	1 066.88	1 086.87	1 106.87	1 426.86	1 446.86	1 446.86	1 446.86	10 329.02
6	弥补以前年度亏损													
7	应纳税所得额（5-6）				447.29	853.68	1 066.88	1 086.87	1 106.87	1 426.86	1 446.86	1 446.86	1 446.86	10 329.02
8	所得税				111.82	213.42	266.72	271.72	276.72	356.72	361.71	361.71	361.71	2 582.26
9	净利润（5-8）				335.47	640.26	800.16	815.15	830.15	1 070.15	1 085.14	1 085.14	1 085.14	7 746.77
10	期初未分配利润													
11	可供分配利润（9+10）				335.47	640.26	800.16	815.15	830.15	1 070.15	1 085.14	1 085.14	1 085.14	7 746.77
12	提取法定盈余公积金				33.55	64.03	80.02	81.52	83.02	107.01	108.51	108.51	108.51	774.68
13	可供投资者分配的利润（11-12）				301.92	576.24	720.14	733.64	747.14	963.13	976.63	976.63	976.63	6 972.09
14	应付优先股股利													
15	提取任意盈余公积金													
16	应付普通股股利													
17	各投资方利润分配				301.92	576.24	720.14	733.64	747.14	963.13	976.63	976.63	976.63	6 972.09
18	未分配利润（13-14-15-17）				0.00	0.00	0.00	0.00	0.00	0.00	0.00	0.00	0.00	
19	息税前利润（利润总额+利息支出）				634.46	1 020.86	1 214.06	1 214.06	1 214.06	1 514.06	1 514.06	1 514.06	1 514.06	11 353.72
20	息税折旧摊销前利润（息税前利润+折旧+摊销）				1 352.40	1 738.80	1 932.00	1 932.00	1 932.00	1 932.00	1 932.00	1 932.00	1 932.00	16 615.20

表6.10 借款还本付息计划表

单位：万元

序号	项目 \ 年份	1	2	3	4	5	6	7	8	9	10	11	12	合计
1	借款1													
1.1	期初本息余额	447.80	1 119.50	671.70	0.00	0.00	0.00	0.00	0.00	0.00	0.00	0.00	0.00	
1.2	当期还本付息	0.00	459.00	1 629.43	2 399.40	1 999.50	1 599.60	1 199.70	799.80	399.90				2 299.42
	其中：还本				399.90	399.90	399.90	399.90	399.89	419.89				2 399.40
	付息				119.97	99.97	79.98	59.98	39.99	19.99				419.89
1.3	期末借款余额				1 999.50	1 599.60	1 199.70	799.80	399.90	0.00				
2	流动资金			1 680.00	1 680.00	1 680.00	1 680.00	1 680.00	1 680.00	1 680.00	1 680.00	1 680.00	1 680.00	
2.1	期初本息余额			0.00	0.00	0.00	0.00	0.00	0.00	0.00	0.00	0.00	0.00	
2.2	当期还本付息				67.20	67.20	67.20	67.20	67.20	67.20	67.20	67.20	67.20	2 284.80
	其中：还本				0.00	0.00	0.00	0.00	0.00	0.00	0.00	0.00	1 680.00	1 680.00
	付息				67.20	67.20	67.20	67.20	67.20	67.20	67.20	67.20	67.20	604.80
2.3	期末借款余额				1 680.00	1 680.00	1 680.00	1 680.00	1 680.00	1 680.00	1 680.00	1 680.00	0.00	
3	债券													
3.1	期初债务余额													
3.2	当期还本付息													
	其中：还本													
	付息													
3.3	期末债务余额													
4	借款与债券合计													
4.1	期初本息余额													
4.2	本年还本付息													
	其中：还本													
	付息													
4.3	期末余额													
计算指标	利息备付率				3.39	6.11	8.25	9.55	11.33	17.36	22.53	22.53	22.53	
	偿债备付率				2.05	2.69	3.05	3.15	3.26	3.17	21.64	21.64	0.83	

表 6.11 资产负债表

单位：万元

序号	项目	年份	1	2	3	4	5	6	计算期 7	8	9	10	11	12	合计
1	资产		1 159.00	4 079.44	5 899.40	7 929.46	7 586.76	7 258.34	6 931.26	6 605.53	6 301.23	6 398.16	6 495.10	4 912.04	
1.1	流动资产总额		0.00	0.00	0.00	2 748.01	3 123.25	3 512.78	3 903.64	4 295.84	4 409.49	4 924.37	5 439.25	4 274.13	
1.1.1	货币资金					2 748.01	3 123.25	3 512.78	3 903.64	4 295.84	4 409.49	4 924.37	5 439.25	4 274.13	
1.1.2	应收账款														
1.1.3	预付账款														
1.1.4	存货														
1.1.5	其他														
1.2	在建工程		1 159.00	4 079.44	5 899.40										
1.3	固定资产净值					3 981.45	3 563.51	3 145.57	2 727.63	2 309.68	1 891.74	1 473.80	1 055.85	637.91	
1.4	无形及其他资产净值					1 200.00	900.00	600.00	300.00	0.00					
2	负债及所有者权益		1 159.00	4 079.44	5 899.40	7 929.47	7 586.76	7 258.34	6 931.27	6 605.53	6 301.23	6 398.17	6 495.11	4 912.04	
2.1	流动负债总额														
2.1.1	短期借款														
2.1.2	应付账款														
2.1.3	预收账款														
2.1.4	其他														
2.2	建设投资借款		459.00	1 629.44	2 399.40	1 999.50	1 599.60	1 199.70	799.80	399.90	0.00	0.00	0.00	0.00	
2.3	流动资金借款					1 680.00	1 680.00	1 680.00	1 680.00	1 680.00	1 680.00	1 680.00	1 680.00	0.00	
2.4	负债小计		459.00	1 629.44	2 399.40	3 679.50	3 279.60	2 879.70	2 479.80	2 079.90	1 680.00	1 680.00	1 680.00	0.00	
2.5	所有者权益		700.00	2 450.00	3 500.00	4 249.97	4 307.16	4 378.65	4 451.47	4 525.63	4 621.23	4 718.17	4 815.11	4 912.04	
2.5.1	资本金		700.00	2 450.00	3 500.00	4 220.00	4 220.00	4 220.00	4 220.00	4 220.00	4 220.00	4 220.00	4 220.00	4 220.00	
2.5.2	资本公积金						57.20	71.48	72.82	74.16	95.60	96.94	96.94	96.94	
2.5.3	累计公积金					29.97	87.16	158.65	231.47	305.63	401.23	498.17	595.11	692.04	
2.5.4	累计未分配利润														
计算指标：资产负债率			0.40	0.40	0.41	0.46	0.43	0.40	0.36	0.31	0.27	0.26	0.26	0.00	

表 6.12 财务计划现金流量表

单位：万元

序号	项目\年份	1	2	3	4	5	6	7	8	9	10	11	12	合计
1	经营活动净现金流量（1.1-1.2）	-1 147.80	2 869.50	-1 721.70	1 204.80	1 457.08	1 579.93	1 573.33	1 566.73	1 461.14	1 454.54	1 454.54	1 454.54	13 206.62
1.1	现金流入	0.00	0.00	0.00	3 920.00	5 040.00	5 600.00	5 600.00	5 600.00	5 600.00	5 600.00	5 600.00	5 600.00	48 160.00
1.1.1	销售（营业）收入				3 920.00	5 040.00	5 600.00	5 600.00	5 600.00	5 600.00	5 600.00	5 600.00	5 600.00	48 160.00
1.1.2	增值税销项税额													
1.1.3	补贴收入													
1.1.4	其他收入													3 037.91
1.2	现金流出			1 721.70	2 715.20	3 582.92	4 020.07	4 026.67	4 033.27	4 138.86	4 145.46	4 145.46	4 145.46	34 953.38
1.2.1	经营成本			1 050.00	2 450.00	3 150.00	3 500.00	3 500.00	3 500.00	3 500.00	3 500.00	3 500.00	3 500.00	30 100.00
1.2.2	增值税进项税额			671.70	117.60	151.20								1 444.80
1.2.3	营业税金及附加				147.60	281.72	352.07	358.67	365.27	470.86	477.46	477.46	477.46	3 408.58
1.2.4	增值税													
1.2.5	所得税													
1.2.6	其他流出													
2	投资活动净现金流量（2.1-2.2）	-1 147.80	-2 869.50	-1 721.70	-2 400.00	0.00	0.00	0.00	0.00	0.00	0.00	0.00	0.00	-6 639.00
2.1	现金流入	0.00	0.00	0.00	0.00	0.00	0.00	0.00	0.00	0.00	0.00	0.00	0.00	
2.2	现金流出	1 147.80	2 869.50	1 721.70	2 400.00	0.00	0.00	0.00	0.00	0.00	0.00	0.00	0.00	6 639.00
2.2.1	建设投资	1 147.80	2 869.50	1 721.70										4 239.00
2.2.2	维持运营投资													
2.2.3	流动资金				2 400.00									2 400.00
2.2.4	其他流出													
3	筹资活动净现金流量（3.1-3.2）	1 147.80	2 869.50	1 721.70	1 543.22	-1 081.84	-1 190.41	-1 182.47	-1 174.53	-1 347.49	-939.65	-939.65	-2 619.65	-3 193.49
3.1	现金流入	700.00	1 750.00	1 050.00	2 400.00	0.00	0.00	0.00	0.00	0.00	0.00	0.00	0.00	6 639.00
3.1.1	项目资本金投入	700.00	1 750.00	1 050.00	720.00									2 720.00
3.1.2	建设投资借款	447.80	1 119.50	671.70										2 239.00
3.1.3	流动资金借款				1 680.00									1 680.00
3.1.4	债券借款													
3.1.5	短期借款													
3.1.6	其他流入	0.00	0.00	0.00										
3.2	现金流出	0.00	0.00	0.00	856.78	1 081.84	1 190.41	1 182.47	1 174.53	1 347.49	939.65	939.65	2 619.65	11 332.49
3.2.1	各种利息支出				187.17	167.17	147.18	127.18	107.19	87.19	67.20	67.20	67.20	1 024.69
3.2.2	偿还债务本金				399.90	399.90	399.90	399.90	399.90	399.90	0.00	0.00	1 680.00	4 079.40
3.2.3	应付利润				269.71	514.77	643.33	655.38	667.44	860.40	872.45	872.45	872.45	6 228.40
3.2.4	其他流出													
4	净现金流量（1+2+3）	0.00	0.00	0.00	348.01	375.24	389.52	390.86	392.20	113.64	514.88	514.88	-1 165.12	1 874.13
5	累计盈余资金	0.00	0.00	0.00	348.01	723.25	1 112.78	1 503.64	1 895.84	2 009.49	2 524.37	3 039.25	1 874.13	15 030.76

复习思考题

1. 财务分析的内容是什么？
2. 财务分析的报表有哪些？
3. 财务分析的主要指标有哪些？各指标是如何计算和分析的？
4. 财务基准收益率影响因素有哪些？
5. 案例分析。

某企业拟投资建设一项生产性项目，各项基础数据如下：

项目建设期一年，第二年开始投入生产经营，运营期8年。

建设期间一次性投入固定资产投资额为850万元，全部形成固定资产。固定资产使用年限为8年，到期预计净残值率为4%，按照平均年限法计算折旧。

流动资金投入为200万元，在运营期的前两年均匀投入，运营期末全额收回。

运营期第1年生产负荷为60%，第二年达产。

运营期内正常年份各年的销售收入为450万元，经营成本为200万元，运营期第1年销售收入和经营成本均按正常年份的60%计算。

产品销售税金及附加合并税率为6%，企业所得税税率为25%。

该行业基准收益率为10%，基准投资回收期为7年。

问题：

（1）编制该项目的项目投资现金流量表。
（2）计算该项目静态和动态投资回收期。
（3）计算该项目的财务净现值、财务内部收益率。
（4）从财务评价角度分析该项目的可行性及盈利能力。

注：折现系数取3位小数，其余各项计算保留2位小数。

附表6.1 投资各方财务现金流量表 万元

序号	年 份	计算期							合计
		1	2	3	4	5	6	……	n	
1	现金流入								
1.1	实分利润								
1.2	资产处置收益分配								
1.3	租赁费收入								
1.4	技术转让收入								
1.5	其他现金流入								
2	现金流出								
2.1	实缴资本								
2.2	租赁资产支出								
2.3	其他现金流出								
3	净现金流量（1-2）								

计算指标：

投资各方内部收益率（%）。

7 经济费用效益分析

【学习要点】
（1）经济费用效益分析的概念；
（2）经济费用和效益的识别原则；
（3）经济费用和效益分析参数的确定方法；
（4）影子价格的确定方法；
（5）经济费用效益分析指标。

在市场经济条件下，大部分工程项目财务评价结论可以满足投资决策要求，但财务现金流量不能全面、真实反映其经济价值，因此有必要进行费用效益分析。这类项目包括具有公共产品特征的基础设施项目，比如农业、水利、铁路、民航、电信等；资源开发项目，比如煤炭、石油、电力、钢铁、有色金属等；以及涉及国家安全的项目，比如石化、通信、电子、重大技术装备等。

7.1 经济费用效益分析概述

7.1.1 经济费用效益分析的概念及意义

1. 经济费用效益分析的概念

所谓经济费用效益分析，是指按照合理配置稀缺资源和社会经济可持续发展的原则，采用影子价格、社会折现率等经济费用效益分析参数，从国民经济全局的角度出发，考察工程项目的经济合理性。

2. 经济费用效益分析的意义

正常运作的市场是将稀缺资源在不同用途和不同时间上合理配置的有效机制。然而，市场的正常运作要求具备若干条件，包括：资源的产权清晰、完全竞争、公共产品数量不多、短期行为不存在等。如果这些条件不满足,市场就不能有效地配置资源,即市场失灵。

市场失灵的存在使得财务评价的结果往往不能真实反映工程项目的全部利弊得失,必须通过费用效益分析对财务评价中失真的结果进行修正。

7.1.2 经济费用效益分析与财务分析的关系

经济费用效益分析与财务评价的关系可以归结为以下两类:共同之处和区别之处。

1. 经济费用效益分析与财务评价的共同之处

(1)评价方法相同。

均采用经济效果评价,都使用基本的经济评价理论,即效益费用比较的理论方法。都要寻求以最小的投入获得最大的产出,都要考虑资金的时间价值,采用内部收益率、净现值等盈利性指标评价工程项目的经济效果。

(2)评价的基础工作相同。

两种分析都要在完成产品需求预测、工艺技术选择、投资估算、资金筹措方案等可行性研究内容的基础上进行。

(3)评价的计算期相同。

2. 经济费用效益分析与财务评价的区别之处

(1)两种评价所占的层次不同。

财务评价是站在项目的层次上,从项目经营者、投资者、未来债权人的角度,分析项目在财务上能够生存的可能性,分析各方的实际收益或损失,分析投资或贷款的风险及收益。费用效益分析则是站在国民经济的层次上,从全社会的角度分析项目的国民经济费用和效益。

(2)费用和效益的含义和划分范围不同。

财务评价只根据项目直接发生的财务收支,计算项目的费用和收益。费用效益分析则从全社会的角度考察项目的费用和效益,这时项目的有些收入和支出,从全社会的角度考虑,不能作为社会费用和收益。例如,税金和补贴、银行贷款利息。

(3)财务评价与费用效益分析所使用价格体系不同。

财务评价使用实际的市场预测价格,费用效益分析则使用一套专用的影子价格体系。

(4)两种评价使用的参数不同。

如衡量盈利性指标内部收益率的判据,财务评价中用财务基准收益率,费用效益分析中则用社会折现率。财务基准收益率依行业的不同而不同,而社会折现率则是全国各行业各地区都是一致的。

(5)评价内容不同。

财务评价主要有两个方面:一个是盈利能力分析;二是清偿能力分析。而费用效益分析则只能做盈利能力分析,不能做清偿能力分析。

7.2 经济费用和效益的识别

7.2.1 经济费用和效益识别的原则

1. "有无对比"原则

项目经济费用效益分析应建立在增量效益和增量费用识别和计算的基础之上，通过项目的实施效果与无项目情况下可能发生的情况进行对比分析，作为计算机会成本或增量效益的依据，不应考虑沉没成本和已实现的效益。

2. 关联效果原则

财务分析从项目自身的利益出发，其系统分析的边界是项目。凡是流入项目的资金就是财务收益，如营业收入；凡是流出项目的资金就是财务费用，如投资支出、经营成本和税金。费用效益分析则从国民经济的整体利益出发，其系统分析的边界是整个国民经济，对项目所涉及的所有成员及群体的费用和效益做全面分析，不仅要识别项目自身的内部效果，而且需要识别项目对国民经济其他部门和单位产生的外部效果。

3. 资源变动原则

在计算财务收益和费用时，依据的是货币的变动。凡是流入项目的货币就是直接效益，凡是流出项目的货币就是直接费用。费用效益分析以实现资源最优配置从而保证国民收入最大增长为目标。由于经济资源的稀缺性，就意味着一个项目的资源投入会减少这些资源在国民经济其他方面的可用量，从而减少了其他地方的国民收入，从这种意义上说，该项目对资源的使用产生了经济费用。同理，我们说项目的产出是经济效益，是由于项目的产出能够增加社会资源——最终产品的缘故。另外，接受转移支付的一方所获得的效益与付出方所产生的费用相等，转移支付行为本身没有导致新增资源的发生，因此，在经济费用效益分析中，应剔除税赋、补贴、借款和利息等转移支付的影响。可见，在考察经济费用和效益的过程中，我们的依据不是货币，而是社会资源真实的变动量。凡是减少社会资源的项目投入都产生经济费用，凡是增加社会资源的项目产出都产生经济效益。当然，资源应是稀缺的经济资源，而不是闲置或不付出代价就可自由使用的物品。

7.2.2 直接效益与直接费用

经济效益分为直接经济效益和间接经济效益，经济费用分为直接经济费用和间接经济费用。直接经济效益和直接经济费用可称为内部效果。

直接经济效益是指由项目产出物直接生成，并在项目范围内计算的经济效益。一般表现为增加项目产出物或者服务的数量以满足国内需求的效益；替代效益较低的相同或类似企业的产出物或者服务，使被替代企业减产（停产）从而减少国家有用资源耗费或者损失的效益；增加出口或者减少进口从而增加或者节约的外汇等。

直接费用是指项目使用投入物所形成，并在项目范围内计算的费用。一般表现为其他部门为本项目提供投入物；需要扩大生产规模所耗费的资源费用；减少对其他项目或者最终消费投入物的供应而放弃的效益；增加进口或者减少出口从而耗用或者减少的外汇等。

7.2.3 间接效益与间接费用

间接经济效益与间接经济费用，或称外部效果。间接经济效益是指项目对国民经济做出的贡献，而项目本身并未得益的那部分效益。例如，工业项目产生的废水、废气和废渣引起的环境污染及对生态平衡的破坏，项目并不支付任何费用，而国民经济付出了代价。间接经济费用是指国民经济为项目付出了代价，而项目本身并不实际支付的费用。

7.2.4 转移支付

在识别费用与效益范围的过程中，会遇到税金、国内借款利息和补贴的处理问题。这些都是财务评价中的实际现金收入或支出，但是从国民经济的角度看，企业向国家缴纳税金、向国内银行支付利息，或企业从国家得到某种形式的补贴，都未造成资源的实际消耗或增加，因此不能计为项目的费用或效益，它们只是国民经济内部各部间的转移支付。

产品税、增值税、营业税、所得税、调节税以及进口环节的关税和增值税等是政府调节分配和供求关系的手段，显然属于国民经济内部的转移支付。土地税、城市建设维护税及资源税等是政府为补偿社会消耗而代为征收的费用，这些税种包含了许多政策因素，并不能完全代表国家和社会为项目所付出的代价。因此，原则上可以把这些税金通通作为项目与政府间的转移支付，不作为项目的费用。国家对企业的各种形式的补贴可视为与税金反向的转移支付，不应作为项目的效益。企业支付的国内借款利息，实质上是项目与政府或项目与国内借款机构之间的转移支付，同样不应计为项目的费用。但国外借款利息的支付产生了国内资源向国外的转移，则必须计为项目的费用。

所以说，若在财务评价基础上进行国民经济评价时，应注意从原效益和费用中剔除其中的转移支付部分。

7.3 经济费用和效益分析参数

经济费用效益分析参数是费用效益分析的基本判据，对比选优化方案具有重要作用。费用效益分析的参数主要包括：社会折现率、影子汇率和影子工资等，这些参数由有关专门机构组织测算和发布。

7.3.1 社会折现率

社会折现率是用以衡量资金时间价值的重要参数，代表社会资金被占用应获得的最低收费率，并用作不同年份价值换算的折现率。

社会折现率是费用效益分析中经济内部收益率的基准值。适当的折现率有利于合理分配建设资金，指导资金投向对国民经济贡献大的项目，调节资金供需关系，促进资金在短期和长期建设项目之间的合理调配。

根据对我国国民经济运行的实际情况、投资收益水平、资金供求状况、资金机会成本以及国家宏观调控等因素综合分析，根据国家发展与改革委员会和住建部联合发布的第三版《建设项目经济评价方法与参数》，目前社会折现率测定值为8%；对于受益期长的建设项目，如果远期效益较大，效益实现的风险较小，社会折现率可适当降低，但不应低于6%。

7.3.2 影子汇率

汇率是指两个国家不同货币之间的比价或交换比率。

影子汇率是反映外汇真实价值的汇率。影子汇率主要依据一个国家或地区一段时期内进出口的结构和水平、外汇的机会及发展趋势、外汇供需状况等因素确定。一旦上述因素发生较大变化时，影子汇率需作相应的调整。

在费用效益分析中，影子汇率通过影子汇率换算系数计算，影子汇率换算系数是影子汇率与国家外汇牌价的比值。工程项目投入物和产出物涉及进出口的，应采用影子汇率换算系数计算影子汇率。目前根据我国外汇收支、外汇供求、进出口结构、进出口关税、进出口增值税及出口退税补贴等情况，影子汇率换算系数取值为1.08。

【例7.1】 已知2015年9月25日国家外汇牌价中人民币对美元的比值为638.42/100，试求人民币对美元的影子汇率。

【解】 影子汇率 = 影子汇率换算系数 × 638.42/100 = 1.08 × 638.42/100 = 6.894 9

7.3.3 影子工资

影子工资是项目使用劳动力，社会为此付出代价。影子工资由劳动力的机会成本和社会资源耗费两部分构成。

影子工资一般是通过影子工资换算系数计算。影子工资换算系数是影子工资与项目财务评价中劳动力的工资和福利费的比值。根据目前我国劳动力市场状况，技术性工种劳动力的影子工资换算系数取值为 1，非技术性工种劳动力的影子工资换算系数取值为 0.8。

7.4 影子价格的确定

在经济费用效益计量中，作为计量依据的影子价格的确定成为问题的关键。影子价格是指依据一定原则确定的，能够反映投入物和产出物真实经济价值，反映市场供求状况，反映资源稀缺程度，使资源得到合理配置的价格。影子价格是根据国家经济增长的目标和资源的可获得性来确定的。如果某种资源数量稀缺，同时，有许多用途完全依靠于它，那么它的影子价格就高。如果这种资源的供应量增多，那么它的影子价格就会下降。进行费用效益分析时，项目的主要投入物和产出物价格，原则上都应采用影子价格。

确定影子价格时，对于投入物和产出物，首先要区分为市场定价货物、政府调控价格货物、特殊投入物和非市场定价货物这四大类别，然后根据投入物和产出物对国民经济的影响分别处理。

7.4.1 市场定价货物的影子价格

1. 外贸货物影子价格

外贸货物是指其生产或使用会直接或间接影响国家出口或进口的货物，原则上，石油、金属材料、金属矿物、木材及可出口的商品煤，一般都划为外贸货物。

外贸货物影子价格的定价基础是国际市场价格。尽管国际市场价格并非就是完全理想的价格，存在着诸如发达国家有意压低发展中国家初级产品的价格，实行贸易保护主义，限制高技术向发展中国家转移，以维持高技术产品的垄断价格等问题，但在国际市场上起主导作用的还是市场机制，各种商品的价格主要由供需规律所决定，多数情况下不受个别国家和集团的控制，一般比较接近物品的真实价值。

外贸货物中的进口品应满足以下条件（否则不应进口）：国内生产成本大于到岸价格（CIF）。

外贸货物中的出口品应满足以下条件（否则不应出口）：国内生产成本小于离岸价格（FOB）。

到岸价格与离岸价格统称口岸价格。

在费用效益分析中，口岸价格应按本国货币计算，故口岸价格的实际计算公式如下：

到岸价格（人民币）= 美元结算的到岸价格 × 影子汇率

离岸价格（人民币）= 美元结算的离岸价格 × 影子汇率

【例 7.2】 某项目进口设备的到岸价格为 16 400 万日元，美元对日元的比价为 88 日元/美元，若影子汇率为 6.2 元/美元，求进口设备的到岸价格。

【解】 进口设备的到岸价格(人民币) = (16 400/88) × 6.2 = 1 155.45（万元）

工程项目外贸货物的影子价格按下述公式计算

$$产出物的影子价格(项目产出物的出厂价格) = 离岸价(FOB) \times 影子汇率 - 国内运杂费 - 贸易费用 \quad (7.1)$$

$$投入物的影子价格(项目投入物的到厂价格) = 到岸价(CIF) \times 影子汇率 + 国内运杂费 + 贸易费用 \quad (7.2)$$

贸易费用是指外经贸机构为进出口货物所耗用的，用影子价格计算的流通费用，包括货物的储运、再包装、短途运输、装卸、国内保险、检验等环节的费用支出，以及资金占用的机会成本，但不包括长途运输费用。贸易费用一般用货物的口岸价乘以贸易费率计算。贸易费率由项目评价人员根据项目所在地区流通领域的特点和工程项目的实际情况测定。

2. 非外贸货物影子价格

非外贸货物是指其生产或使用不影响国家出口或进口的货物。根据不能外贸的原因，非外贸货物分为天然非外贸货物和非天然的非外贸货物。

天然非外贸货物是指使用和服务天然地限于国内，包括国内施工和商业以及国内运输和其他国内服务。非天然的非外贸货物是指由于经济原因或政策原因不能外贸的货物，包括由于国家的政策和法令限制不能外贸的货物，还包括这样的货物：其国内生产成本加上到口岸的运输、贸易费用后的总费用高于离岸价格，致使出口得不偿失而不能出口，同时，国外商品的到岸价格又高于国内生产同样商品的经济成本，致使该商品也不能从国外进口。在忽略国内运输费用和贸易费用的前提下，由于经济性原因造成的非外贸货物满足以下条件

$$离岸价格 < 国内生产成本 < 到岸价格$$

随着我国市场经济发展和贸易范围的扩大，大部分货物或服务都处于竞争性的市场环境中，市场价格可以近似反映其支付意愿和机会成本。进行费用效益分析可将这些货物的市场价格加上或减去国内运杂费作为影子价格。工程项目非外贸货物的影子价格按下述公式计算

$$产出物的影子价格(项目产出物的出厂价格) = 市场价格 - 国内运杂费 \quad (7.3)$$

$$投入物的影子价格(项目投入物的到厂价格) = 市场价格 + 国内运杂费 \quad (7.4)$$

根据"有无对比"原则，如果项目的投入物或产出物的规模很大，项目的实施将足以其市场价格，导致"有项目"和"无项目"两种情况下市场价格不一致，在项目评价实践中，取两者的平均值作为测算影子价格的依据。

投入与产出的影子价格中包含的增值税、消费税、营业税、城市建设维护税、资源税等流转税按下列原则处理：

（1）对于产出品，增加供给满足国内市场供应的，影子价格按消费者支付意愿确定，含流转税；顶替原有市场供应的，影子价格按机会成本确定，不含流转税。

（2）对于投入品，用新增供应来满足项目的，影子价格按机会成本确定，不含流转税；挤占原有用户需求来满足项目的，影子价格按支付意愿确定，含流转税。

（3）在不能判别产出或投入是增加供给还是挤占（替代）原有供给的情况下，可简化处理为：产出的影子价格一般包含实际缴纳流转税，投入的影子价格一般不含实际缴纳流转税。

7.4.2 政府调控价格货物的影子价格

考虑到效率优先兼顾公平的原则，市场经济条件下有些货物或者服务不能完全由市场机制形成价格，而需由政府调控价格。例如政府为了帮助城市中低收入家庭解决住房问题，对经济适用房和廉租房制定指导价和最高限价。政府调控的货物或者服务的价格不能完全反映其真实价值，确定这些货物或者服务的影子价格的原则是：投入物按机会成本分解定价，产出物按对经济增长的边际贡献率或消费者支付意愿定价。下面是政府主要调控的水、电、铁路运输等作为投入物和产出物时的影子价格的确定方法。

（1）水作为项目投入物的影子价格，按后备水源的边际成本分解定价，或者按恢复水资源存量的成本计算。水作为项目产出物的影子价格，按消费者支付意愿或者按消费者承受能力加政府补贴计算。

（2）电力作为项目投入物时的影子价格，一般按完全成本分解定价，电力过剩时按可变成本分解定价。电力作为项目产出物的影子价格，可按电力对当地经济边际贡献率定价。

（3）铁路运输作为项目投入物的影子价格，一般按完全成本分解定价，对运能富余的地区，按可变成本分解定价。铁路运输作为产出物的影子价格，可按铁路运输对国民经济的边际贡献率定价。

7.4.3 特殊投入物影子价格

工程项目的特殊投入物是指项目在建设、生产运营中使用的人力资源、土地和自然资源等。项目使用这些特殊投入物发生的经济费用，应分别采用下列方法确定其影子价格。

1. 人力资源

人力资源投入的影子价格主要包括劳动力的机会成本和新增资源耗费。劳动力的机会成本指过去受雇于别处的劳动力，如果不被项目雇用而从事其他生产经营活动所创造的最大效益；或项目使用自愿失业劳动力而支付的税后净工资额；或项目使用非自愿失业劳动力而支付的大于最低生活保障的税后净工资。新增资源耗费是指社会为劳动力就业而付出的，但职工又未得到的其他代价，如为劳动力就业而支付的搬迁费、培训费、城市交通费等。影子工资与劳动力的技术熟练程度和供求状况（过剩与稀缺）有关，技术越熟练，稀缺程度越高，其机会成本越高，反之越低。

2. 土地

我国目前取得土地使用权的方式有：行政划拨、协商议价、招标投标、拍卖等。采用不同的方式获得土地使用权，投资项目占用的土地可能具有不同的财务费用，甚至其财务费用为零，但是占用土地的经济费用几乎总是存在的，而且同一块地在一定时期其经济费用应是唯一的。项目占用土地致使这些土地对国民经济的其他潜在贡献不能实现，这种因有了项目而不能实现的最大潜在贡献就是项目占用土地的机会成本。因此，土地的影子价格也是建立在被放弃的最大收益这一机会成本概念上的。

（1）对于农业、林业、牧业、渔业及其他生产性用地，土地的经济成本按土地机会成本与新增资源消耗之和计算。新增资源消耗指"有项目"情况下土地的征用造成原有地上附属物财产的损失及其他资源耗费。如果项目占用的土地是无人居住的荒山野岭，其经济成本可视为零；若项目所占用的是农业土地，其经济成本为原来的农业净收益、拆迁费用和劳动力安置费。土地平整等开发成本应计入工程建设成本，在土地经济成本估算中不再重复计算。

（2）对于住宅、休闲等非生产性用地，如果项目占用城市用地，且通过政府公开拍卖、招标、挂牌取得的土地出让使用权，以及通过市场交易取得的已出让国有土地使用权，应按照支付意愿的原则，以土地市场交易价格计算土地的影子价格，主要包括土地出让金、基础设施建设费、拆迁安置补偿费等。

（3）未通过正常市场交易取得的土地使用权，应分析价格优惠或扭曲情况，参照当地正常情况下的市场交易价格，调整或类比计算其影子价格；无法通过正常交易价格类比确定土地影子价格时，应采用收益现值法，或以土地开发成本加开发投资应得的收益作为影子价格。

3. 自然资源影子价格

各种自然资源是一种特殊的投入物，项目使用的矿产资源、水资源、森林资源等都是对国家资源的占用和消耗。矿产等不可再生资源的影子价格按资源的机会成本计算，水和森林等可再生自然资源的影子价格按资源再生费用计算。

7.4.4 非市场定价货物的影子价格

当项目的产出效果不具有市场价格，或市场价格难以真实反映其经济价值时，需要采用如下方法对项目的产品或服务的影子价格进行重新测算。

1. 假设成本法

假设成本法是指通过有关成本费用信息来间接估算环境影响的费用或效益。假设成本法包括替代成本法、置换成本法和机会成本法。

（1）替代成本法。替代成本法是指为了消除项目对环境的影响，而假设采取其他方案来替代拟建项目方案，其他方案的增量投资作为项目方案环境影响的经济价值。

（2）置换成本法。置换成本法是指当项目对其他产业造成生产性资产损失时，假设一个置换方案通过测算其置换成本，即为恢复其生产能力必须投入的价值，作为对环境影响进行量化的依据。

（3）机会成本法。机会成本法是指通过评价因保护某种环境资源而放弃某项目方案而损失的机会成本，来评价该项目方案环境影响的损失。

2．显示偏好方法

显示偏好方法是指按消费者支付意愿，通过其他相关市场价格信号，寻找揭示拟建项目间接产出物的隐含价值。如项目的建设会导致环境生态等外部效果，从而对其他社会群体产生正面负面影响，就可以通过预防性支出法、产品替代法这类显示偏好的方法确定项目外部效果。

（1）预防性支出法。预防性支出法是以受影响的社会成员为了避免或减缓拟建项目对环境可能造成的危害，所愿意付出的费用，如社会成员为避免死亡而愿意支付的价格，人们对避免疾病而获得健康生活所愿意付出的代价，作为对环境影响的经济价值进行计算的依据。

（2）产品替代法。产品替代法是指对人们愿意改善目前的环境质量，而对其他替代项目或产品的价值进行分析，间接测算项目对环境造成的负面影响。如可以通过兴建一个绿色环保的高科技产业项目所需的投入，来度量某传统技术的钢铁企业对所在城市造成的环境影响。

3．陈述偏好法

通过对被评估者的直接调查，直接评价调查对象的支付意愿或接受补偿的意愿，从中推断出项目造成的有关外部影响的影子价格。

7.5 经济费用效益分析报表和指标

7.5.1 经济费用效益分析报表

经济费用效益流量表一般在项目财务评价基础上进行调整编制，有些项目也可以直接编制。

在财务评价基础上编制经济费用效益流量表应注意以下问题：

（1）剔除转移支付，将财务现金流量表中列支的营业税金及附加、所得税、特种基金、国内借款利息作为转移支付剔除。

（2）计算外部效益与外部费用，并保持效益费用计算口径的统一。

（3）用影子价格、影子汇率逐项调整建设投资中的各项费用，剔除涨价预备费、税金、国内借款建设期利息等转移支付项目。进口设备购置费通常要剔除进口关税、增值税等转移支付。建筑安装工程费按材料费、劳动力的影子价格进行调整；土地费用按土地影子价格进行调整。

（4）应收、应付款及现金并没有实际耗用国民经济资源，在费用效益分析中应将其从流动资金中剔除。

（5）用影子价格调整各项经营费用，对主要原材料、燃料及动力费，用影子价格进行调整；对劳动工资及福利费，用影子工资进行调整。

（6）用影子价格调整计算项目产出物的销售收入。

（7）费用效益分析各项销售收入和费用支出中的外汇部分，应用影子汇率进行调整，计算外汇价值。从国外引入的资金和向国外支付的投资收益、贷款本息，也应用影子汇率进行调整。

经济费用效益流量表格式见附表7.1。

7.5.2 经济费用效益分析指标

费用效益分析，以盈利能力分析为主，分析指标包括经济内部收益率、经济净现值和效益费用比。

1. 经济内部收益率（EIRR）

经济内部收益率是反映项目对国民经济净贡献的相对指标。它是项目在计算期内各年经济净效益流量的现值累计等于零时的折现率。其表达式为

$$\sum_{t=0}^{n}(B-C)_t\left(1+EIRR\right)^{-t}=0 \quad (7.5)$$

式中　B——经济效益流量；
　　　C——经济费用流量；
　　　$(B-C)_t$——第 t 年的经济净效益流量；
　　　n——计算期。

判别准则：

经济内部收益率等于或大于社会折现率，表明项目对国民经济的净贡献达到或超过了要求的水平，这时应认为项目是可以接受的。

2. 经济净现值（ENPV）

经济净现值是反映项目对国民经济净贡献的绝对指标。它是指用社会折现率将项目计算期内各年的净效益流量折算到建设期初的现值之和。其表达式为

$$ENPV=\sum_{t=0}^{n}(B-C)_t(1+i_s)^{-t} \quad (7.6)$$

式中 i_s——社会折现率。

判别准则：

工程项目经济净现值等于或大于零表示国家拟建项目付出代价后，可以得到符合社会折现率的社会盈余，或除了得到符合社会折现率的社会盈余外，还可以得到以现值计算的超额社会盈余，这时就认为项目是可以考虑接受的。

按分析效益费用的口径不同，可分为整个项目的经济内部收益率和经济净现值，国内投资经济内部收益率和经济净现值。如果项目没有国外投资和国外借款，全投资指标与国内投资指标相同；如果项目有国外资金流入与流出，但国外资金指定用途时，应以国内投资的经济内部收益率和经济净现值作为项目费用效益分析的指标；如果项目使用非指定用途的国外资金时，还应计算全投资经济内部收益率和经济净现值指标。

3. 效益费用比（R_{BC}）

效益费用比是项目在计算期内效益流量的现值与费用流量的现值的比率，是经济费用效益分析的辅助评价指标。其计算公式为

$$R_{BC} = \frac{\sum_{t=1}^{n} B_t (1+i_s)^{-t}}{\sum_{t=1}^{n} C_t (1+i_s)^{-t}} \tag{7.7}$$

式中 R_{BC}——效益费用比；
B_t——第 t 期的经济效益；
C_t——第 t 期的经济费用。

如果效益费用比大于1，表明项目资源配置的经济效率达到了可以被接受的水平。

复习思考题

1. 什么是费用效益分析？它与财务评价有何异同？
2. 在费用效益分析中，识别效益费用的原则是什么？与财务评价的原则有何不同？
3. 项目的外部效果分为哪几种类型？哪些外部效果需要列入费用效益分析的现金流量表中？
4. 在费用效益分析中进行价格调整的主要原因是什么？外贸物品、非外贸物品和特殊投入物的调价原则分别是什么？
5. 某项目财务评价中非技术性工种劳动力的平均工资和福利费为1 500元/月，其影子工资换算系数为0.8，求该项目中非技术性工种劳动力的影子工资。
6. 某进口产品，其国内现行价格为230元/t，其影子价格换算系数为2.16，国内运费即贸易费为40元，人民币对某外币的影子汇率为7.0，求该进口产品用外币表示的到岸价格CIF。

附表7.1　经济费用效益流量表　　　　　　　　　　　万元

序号	项 目	计算期							合计
		1	2	3	4	5	6	…… n	
1	效益流量								
1.1	项目直接效益								
1.2	回收固定资产余值								
1.3	回收流动资金								
1.4	项目间接效益								
2	费用流量								
2.1	建设投资								
2.2	流动资金								
2.3	经营费用								
2.4	项目间接费用								
3	净效益流量								

计算指标：经济内部收益率（%）。

经济净现值。

8 不确定性分析与风险分析

【学习要点】
（1）不确定性分析的概念；
（2）盈亏平衡分析方法；
（3）敏感性分析方法；
（4）风险评估的方法。

本章主要阐述了不确定性分析与风险分析的相关概念，详细介绍了不确定性分析与风险分析的各种方法。不确定性分析包括盈亏平衡分析和敏感性分析，风险分析主要涉及风险识别、风险估计、风险决策和风险应对。

工程项目在投资决策时，项目评价所采用的数据大部分来自估算和预测，有一定程度的不确定性和风险。为了尽量避免投资决策失误，有必要进行风险与不确定性分析。

所谓工程项目的不确定性分析，就是考查在建设投资、经营成本、产品售价、销售量、项目寿命等因素变化时，对项目经济评价指标所产生的影响。这种影响越强烈，表明所评价的项目方案对某个或某些因素越敏感。对于这些敏感因素，要求项目决策者和投资者予以充分的重视和考虑。建设项目不确定性分析的方法主要包括盈亏平衡分析和敏感性分析。

建设项目的风险分析主要涉及风险识别、风险估计、风险决策和风险应对。

盈亏平衡分析只适应于财务评价，敏感性分析和风险分析可同时用于财务评价和国民经济评价。对三者的选择使用，要根据项目性质、决策者的需要和相应的人力等决定。

8.1 盈亏平衡分析

各种不确定因素（如投资、成本、销售量、产品价格和项目寿命期等）的变化会影响投资方案的经济效果，当这些因素的变化达到某一界限值时，就会影响方案的取舍。盈亏平衡分析的目的就是找出这个临界值，判断投资方案对不确定因素变化的承受能力，为决策提供依据，通过对项目投产获得盈亏平衡点（或称保本点）的预测分析，可以观察该项目可承受多大的风险而不至于发生亏损的经济界限。

在投资分析中,最常见的盈亏平衡分析是研究产量、成本和利润之间的关系。但盈亏平衡分析法的实际用途远比这些广泛,不仅可对单个方案进行分析,而且还可用于对多个方案进行比较。

盈亏平衡分析是通过计算技术方案达产年盈亏平衡点(BEP),分析技术方案成本与收入的平衡关系,判断技术方案对不确定性因素导致产销量变化的适应能力和抗风险能力。技术方案盈亏平衡点的表达形式有多种:可以用绝对值表示,如以实物产销量、单位产品售价、单位产品的可变成本、年固定总成本以及年销售收入等表示的盈亏平衡点;也可以用相对值表示,如以生产能力利用率表示的盈亏平衡点。其中以产销量和生产能力利用率表示的盈亏平衡点应用最为广泛。盈亏平衡点一般采用公式计算,也可利用盈亏平衡图求得。

8.1.1 线性盈亏平衡分析

1. 图解法

独立方案盈亏平衡分析的目的是通过分析产品量、成本与方案赢利能力之间的关系找出投资方赢利与亏损在产量、产品价格和单位产品成本等方面的界限,以判断在各种不确定因素作用下方案的风险情况。平衡点是指项目方案既不赢利又不亏损,销售收入等于生产经营成本的临界点。

进行分析的前提是如果按销售量组织生产,产品销售量等于产品产量。在这里,市场条件不变,产品价格为一常数。这时,销售收入与销售量呈线性关系,即

$$TR = PQ \tag{8.1}$$

式中 TR——销售收入;

P——单位产品价格(不含销售税);

Q——产品销售量。

项目投产后,其成本费用可分为固定成本和变动成本两部分。固定成本指在一定的生产规模限度内不随产量的变动而变动的费用,变动成本指随产品产量的变动而变动的费用。在经济分析中一般可以近似认为变动成本与产品产量成正比例关系。

总成本费用是固定成本和变动成本之和,它与产品产量的关系也是可以近似的认为呈线性关系,即

$$TC = F + C_v Q \tag{8.2}$$

式中 TC——总成本费用;

F——总固定成本;

C_v——单位产品变动成本。

将式(8.1)和式(8.2)表示在同一坐标上,就得出线性盈亏平衡分析图,如图8.1所示。

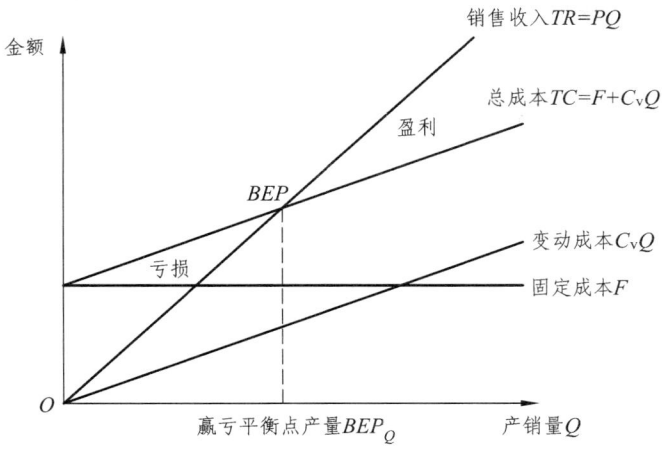

图 8.1 线性盈亏平衡分析图

图 8.1 中的横坐标为产销量，纵坐标为金额（成本和销售收入）。假定在一定时期内，产品价格不变时，销售收入 TR 随产销量的增加而增加，呈线性函数关系，在图形上就是以零为起点的斜线。产品总成本 TC 是固定总成本和变动总成本之和，当单位产品的变动成本不变时，总成本也呈线性变化。

销售收入线与总成本线的交点是盈亏平衡点（BEP），也叫保本点。该点表明技术方案在此产销量下总收入与总成本相等，即没有利润，也不发生亏损。在此基础上，增加产销量，销售收入超过总成本，收入线与成本线之间的距离为利润值，形成盈利区；反之，形成亏损区。

从图 8.1 中可以看出，当产量在 $0 < Q < BEP_Q$ 范围时，线 TC 位于线 TR 之上，此时企业处于亏损状态；而当产量在 $Q > BEP_Q$ 范围时，线 TR 位于线 TC 之上，此时企业处于赢利状态。因此，线 TR 与 TC 的交点所对应的产量 Q 就是盈亏平衡点产量，我们这里用 BEP_Q 表示。这种用图示表达量本利的相互关系，不仅形象直观，一目了然，而且容易理解。

2. 公式计算法

（1）用产销量表示的盈亏平衡点。根据盈亏平衡点的定义，当达到盈亏平衡状态时，总成本等于总收入，即

$$TR^* = TC^* \tag{8.3}$$

$$PQ^* = F + C_V Q^* + TQ^* \tag{8.4}$$

由公式（8.4），可导出以产销量表示的盈亏平衡点 BEP_Q，其计算公式如下

$$BEP_Q = \frac{F}{P - C_V - T} \tag{8.5}$$

式中 BEP_Q——盈亏平衡点的产销量；
F——总固定成本；
P——单位产品销售价格；

C_V——单位产品变动成本；

T——单位产品营业税金及附加。

由于单位产品营业税金及附加常常是单位产品销售价格与营业税金及附加税率的乘积，故公式（8.5）又可表示为

$$BEP_Q = \frac{F}{P(1-r)-C_V} \tag{8.6}$$

【例 8.1】 某技术方案年设计生产能力为 10 万台，年固定成本为 1 200 万元，产品单台销售价格为 900 元，单台产品可变成本为 560 元，单台产品营业税金及附加为 120 元。试求盈亏平衡点的产销量。

【解】 根据公式（8.5）可得

$$BEP_Q = \frac{12\,000\,000}{900-560-120} = 54\,545（台）$$

计算结果表明，盈亏平衡点的产销量为 54 545 台；当技术方案产销量低于 54 545 台时，技术方案亏损；当技术方案产销量大于 54 545 台时，技术方案盈利。

（2）生产能力利用率表示的盈亏平衡点。当项目不发生亏损时至少应达到的生产能力利用率，可用下式表示

$$BEP_Y = \frac{BEP_Q}{Q} \times 100\% = \frac{F}{(P-C_V-T) \times Q} \times 100\% \tag{8.7}$$

式中 BEP_Y——盈亏平衡时的生产能力利用率；

Q——设计年产量。

其中，经营安全率为

$$BEP_S = 1 - BEP_Y$$

盈亏平衡点的生产能力利用率一般不应大于 75%，经营安全率一般不应小于 25%。

（3）盈亏平衡点时的销售收入，公式如下

$$BEP_R = P \times \frac{F}{(P-C_V-T)} \tag{8.8}$$

式中 BEP_R——盈亏平衡时的销售收入。

（4）以销售价格表示的盈亏平衡点（税前），公式如下

$$BEP_P = \frac{TR}{Q(1-r)} = \frac{F+C_V Q}{Q(1-r)} \tag{8.9}$$

（5）若按设计生产能力在进行生产和销售，且销售价格已定，则盈亏平衡点单位产品变动成本为

$$BEP_V = P(1-r) - \frac{F}{Q} \tag{8.10}$$

盈亏平衡点越低表明企业适应市场变化的能力越大，抗风险的能力就越强。如何衡量企业经营风险的大小及抗风险能力呢？这里引入经营安全度这一指标来反映抗风险能力的大小。

$$A = \frac{Q - BEP_Q}{Q} \times 100\% = \frac{TR - TR^*}{TR} \times 100\% \tag{8.11}$$

式中　A——经营安全度。

A 越大，表明生产经营的安全性越大，抗风险能力越强。一般认为，$A > 30\%$ 时，项目经营才是安全的。

【例 8.2】 某项目生产某种产品年设计生产能力为 3 万件，单位产品价格为 3 000 元，总成本费用为 7 800 万元，其中固定成本为 3 000 万元，总变动成本与产品生产量成正比，销售税率为 5%，求以产量、生产能力利用率、销售价格、销售收入、单位产品变动成本表示的盈亏平衡点，并计算满负荷生产时的经营安全度。

【解】　① 盈亏平衡点的产量。

首先计算单位产品变动成本

$$C_V = \frac{TC - F}{Q} = \frac{7\,800 - 3\,000}{3} = 1\,600 \text{（元/件）}$$

$$BEP_Q = \frac{F}{P(1-r) - C_V} = \frac{3\,000 \times 10^4}{3\,000(1-5\%) - 1\,600} = 2.4 \text{（万件）}$$

② 盈亏平衡点的生产能力利用率

$$BEP_Y = \frac{BEP_Q}{Q} \times 100\% = \frac{2.4}{3} \times 100\% = 80\%$$

③ 盈亏平衡点的单位销售价格

$$BEP_P = \frac{F + C_V Q}{Q(1-r)} = \frac{3\,000 \times 10^4 + 1\,600 \times 3 \times 10^4}{3 \times 10^4 \times (1-5\%)} = 1\,684.21 \text{（元/件）}$$

④ 盈亏平衡点时的销售收入

$$BEP_R = P \times BEP_Q = 3\,000 \times 2.4 \times 10^4 = 7\,200 \text{（万元）}$$

⑤ 单位产品变动成本表示的盈亏平衡点

$$BEP_V = P(1-r) - \frac{F}{Q} = 3\,000(1-5\%) - \frac{3\,000}{3} = 1\,850 \text{（元/件）}$$

⑥ 满负荷生产时的经营安全度

$$A = \frac{Q - BEP_Q}{Q} \times 100\% = \frac{3 - 2.4}{3} \times 100\% = 20\%$$

8.1.2 非线性盈亏平衡分析

在垄断竞争条件下，随着项目产品销量的增加，市场上该产品的售价就要下降，因而营业收入与产销量之间是非线性关系；同时，企业增加产量时原材料价格可能上涨，同时要多支付一些加班费、奖金以及设备维修费，使产品的单位可变成本增加，从而总成本与产销量之间也呈非线性关系。这种情况下，盈亏平衡点可能出现一个以上，如图 8.2 所示。

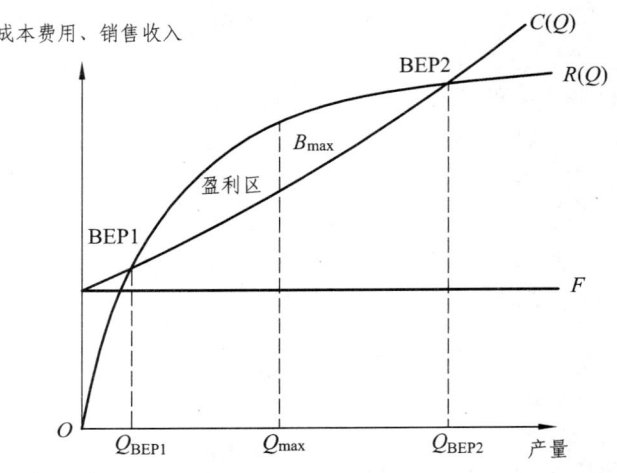

图 8.2 非线性盈亏平衡分析图

【例 8.3】 某项目投产以后，它的年固定成本为 66 000 元，单位产品变动成本为 28 元，由于原材料整批购买，每多生产一件产品，单位变动成本可降 0.001 元；售价为 55 元，销售每增加一件产品，售价下降 0.003 5 元。试求盈亏平衡点及最大利润时的销售量。

【解】 产品的售价为：$(55 - 0.003\,5Q)$；
单位产品的变动成本为：$(28 - 0.001Q)$；
求盈亏平衡点的产量 Q_1 和 Q_2

$$C(Q) = 66\,000 + (28 - 0.001Q)Q = 66\,000 + 28Q - 0.001Q^2$$

$$R(Q) = 55Q - 0.003\,5Q^2$$

根据盈亏平衡原理

$$C(Q) = R(Q)$$

$$66\,000 + 28Q - 0.001Q^2 = 55Q - 0.003\,5Q^2$$

$$0.002\,5Q^2 - 27Q + 66\,000 = 0$$

$$Q_1 = \frac{27 - \sqrt{27^2 - 4 \times 0.002\,5 \times 66\,000}}{2 \times 0.002\,5} = 3\,470 \text{（件）}$$

$$Q_2 = \frac{27 + \sqrt{27^2 - 4 \times 0.002\,5 \times 66\,000}}{2 \times 0.002\,5} = 7\,060 \text{（件）}$$

求最大利润时的产量 $Q_{\max}$

由 $B = R - C$ 得

$$B = -0.002\,5Q^2 + 27Q - 66\,000$$

令 $B'(Q) = 0$ 得

$$-0.005Q + 27 = 0$$

有

$$Q_{\max} = \frac{27}{0.005} = 5\,400 \text{（件）}$$

如果一个企业生产多种产品，可换算成单一产品，或选择其中一种不确定性最大的产品进行分析。

运用盈亏平衡分析，在方案选择时应优先选择平衡点较低者，盈亏平衡点越低意味着项目的抗风险能力越强，越能承受意外的风险因素。

8.2 敏感性分析

敏感性分析是投资项目评价中最常见的一种不确定性分析方法。所谓敏感性是指参数的变化对投资项目经济效果的影响程度。若参数的小幅度变化能导致经济效果的较大变化，则称投资项目经济效果对参数的敏感性大，或称这类参数为敏感性因素；反之，则称之为非敏感性因素。敏感性分析的目的就是通过分析及预测项目主要变量因素（投资、成本、价格和建设工期等）发生变化时，对经济评价指标（如净现值、内部收益率、投资回收期等）的影响，从中找出敏感因素，并确定其敏感程度，从而对外部条件发生不利变化时投资方案的承受能力做出判断。

8.2.1 敏感性分析的内容

盈亏平衡分析虽然能够从市场适应性方面说明项目风险的大小，但并不能揭示产生项目风险的根源。因此，还需要采用其他一些方法来帮助达到这个目标。

项目评价中的敏感性分析，就是在项目确定性分析的基础上，通过进一步分析、预测项目技术方案主要不确定因素的变化对项目评价指标（如财务净现值、财务内部收益率等）的影响，从中找出敏感因素，确定评价指标对该因素的敏感程度和项目对其变化的承受能力。

敏感性分析包括单因素敏感性分析和多因素敏感性分析两种。

单因素敏感性分析是指每次只考虑一个因素的变动，而假设其他因素保持不变时所进行的敏感性分析称为单因素敏感性分析。即假设某一不确定性因素变化时，其他因素不变，各因素之间是相互独立的。单因素敏感性分析具有简单、直观的优点，但却只考虑了各因素独立的变化，忽略了各因素之间的相互影响。

多因素敏感性分析是指同时改变2个或2个以上相互独立的不确定性因素进行分析，估算多因素同时发生变化时对项目经济效果评价指标的影响程度和敏感程度。

为了找出关键的敏感性因素，通常多进行单因素敏感性分析。

8.2.2　单因素敏感性分析的步骤

单因素敏感性分析一般按照以下步骤进行：

1. 确定分析指标

投资效果可用多种指标来表示，在进行敏感性分析时，首先必须确定分析指标。一般而言，前面所议论过的经济评价指标体系中的一系列评价指标，都可以成为敏感性分析指标。在选择时，应根据经济评价深度和项目的特点选择1种或2种评价指标进行分析。需要注意的是，选定的分析指标必须与确定性分析的评价指标一致，这样便于进行对比和说明问题。在技术分析实践中，最常见的敏感性分析指标主要有投资回收期、方案净现值和内部收益率。

2. 选择需要分析的不确定性因素

影响项目经济评价指标的不确定因素很多，但并没有必要对所有的不确定因素都进行敏感性分析，而只需要选择一些主要的影响因素。在选择需要分析的不确定因素时主要考虑以下两条原则：

（1）预计这些因素在其可能变动的范围内对经济评价指标的影响较大。

（2）对在确定性经济效果分析中采用该因素的数据的准确性把握不大。

选定不确定性因素时应当把这两条原则结合起来进行。对于一般技术方案来说，通常从以下几方面选择敏感性分析中的影响因素。

① 从收益方面来看，主要包括产销量与销售价格、汇率。许多产品，其生产和销售受国内外市场供求关系变化的影响较大，市场供求难以预测，价格波动也较大，而这种变化不是技术方案本身所能控制的，因此产销量与销售价格、汇率是主要的不确定性因素。

② 从费用方面来看，包括成本（特别是与人工费、原材料、燃料、动力费及技术水平有关的变动成本）、建设投资、流动资金占用、折现率、汇率等。

③ 从时间方面来看，包括技术方案建设期、生产期，生产期又可考虑投产期和正常生产期。

此外，选择的因素要与选定的分析指标相联系。否则，当不确定性因素变化一定幅度时，并不能反映评价指标的相应变化,达不到敏感性分析的目的。比如折现率因素对静态评价指标不起作用。

3. 计算不确定性因素变动对分析指标影响的数量效果

假定其他设定的不确定因素不变,一次仅变动一个不确定因素,重复计算各种可能的不确定因素的变化对分析指标影响的具体数值。然后采用敏感性分析表和敏感性分析图的形式,把不确定因素的变动与分析指标的对应数量关系反映出来,以便于测定敏感因素。

首先,对所选定的不确定性因素,应根据实际情况设定这些因素的变动幅度,其他因素固定不变。因素的变动可以按照一定的变化幅度(如±5%、±10%、±15%、±20%等;对于建设工期可采用延长或压缩一段时间表示)改变它的数值。

其次,计算不确定性因素每次变动对技术方案经济效果评价指标的影响。

对每一因素的每一变动,均重复以上计算,然后,把因素变动及相应指标变动结果用敏感性分析表(如表8.2所示)和敏感性分析图(如图8.3所示)的形式表示出来,以便于测定敏感因素。

4. 确定敏感因素

敏感因素是指引起分析指标产生相应较大变化的因素。测定某特定因素敏感与否,可以采用两种方式进行:

第一种是相对测定法,即计算敏感度系数并对敏感因素进行排序,设定要分析的因素均从基准开始变动,且各因素每次变得幅度相同,比较在同一幅度下各因素的变化对经济效果指标的影响,就可以判别出各个因素的敏感程度。

敏感度系数表示技术方案经济效果评价指标对不确定因素的敏感程度。计算公式为

$$S_{AF} = \frac{\Delta A / A}{\Delta F / F}$$

式中 S_{AF}——敏感度系数;

$\Delta F/F$——不确定性因素 F 的变化率(%);

$\Delta A/A$——不确定性因素 F 发生 ΔF 变化时,评价指标 A 的相应变化率(%)。

敏感度系数是项目效益指标变化的百分率与不确定性因素变化的百分率之比。敏感度系数越高,表示项目效益对该不确定性因素的敏感程度越高,提示应重视该不确定性因素对项目效益的影响。

第二种方式是绝对测定法,即设定因素均向降低投资效果的方向变动,并设该因素达到的可能的"最坏"值,然后计算在此条件下的经济效果指标,看其是否已达到使项目在经济上不可取的程度,如果项目已不能接受,则该因素就是敏感因素。绝对测定法的一个变通方式是先设定有关经济效果指标为其"临界值",如令净现值等于零或内部收益率为基准折现率,然后求待分析因素的最大允许变动幅度,并与其可能出现的最大变动幅度相比较。如果某因素可能出现的变动幅度超过最大允许变动幅度,则表明该因素是方案的敏感因素。

5. 结合确定性分析进行综合评价，选择可行的比选方案

根据敏感因素对技术项目方案评价指标的影响程度，结合确定性分析的结果做进一步的综合评价，寻求对主要不确定因素变化不敏感的可选方案。

在技术项目方案的分析比较中，对主要不确定因素变化不敏感的方案，其抵抗风险的能力比较强，获得满意经济效益的潜力比较大，优于敏感方案，应优先考虑接受。有时，还可以根据敏感性分析的结果，采取必要的相应对策。

8.2.3 敏感性分析的方法

1. 单因数敏感性分析

这种方法是指每次只变动某一个不确定因素而假定其他的因素都不发生变化，分别计算其对确定性分析指标影响程度的敏感性。

【例 8.4】 设某项目基本方案的基本数据值见表 8.1，试对该项目进行敏感性分析（基准收益率 $i_c = 10\%$ ）。

表 8.1 基本方案的基本数据估算表　　　　　　　　　　　　　　　万元

敏感因素	期初投资	年营业收入	年经营成本	经济寿命
数值	1 000	600	400	10

【解】 以净现值作为经济评价的分析指标，则预期净现值为

$$NPV = -1\ 000 + (600 - 400)(P/A, 10\%, 10) = 228.91 （万元）$$

下面用净现值指标分别就期初投资额、营业收入和经营成本等 3 个不确定性因素作敏感性分析。

设投资额变动的百分比为 x，投资额变动对方案净现值影响的计算公式为

$$NPV = -1\ 000 \times (1+x) + (600 - 400)(P/A, 10\%, 10)$$

设营业收入变动的百分比为 y，产品价格变动对方案净现值影响的计算公式为

$$NPV = -1\ 000 + (600 \times (1+y) - 400)(P/A, 10\%, 10)$$

设经营成本变动的百分比为 z，寿命期变动对方案净现值影响的计算公式为

$$NPV = -1\ 000 + (600 - 400 \times (1+z))(P/A, 10\%, 10)$$

对期初投资、营业收入、经营成本在基准方案的基础上逐一变化 ±10%、±20% 取值，所对应的方案净现值变化结果如单因素敏感性分析表（表 8.2）和单因素敏感性分析图（图 8.3）所示。

表 8.2 单因素敏感性分析表　　　　　　　　　　　　　　　　　　　　　　　万元

	-20%	-10%	0%	10%	20%
期初投资	428.91	328.91	228.91	128.91	28.91
年营业收入	-508.43	-139.76	228.91	597.59	966.26
年经营成本	720.48	474.70	228.91	-16.87	-262.65

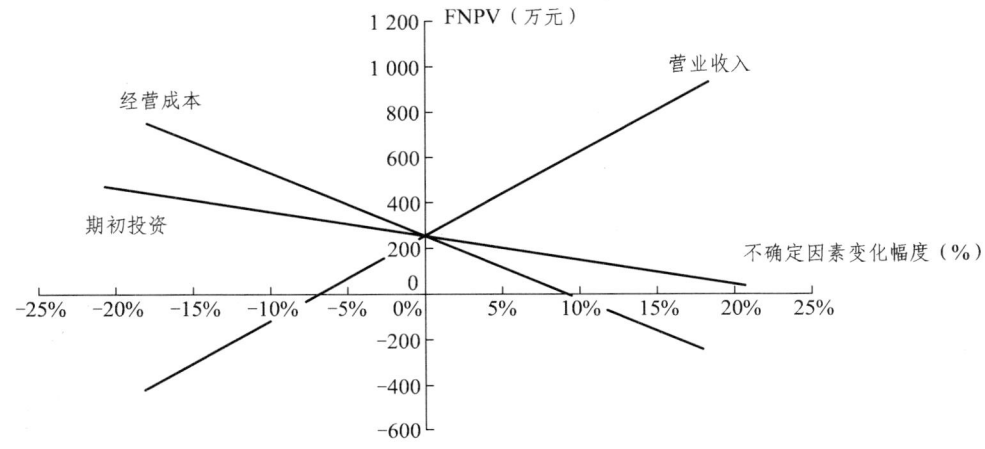

图 8.3　单因素敏感性分析图

可以看出，在同样的变动率下，营业收入的变动对方案净现值的影响最大，其次是经营成本的变动，期初投资额变动的影响最小。

根据上面的分析可知，对于本方案来说，营业收入是敏感因素，应对产品价格带来的营业收入进行更准确的测算。如果未来产品价格变化的可能性较大，则意味着这一方案的风险亦较大。

（2）多因素敏感性分析。单因素敏感性分析方法适合于分析项目方案的最敏感因素，但它忽略了各个变动因素综合作用的可能性。无论是哪种类型的技术项目方案，各个不确定因素对项目方案经济效益的影响，都是相互交叉综合发生，而且各个因素的变化率及其发生的概率的是随机的。因此，研究和分析经济评价指标受多个因素同时变化的综合影响，研究多因素的敏感分析，更具有实用价值。

【例 8.5】　某项目固定资产投资 17 万元，年销售收入为 3.5 万元，年经营费用为 3 000 元，项目寿命周期为 10 年，期末固定资产剩余值为 2 万元，基准收益率为 13%。试从初始投资和年销售收入两方面对项目的净现值进行敏感性分析。

【解】　根据题意，首先绘制现金流量图，现金流量图如图 8.4 所示：

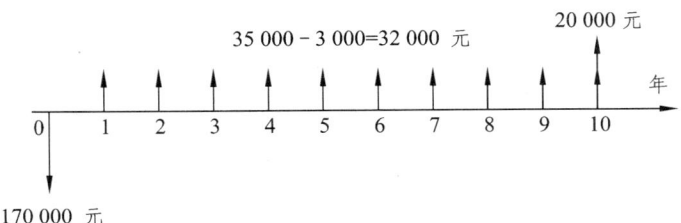

图 8.4　现金流量图

然后，假设投资和年销售收入不发生改变，在这种情况下，净现金流量为

$$NPV = -170\ 000 + (35\ 000 - 3\ 000) \cdot (P/A, 13\%, 10) + 20\ 000 \cdot (P/F, 13\%, 10)$$

$$= -170\ 000 + 32\ 000 \times \frac{(1+13\%)^{10} - 1}{13\% \cdot (1+13\%)^{10}} + 20\ 000 \times \frac{1}{(1+13\%)^{10}}$$

$$= -170\ 000 + 32\ 000 \times 5.426\ 2 + 20\ 000 \times 0.294\ 6$$

$$= 9\ 531.558$$

假设投资的变化率为 x，销售收入的变化率为 y，则 NPV 的表达式为

$$NPV = -170\ 000 \cdot (1+x) + [35\ 000 \cdot (1+y) - 3\ 000] \cdot (P/A, 13\%, 10) + 20\ 000 \cdot (P/F, 13\%, 10)$$

$$= -170\ 000 \cdot (1+x) + (32\ 000 + 35\ 000y) \times \frac{(1+13\%)^{10} - 1}{13\% \cdot (1+13\%)^{10}} + 20\ 000 \times \frac{1}{(1+13\%)^{10}}$$

$$= -170\ 000 \cdot (1+x) + (32\ 000 + 35\ 000y) \times 5.426\ 2 + 20\ 000 \times 0.294\ 6$$

$$NPV = 0 \quad y = 0.895\ 1x + 0.050\ 2$$

换句话说，在双因素敏感性分析中，是利用两个因素之间的变化率来求出表达式，从而得到敏感性影响下的目标变化情况。根据上述表达式，需要求出目标值的变化情况。

我们将该方程绘制在二维坐标系中，与 2 个正方形相交的点就是我们要求的敏感性变化点。双因素敏感性分析结果如图 8.5 所示。

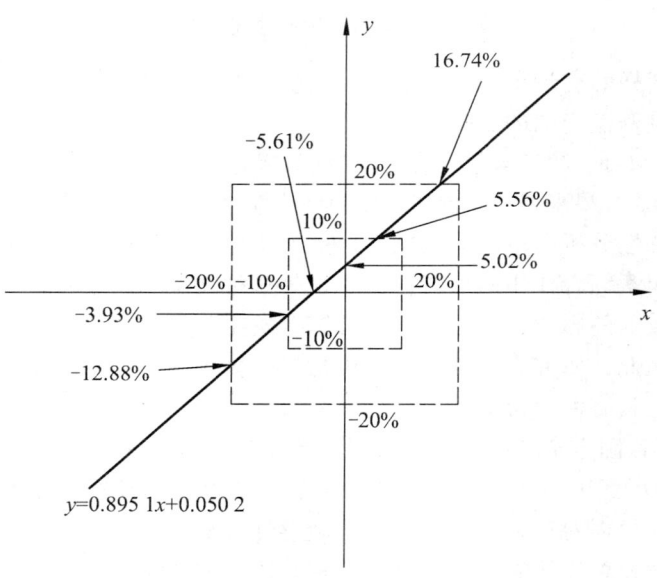

图 8.5 双因素敏感性分析结果

多因素敏感性分析要考虑可能发生的各个因素不同变动幅度的多种组合，计算起来要比单因素敏感性分析复杂得多，在这里就不做具体介绍了。

接下来，我们用一个案例来对比单因素和双因素敏感性分析。

【例 8.6】 某项目设计年生产能力为 10 万吨，计划总投资为 1 800 万元，建设期 1 年，投资期初一次性投入，产品销售价格为 63 元/吨，年经营成本为 250 万元，项目生产期为 10 年，期末预计设备残值收入为 60 万元，基准折现率为 10%。请回答下列问题：

① 请绘制现金流量图。
② 项目的净现值是多少？
③ 试就投资额、产品价格、经营成本等影响因素对该投资方案进行敏感性分析。
④ 用最敏感的两个因素进行双因素敏感性分析。

【解】 ① 根据题目，本题的现金流量图如图 8.6 所示。

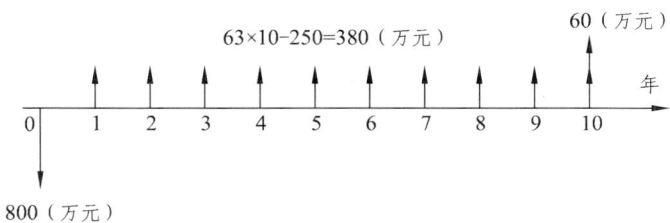

图 8.6

② 根据题目，本题的净现值为

$$NPV = -1\,800 + 380 \cdot (P/A,10\%,10) + 60 \cdot (P/F,10\%,10)$$
$$= -1\,800 + 380 \times 6.144\,6 + 60 \times 0.385\,6$$
$$= 558.084 \text{（万元）}$$

③ 计算影响因素的敏感性分析。

投资额：

变化率为 +20%，则 NPV 的结果为

$$NPV = -1\,800 \times (1+20\%) + 380 \cdot (P/A,10\%,10) + 60 \cdot (P/F,10\%,10)$$
$$= -1\,800 \times 1.2 + 380 \times 6.144\,6 + 60 \times 0.385\,6$$
$$= 190.084 \text{（万元）}$$

变化率为 +10%，则 NPV 的结果为

$$NPV = -1\,800 \times (1+10\%) + 380 \cdot (P/A,10\%,10) + 60 \cdot (P/F,10\%,10)$$
$$= -1\,800 \times 1.1 + 380 \times 6.144\,6 + 60 \times 0.385\,6$$
$$= 378.084 \text{（万元）}$$

变化率为 −10%，则 NPV 的结果为

$$NPV = -1\,800 \times (1-10\%) + 380 \cdot (P/A,10\%,10) + 60 \cdot (P/F,10\%,10)$$
$$= -1\,800 \times 0.9 + 380 \times 6.144\,6 + 60 \times 0.385\,6$$
$$= 738.084 \text{（万元）}$$

变化率为 −20%，则 NPV 的结果为

$$NPV = -1\,800 \times (1-20\%) + 380 \cdot (P/A,10\%,10) + 60 \cdot (P/F,10\%,10)$$
$$= -1\,800 \times 0.8 + 380 \times 6.144\,6 + 60 \times 0.385\,6$$
$$= 918.084 \text{（万元）}$$

因此，投资额的敏感性分析结果如表 8.3 所示。

表 8.3

指标	−20%	−10%	0%	10%	20%
投资额	918.08	738.08	558.08	378.08	198.08

产品价格：

变化率为 +20%，则 NPV 的结果为

$$NPV = -1\,800 + (630 \times 1.2 - 250) \cdot (P/A, 10\%, 10) + 60 \cdot (P/F, 10\%, 10)$$
$$= -1\,800 + 506 \times 6.144\,6 + 60 \times 0.385\,6$$
$$= 1\,332.304 \text{ （万元）}$$

变化率为 +10%，则 NPV 的结果为

$$NPV = -1\,800 + (630 \times 1.1 - 250) \cdot (P/A, 10\%, 10) + 60 \cdot (P/F, 10\%, 10)$$
$$= -1\,800 + 443 \times 6.144\,6 + 60 \times 0.385\,6$$
$$= 945.193\,8 \text{ （万元）}$$

变化率为 −10%，则 NPV 的结果为

$$NPV = -1\,800 + (630 \times 0.9 - 250) \cdot (P/A, 10\%, 10) + 60 \cdot (P/F, 10\%, 10)$$
$$= -1\,800 + 317 \times 6.144\,6 + 60 \times 0.385\,6$$
$$= 170.974\,2 \text{ （万元）}$$

变化率为 −20%，则 NPV 的结果为

$$NPV = -1\,800 + (630 \times 0.8 - 250) \cdot (P/A, 10\%, 10) + 60 \cdot (P/F, 10\%, 10)$$
$$= -1\,800 + 254 \times 6.144\,6 + 60 \times 0.385\,6$$
$$= -216.136 \text{ （万元）}$$

因此，投资额的敏感性分析结果如表 8.4 所示。

表 8.4

指标	−20%	−10%	0%	10%	20%
产品价格	−216.136	170.974 2	558.084	945.193 8	1 332.304

经营成本：

变化率为 +20%，则 NPV 的结果为

$$NPV = -1\,800 + (630 - 250 \times 1.2) \cdot (P/A, 10\%, 10) + 60 \cdot (P/F, 10\%, 10)$$
$$= -1\,800 + 330 \times 6.144\,6 + 60 \times 0.385\,6$$
$$= 250.854 \text{ （万元）}$$

变化率为 +10%，则 NPV 的结果为

$$NPV = -1\,800 + (630 - 250 \times 1.1) \cdot (P/A, 10\%, 10) + 60 \cdot (P/F, 10\%, 10)$$
$$= -1\,800 + 355 \times 6.144\,6 + 60 \times 0.385\,6$$
$$= 404.469 \text{ （万元）}$$

变化率为 −10%，则 NPV 的结果为

$$NPV = -1\,800 + (630 - 250 \times 0.9) \cdot (P/A, 10\%, 10) + 60 \cdot (P/F, 10\%, 10)$$
$$= -1\,800 + 405 \times 6.144\,6 + 60 \times 0.385\,6$$
$$= 711.699 \text{ （万元）}$$

变化率为 -20%，则 NPV 的结果为

$$NPV = -1\,800 + (630 - 250 \times 0.8) \cdot (P/A, 10\%, 10) + 60 \cdot (P/F, 10\%, 10)$$
$$= -1\,800 + 430 \times 6.144\,6 + 60 \times 0.385\,6$$
$$= 865.314 \text{ （万元）}$$

因此，经营成本的敏感性分析结果如表 8.5 所示。

表 8.5

指标	-20%	-10%	0%	10%	20%
经营成本	865.314	711.699	558.08	404.469	250.854

单因素敏感性的分析结果如图 8.7 所示。

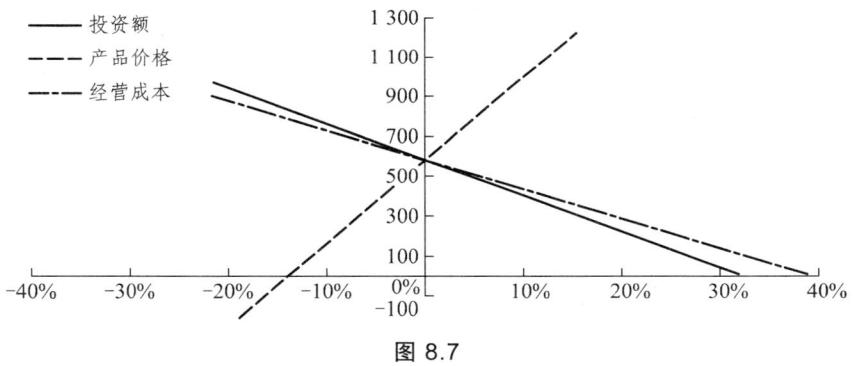

图 8.7

④ 进行双因素敏感性分析。经过分析发现，产品价格与投资额为最敏感因素，因此选择这两个因素做双因素分析。

$$NPV = -1\,800 \cdot (1+x) + [63 \times 10 \times (1+y) - 250] \cdot (P/A, 10\%, 10) + 60 \cdot (P/F, 10\%, 10)$$
$$= -1\,800 \cdot (1+x) + (380 - 630y) \times 6.144\,6 + 60 \times 0.385\,6$$
$$= 3\,871.08y - 1\,800x + 558.06$$

当 $NPV \geq 0$ 时，

$$y \geq 0.46x - 0.14$$

敏感性分析具有分析指标具体，能与项目方案经济评价指标紧密结合，分析方法容易掌握，便于分析，便于决策等优点，有助于找出影响项目方案经济效益的敏感因素及其影响程度，对于提高项目方案经济评价的可靠性具有重大意义。但是，敏感性分析没有考虑各种不确定因素在未来发生变动的概率，这可能会影响分析结论的准确性。实际上，各种不确定因素在未来某一幅度变动的概率一般是不同的。可能有这样的情况，通过敏感性分析找出某一敏感因素未来发生不利变动的概率很小，因而实际上所带来的风险并不大，以至于可以忽略不计，而另一个不太敏感的因素未来发生不利变动的概率很大，实际上带来的风险比那个敏

感因素更大。这种问题是敏感分析所无法解决的，必须借助概率分析方法。

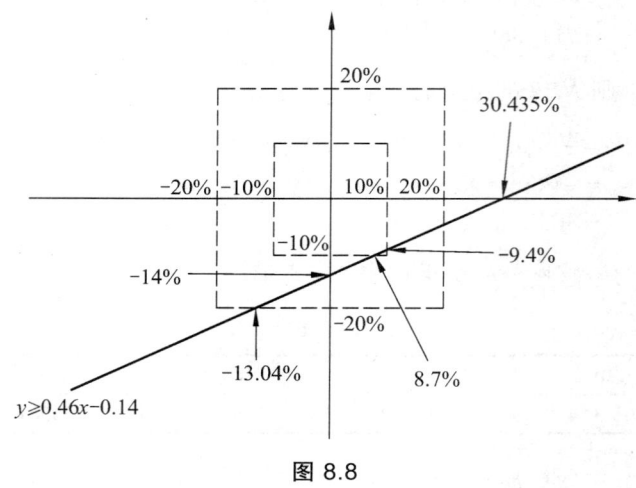

图 8.8

8.3 风险分析

风险分析是一项有目的的管理活动，只有目标明确，才能起到有效的作用。否则，风险分析就会流于形式，没有实际意义，也无法评价其效果。

风险分析的目标为：
① 实际投资不超过计划投资；
② 实际工期不超过计划工期；
③ 实际质量满足预期的质量要求；
④ 建设过程安全。

8.3.1 风险识别

风险识别是进行风险管理的第一步。风险识别具有个别性、主观性、复杂性及不确定性。

1. 风险识别的步骤

风险识别的一般步骤如下：
（1）明确要实现的目标。
（2）找出影响目标值的全部因素。
（3）分析各因素对目标的相对影响程度。
（4）根据各因素向不利方向变化的可能性进行分析、判断，并确定主要风险因素。

2. 风险识别的原则

（1）由粗及细，由细及粗原则。

由粗及细是指对风险因素进行全面分析，并通过多种途径对工程风险进行分解，逐渐细化，以获得对工程风险的广泛认识，从而得到工程初始风险清单。

由细及粗是指从工程初始风险清单的众多风险中，根据同类工程建设的经验以及对拟建工程建设具体情况的分析和风险调查，确定那些对建设工程目标实现有较大影响的工程风险，并将其作为主要风险。

（2）严格界定风险内涵并考虑风险因素之间的相关性。

对各种风险的内涵要严加界定，不能出现重复和交叉现象。另外，还要尽可能考虑各种风险因素之间的主次关系、因果关系、互斥关系、正相关关系等相关性。

（3）先怀疑，后排除。

对于所遇到的问题都要考虑其是否存在不确定性，不要轻易否定或排除某些风险，要通过认真分析进行确认或排除。

（4）排除与确认并重。

对于肯定可以排除和肯定可以确认的风险应尽早予以排除和确认。对于一时既不能排除又不能确认的风险再作进一步的分析，予以排除或确认。最后，对于肯定不能排除但又不能肯定予以确认的风险按确认考虑。

（5）必要时可做实验论证。

对于某些按常规方式难以判定其是否存在，也难以确定其对工程建设目标影响程度的风险，尤其是技术方面的风险，必要时可做实验论证，如抗震实验、风洞实验等。

3. 风险识别的方法

工程建设的风险识别可以根据其自身特点，采用相应的方法，具体有专家调查法、财务报表法、流程图法、初始清单法、经验数据法和风险调查法。

（1）专家调查法。

专家调查法分为两种方式：一种是召集有关专家开会，让专家各抒己见，充分发表意见，起到集思广益的作用；另一种是采用问卷式调查，在各专家不知道其他专家的意见的条件下进行调查。

（2）财务报表法。

财务报表法有助于确定一个特定企业或特定的工程建设可能遭受到的损失以及在何种情况下遭受到这些损失。通过分析资产负债表、现金流量表、营业报表及有关补充资料，可以识别企业当前的所有资产、责任及人身损失风险。将这些报表与财务预测、预算结合起来，可以发现企业或工程建设未来的风险。

（3）流程图法。

将一项特定的生产或经营活动按步骤或阶段顺序以若干个模块的形式组成一个流程图，在每个模块中都标出各种潜在的风险因素或风险事件，从而给决策者一个清晰的总体印象。

（4）初始风险清单法。

如果对每一个工程建设风险的识别都从头做起，至少有三方面缺陷：第一，耗费的时间和精力多，风险识别工作的效率低；第二，由于风险识别的主观性，可能导致风险识别的随意性，其结果缺乏规范性；第三，风险识别成果资料不便积累，对今后的风险识别缺乏指导作用。为了避免以上三方面的缺陷，故要建立初始风险清单。

（5）经验数据法。

经验数据法也称为统计资料法，即根据已建各类工程收集与风险有关的统计资料来识别拟建工程建设的风险。

（6）风险调查法。

风险调查法是工程建设风险识别的重要方法。风险调查应当从分析具体工程建设的特点入手，一方面对通过其他方法已识别出的风险（如初始风险清单所列出的风险）进行鉴别和确认；另一方面，通过风险调查有可能发现此前尚未识别出的重要工程风险。

8.3.2 风险评估

1. 风险评估的内容

（1）风险因素发生的概率。

风险发生的可能性可用概率表示。它的发生有一定的规律性，但也有不确定性。既然被视为风险，则它必然在必然事件（概率＝1）和不可能事件（概率＝0）之间。风险发生的概率需要利用已有数据资料和相关专业方法进行估计。

（2）风险损失量的估计。

风险损失量是个非常复杂的问题，风险造成的损失及影响程度也各不相同，工程建设风险损失包括投资风险、进度风险、质量风险和安全风险。

① 投资风险。

投资风险导致的损失可以直接用货币形式来表现，即法规、价格、汇率和利率等的变化或资金使用安排不当等风险事件引起的实际投资超出计划投资的数额。

② 进度风险。

进度风险导致的损失由以下部分组成：

a. 货币的时间价值：进度风险的发生可能会对现金流动造成影响，在利率的作用下，引起经济损失。

b. 为赶上计划进度所需的额外费用：包括加班的人工费、机械使用费和管理费等一切因追赶进度所发生的非计划费用。

c. 延期投入使用的收入损失：这方面损失的计算相当复杂，不仅仅是延误期间内的收入损失，还可能由于产品投入市场过迟而失去商机，从而大大降低市场份额，因而这方面的损失有时是相当巨大的。

③ 质量风险。

质量风险导致的损失包括事故引起的直接经济损失，以及修复和补救等措施发生的费用以及第三者责任损失等，可分为以下几个方面：

a. 建筑物、构筑物或其他结构倒塌所造成的直接经济损失；

b. 复位纠偏、加固补强等补救措施和返工的费用;
c. 造成工期延误的损失;
d. 永久性缺陷对于建设工程使用造成的损失;
e. 第三者责任的损失。
④ 安全风险。
由于安全风险导致的损失包括:
a. 受伤人员的医疗费用和补偿费;
b. 财产损失,包括材料、设备等财产的损毁或被盗;
c. 因引起工期延误带来的损失;
d. 为恢复工程建设正常实施所发生的费用;
e. 第三者责任损失:在工程建设实施期间,因意外事故可能导致的第三者的人身伤亡和财产损失所做的经济赔偿以及必须承担的法律责任。

由以上4方面风险的内容可知,投资增加可以直接用货币来衡量;进度的拖延则属于时间范畴,同时也会导致经济损失;而质量事故和安全事故既会产生经济影响又可能导致工期延误和第三者责任,显得更加复杂。而第三者责任除了法律责任之外,一般都是以经济赔偿的形式来实现的。因此,这四方面的风险最终都可以归纳为经济损失。

(3)风险等级评估。

风险因素涉及各个方面,但并不是对所有的风险都予以十分重视。否则将提高管理费用,干扰正常的决策过程。所以,组织应根据风险因素发生的概率和损失量,确定风险程度,进行分级评估。

通常对一个具体的风险,它如果发生,则损失为R_H,发生的可能性为E_w,则风险的期望值R_w为

$$R_w = R_H \times E_w$$

引用物理学中位能的概念,损失期望值高的,则风险位能高。可以在二维坐标上做等位能线(损失期望值相等)(图8.9),则具体项目中的任何一个风险可以在图上找到一个表示它位能的点。

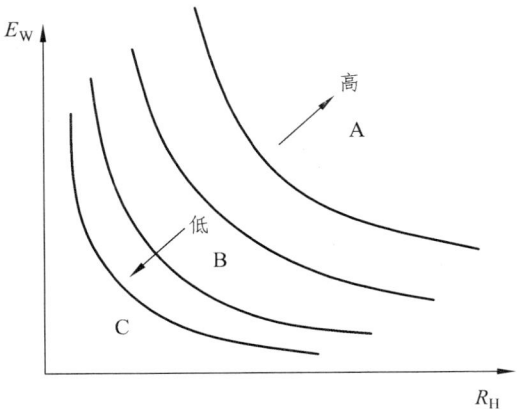

图 8.9

在工程项目风险管理中，A 类是重点，B 类要顾及，C 类可以不考虑。

也可用Ⅰ级、Ⅱ级、Ⅲ级等表示风险类型，见表 8.6 的风险等级表，表中Ⅰ为可忽略风险；Ⅱ为可容许风险；Ⅲ为中度风险；Ⅳ为重大风险；Ⅴ为不容许风险。

表 8.6 风险等级表

风险等级	轻度损失	中度损失	最大损失
很大	Ⅲ	Ⅳ	Ⅴ
中等	Ⅱ	Ⅲ	Ⅳ
极小	Ⅰ	Ⅱ	Ⅲ

2. 风险评估的步骤

（1）收集信息。

风险评估分析时必须收集的信息包括：承包商类似工程的经验和积累的数据；与工程有关的资料、文件等；对上述两来源的主观分析结果。

（2）对信息的整理加工。

根据收集的信息和主观分析结果进行加工，列出项目所面临的风险，并将发生的概率和损失的后果列成一个表格，风险因素、发生概率、损失后果、风险程度一一对应，如表 8.7 风险发生概率和损失后果表。

表 8.7 风险发生概率和损失后果表

风险因素	发生概率 P/%	损失后果 C/万元	风险程度 R/万元
物价上涨	10	50	5
地质特殊处理	30	100	30
恶劣天气	10	30	3
合计	—	—	38

（3）评价风险程度。

风险程度是风险发生的概率和风险发生后的损失严重性的综合结果。其表达式为

$$R = \sum_{i=1}^{n} R_i = \sum_{i=1}^{n} P_i \times C_i$$

式中　R——风险程度；

R_i——每一风险因素引起的风险程度；

P_i——每一风险发生的概率；

C_i——每一风险发生的损失后果。

（4）提出风险评估报告。

风险评估分析结果必须用文字、图表的形式作风险评估报告。评估分析结果不仅作为风险评估的成果，而且应作为人们风险管理的基本依据。

3. 风险评估的方法

（1）概率分析法。

某事件的概率可分为客观概率和主观概率两类。通常把以客观统计数据为基础的概率称

为客观概率。以人为预测和估计为基础的概率称为主观概率，如产量、销售单价、投资、建设工期等。经济评价的概率分析主要是主观概率分析。

简单的概率分析是在根据经验设定各种情况发生的可能性（概率）后，计算项目净现值的期望值及净现值大于或等于零时的累计概率。在方案比选中，则可以只计算净现值的期望值。计算中应根据具体问题的特点选择适当的计算方法。一般的计算步骤是：

① 列出各种要考虑的不确定性因素（敏感要素）。
② 设想各不确定性因素可能发生的情况，即其数值发生变化的几种情况。
③ 分别确定每种情况出现的可能性（概率），每种不确定性因素可能发生情况的概率之和必须等于1。
④ 分别求出各可能发生事件的净现值、加权净现值，然后求出净现值的期望值。
⑤ 求出净现值大于或等于零的累计概率。

【例 8.4】 设某项目基本方案的基本数据估算值分别为：期初投资 1 000 万元，年营业收入 400 万元，年经营成本 200 万元，使用寿命 10 年。根据经验推断，营业收入和经营成本为离散型随机变量，其值在估计值的基础上可能发生的变化及其概率见表 8.8。试确定该项目净现值≥0 的概率（基准收益率 $i_c = 10\%$）。

表 8.8 基本方案的基本数据估算表

风险概率	-10%	0	+10%
营业收入	0.3	0.5	0.2
经营成本	0.3	0.4	0.3

【解】 ① 项目净现金流量未来可能发生的估算状态见表 8.9。
② 分别计算项目净现金流量各种状态的概率 P_j（$j = 1, 2, \cdots, 9$）
$$P_1 = 0.3 \times 0.3 = 0.09, \quad P_2 = 0.3 \times 0.4 = 0.12, \quad P_3 = 0.3 \times 0.3 = 0.09$$
其余依次类推，结果见表 8.9。
③ 分别计算项目各状态下的净现值 $NPV(j)$（$j = 1, 2, \cdots, 9$）
$$NPV(1) = -1\,000 + (360 - 180) \cdot (P/A, 10\%, 10) = 106.03（万元）$$
其余依次类推，结果见表 8.9。

表 8.9 项目净现金流量未来可能发生的估算状态

营业收入状态概率	经营成本状态概率	可能状态（j）	状态概率（P_j）	NPV（j）	P_jNPV（j）
0.3	0.3	1	0.09	106.03	9.54
	0.4	2	0.12	-16.86	-2.02
	0.3	3	0.09	-139.76	-12.58
0.5	0.3	4	0.15	351.81	52.77
	0.4	5	0.20	228.92	45.78
	0.3	6	0.15	106.03	15.91
0.2	0.3	7	0.06	597.60	35.86
	0.4	8	0.08	474.70	37.98
	0.3	9	0.06	351.81	21.11
合 计			1.00		

④ 计算项目净现值的期望值。

$$E(NPV) = 0.09 \times 106.03 + 0.12 \times (-16.86) + 0.09 \times (-139.76) + 0.15 \times 351.81 + 0.20 \times 228.92 + 0.15 \times 106.03 + 0.06 \times 597.60 + 0.08 \times 474.70 + 0.06 \times 351.81 \text{（万元）}$$

$$\sigma(NPV) = \sqrt{\sum_{j=1}^{k}[NPV(j) - E(NPV)]^2 P_j} = 196.63 \text{（万元）}$$

⑤ 计算净现值 ≥ 0 的概率。

$$P(NPV \geq 0) = 1 - 0.09 - 0.12 = 0.79$$

对上述计算结果进行分析得出结论：因 $E(NPV) = 204.35$ 万元 > 0，故本项目是可行的；又因 $P(NPV \geq 0) = 0.79$，说明项目具有较高的可靠性。但由于标准差 $\sigma(NPV) = 196.63$ 较大，所以期望值不一定能反映项目实施后的净现值。

【例 8.7】 假定某投资方案净现值服从均值为 400 万元、均方差为 200 万元的正态分布，试计算：① $NPV \geq 0$ 时的概率；② $NPV \geq 902$ 万元时的概率。

【解】 由概率论知，若连续型随机变量 x 服从参数为 μ（均值）、σ（均方差）的正态分布，则 $x < x_0$ 的概率为

$$P(x < x_0) = \Phi\left(\frac{x_0 - \mu}{\sigma}\right)$$

在本例中，已知 $\mu = E(NPV) = 400$ 万元，$\sigma = \sigma(NPV) = 200$ 万元，则

① 方案净现值大于或等于零的概率为

$$P(NPV_1) = 1 - P(NPV < 0)$$
$$= 1 - \Phi\left(\frac{0 - 400}{200}\right) = 0.977\,2$$

② 方案净现值大于或等于 902 万元的概率为

$$P(NPV_2) = 1 - P(NPV < 902)$$
$$= 1 - \Phi\left(\frac{902 - 400}{200}\right) = 0.006$$

（2）蒙特卡罗模拟法。

蒙特卡罗模拟法是用随机抽样的方法抽取一组输入变量的概率分布特征的数值，输入这组变量计算项目评价指标，通过多次抽样计算可获得评价指标的概率分布及累计概率分布、期望值、方差、标准差，计算项目可行或不可行的概率，从而估计项目投资所承担的风险。

蒙特卡罗模拟法的步骤如下：

① 确定风险随机变量。通常运用敏感性分析确定风险随机变量。
② 确定风险随机变量的概率分布。
③ 通过随机数表或计算机为各随机变量抽取随机数。

④ 根据风险随机变量的概率分布将抽得的随机数转化为各输入变量的抽样值。
⑤ 将抽样值组成一组项目评价基础数据。
⑥ 选取经济评价指标，如内部收益率、财务净现值等，根据得到的基础数据计算出一组随机下的评价指标值。
⑦ 重复上述过程，进行多次反复模拟，得出多组评价指标值。
⑧ 整理模拟结果所得评价指标的期望值、方差、标准差和它的概率分布及累计概率，绘制累计概率图，同时检验模拟次数是否满足预定的精度要求。根据上述结果，分析计算项目可行或不可行的概率。

【例 8.8】 某网络计划有 3 个工序。假设三个工序的时间都是离散型随机变量。根据历史统计数据，确定出这 3 个随机变量的概率分布，结果如表 8.10 所示。请试用蒙特卡洛模拟方法评价此工程网络的进度风险。

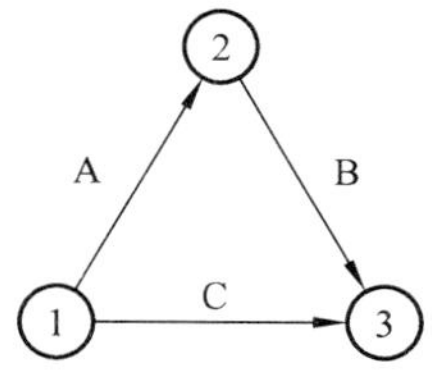

图 8.10

表 8.10

活动	时间估计	概率	代表活动时间取值的随机数
A	20	0.5	0~4
A	30	0.5	5~9
B	15	0.4	0~3
B	25	0.6	4~9
C	40	0.5	0~4
C	50	0.5	5~9

根据工程项目管理的知识，该项目的工期为

$$S = \max\{S_A + S_B, S_C\}$$

假设我们用随机数进行抽样：

A 工序抽到的数字为 5，则根据 A 工序的概率分布，数字 5 属于第二类，则 A 工序的工期为 30 天。

B 工序抽到的数字为 5，则根据 B 工序的概率分布，数字 5 属于第二类，则 B 工序的工期为 25 天。

C 工序抽到的数字为 4，则根据 C 工序的概率分布，数字 4 属于第一类，则 C 工序的工期为 40 天。

根据三次抽样的结果，A—5，B—5，C—4，我们将这次抽样的结果记为"554"

因此，项目的工期应该为 55 天。

假设我们利用 EXCEL 随机数生成函数，随机生成了 20 个抽样数，根据上述原理进行计算，计算的结果见表 8.11。

表 8.11

抽样编号	抽样产生的随机数	A	B	C	关键线路	总工期
1	554	30	15	40	A+B	45
2	135	20	15	50	C	50
3	575	30	25	50	A+B	55
4	697	30	25	50	A+B	55
5	563	30	25	40	A+B	55
6	729	30	15	50	C	50
7	848	30	15	50	C	50
8	431	20	15	40	C	40
9	767	30	25	50	A+B	55
10	416	20	15	50	C	50
11	025	20	15	50	C	50
12	896	30	25	50	A+B	55
13	462	20	25	40	A+B	45
14	700	30	15	40	A+B	45
15	077	20	25	50	C	50
16	007	20	15	50	C	50
17	000	20	15	40	C	40
18	585	30	25	50	A+B	55
19	543	30	15	40	A+B	45
20	553	30	15	40	A+B	45

根据抽样结果显示，A+B 出现了 11 次，C 出现了 9 次。这意味着，AB 作为关键线路的概率是 55%；C 作为关键线路的概率是 45%。在模拟的结果中，工期一共有 4 种情况，我们将 4 种情况的工期出现的概率分别进行统计，并计算累计概率，结果见表 8.12。

表 8.12

项目总工期	模拟结果	概率	累计概率
40	2	10%	10%
45	5	25%	35%
50	7	35%	70%
55	6	30%	100%

假设，此时问"该项目在 50 天以内完成的概率有多少呢？"根据累积概率，该项目在 50 天以内完成的概率为 70%。

但是，仅仅抽样 20 次并不能代表总体，根据大数定律，样本量越大，其统计结果越接近总体，因此，为了保证结果的准确性，我们必须增加抽样次数。为此，继续用蒙特卡洛原理进行抽样，抽样次数分别为 50 次、500 次、1 000 次、5 000 次。抽样结果如表 8.13~8.18 所示：

第一次随机抽样 20 次模拟结果见表 8.13。

表 8.13

项目总工期	模拟结果	概率	累计概率
40	2	10%	10%
45	5	25%	35%
50	7	35%	70%
55	6	30%	100%

第二次随机抽样 50 次模拟结果见表 8.14。

表 8.14

项目总工期	模拟结果	概率	累计概率
40	17	34%	34%
45	7	14%	48%
50	26	52%	100%

第三次随机抽样 500 次模拟结果见表 8.15。

表 8.15

项目总工期	模拟结果	概率	累计概率
40	115	23%	23%
45	122	24%	47%
50	194	39%	86%
55	69	14%	100%

第四次随机抽样 1 000 次模拟结果见表 8.16。

表 8.16

项目总工期	模拟结果	概率	累计概率
40	221	22%	22%
45	277	28%	50%
50	369	37%	87%
55	133	13%	100%

第五次随机抽样 5 000 次模拟结果见表 8.17。

表 8.17

项目总工期	模拟结果	概率	累计概率
40	40	1 029	21%
45	45	1 346	27%
50	50	1 877	38%
55	55	748	15%

将五次抽样结果进行对比,整理结果见表8.18。

表 8.18

抽样次数	关键线路的概率	
	A + B	C
1	55%	45%
2	28%	72%
3	38%	62%
4	41%	59%
5	42%	58%

统计结果显示,每次抽样结果存在着较大的差异,那么从理论上讲,A + B 能够成为关键线路的概率到底有多大呢?

根据题意,A + B 只会出现三种可能,即 35 天、45 天和 55 天;而 C 线路只会出现两种可能,40 天和 50 天。A + B 和 C 出现的概率见表 8.19。

表 8.19

	35	0.3
A + B	45	0.5
	55	0.2
C	40	0.5
	50	0.5

根据概率理论

$$P(A + B > C) = 0.2 \times (0.5 + 0.5) + 0.5 \times 0.5 = 0.45$$

换句话说,A + B 作为关键线路的概率为 45%,因此,在使用蒙特卡洛模拟的时候,应该使抽样次数尽量地大,建议至少抽样 5 000 次。

蒙特卡洛模拟方法又称为随即抽样技巧或统计试验方法,是估计经济风险和工程风险常用的一种方法。它借助人的主观概率估计及计算机模拟,直接估计各种风险发生的概率,并以概率分布的形式表现出来。利用蒙特卡洛方法的优点在于:可以将每个风险发生的概率,通过多次模拟试验,最终以比较满意的概率分布的形式表示出来;克服了单因素敏感性分析受一维元素变化影响的局限性,这种方法分析了所有元素受风险不确定性的影响;通过计算机模拟,大大节约了统计时间。

8.3.3 风险评价

风险评价是指根据风险识别和风险估计的结果,依据项目风险判断标准,找出影响项目成败的关键风险因素。对项目风险的大小进行评价应根据风险因素发生的可能性及其造成的损失来确定,一般采用评价指标的概率分布或累计概率、期望值、标准差作为判别标准,也可采用综合风险等级作为判别标准。

1. 以评价指标作为判别标准

一般财务(经济)内部收益率大于等于基准收益率(社会折现率)的累计概率值越大,风险越小;标准差越小,风险越小;财务(经济)内部净现值大于等于零的累计概率值越大,风险越小;标准差越小,风险越小。

2. 以综合风险等级作判别标准

根据风险因素发生的可能性及其造成损失的程度,建立综合风险等级的矩阵,将综合风险分为风险很强的 K(Kill)级、风险强的 M(Modify)级、风险较强的 T(Trigger)级、风险适度的 R(Review and Reconsider)级和风险弱的 I(Ignore)级。综合风险等级分类表见表 8.20。

表 8.20 综合风险等级分类表

综合风险等级		风险影响的程度			
		严重	较大	适度	低
风险的可能性	高	K	M	R	R
	较高	M	M	R	R
	适度	T	T	R	I
	低	T	T	R	I

8.3.4 风险决策

风险决策是着眼于风险条件下方案取舍的基本原则和多方案比较的方法。风险决策行为取决于决策者的风险态度,对于同一风险决策问题,风险态度不同的人决策的结果通常有较大的差异。典型的风险态度有 3 种表现形式:风险厌恶、风险中性和风险偏爱。与风险态度相对应,风险决策人可有以下决策准则:

1. 优势原则

在 2 个可选方案中,如果无论什么条件下方案 A 总是优于方案 B,则称 A 为优势方案;B 为劣势方案,应予以排除。应用优势原则一般不能决定最佳方案,但可以减少可选方案的数量,缩小决策范围。

2. 期望值原则

如果选用的经济指标为收益指标,则应选择期望值大的方案;如果选用的是成本费用指标,则应选择期望值小的方案。

3. 最小方差原则

方差反映了实际发生的方案可能偏离其期望值的程度。在同等条件下,方差越小,意味着项目的风险越小,稳定性和可靠性越高,应优先选择。

4. 最大可能原则

若某一状态发生的概率显著大于其他状态,则可根据该状态下各方案的技术经济指标进行决策,而不考虑其他状态。只有当某一状态发生的概率大大高于其他状态,且各方案在不同状态下的损益值差别不是很大时,方可应用最大可能原则。

5. 满意度原则

在工程实践中由于决策人的理性的有限性和时空的限制,既不能找到一切方案,也不能比较一切方案,并非人们不喜欢"最优",而是取得"最优"的代价太高。因此,最优准则只存在于纯粹的逻辑推理中。在实践中只能遵循满意度准则,进行决策,即制定一个足够满意的目标值,将各种可选方案在不同状态下的损益值与此目标值相比较进而做出决策。

8.3.5 风险应对

风险应对是指根据风险评价的结果,研究规避、控制与防范风险的措施,为项目全过程风险管理提供依据。

风险应对应具有针对性、可行性、经济性,并贯穿于项目评价的全过程。

决策阶段风险应对的主要措施包括:强调多方案比选;对潜在风险因素提出必要研究与试验课题;对投资估算与财务(经济)分析,应留有充分的余地;对建设或生产经营期的潜在风险可建议采取回避、转移、分担和自担措施。

结合综合风险因素等级的分析结果,应提出下列应对方案:K级,风险很强,出现这类风险就要放弃项目;M级,风险强,修正拟议中的方案,通过改变设计或采取补偿措施等;T级,风险较强,设定某些指标的临界值,指标一旦达到临界值,就要变更设计或对负面影响采取补偿措施;R级,风险适度(较小),适当采取措施后不影响项目;I级,风险弱,可忽略。

风险应对的四种基本方法:风险规避、风险减轻、风险转移和风险保留。

1. 风险规避

风险规避指承包商设法远离、躲避可能发生风险的行为和环境,从而达到避免风险发生的可能,具体做法有以下三种。

（1）拒绝承担风险。

承包商拒绝承担风险的大致情况包括：对某些存在致命风险的工程拒绝投标；利用合同保护自己，不承担应该由业主承担的风险；不接受实力差、信誉不佳的分包商和材料、设备供应商，即使是业主或者有实权的其他任何人的推荐。

（2）承担小风险回避大风险。

在项目决策时要注意，放弃明显导致亏损的项目。对于风险超过自己的承受能力，成功把握不大的项目，不参与投标，不参与合资。甚至有时在工程进行到一半时，预测后期风险很大，必然有更大的亏损，不得不采取中断项目的措施。

（3）为了避免风险而损失一定的较小利益。

利益可以计算，但风险损失是较难估计的，在特定情况下，采用此种做法。如在建材市场有些材料价格波动较大，承包商与供应商提前订立购销合同并付一定数量的定金，从而避免因涨价带来的风险；采购生产要素时应选择信誉好、实力强的分包商，虽然价格略高于市场平均价，但分包商违约的风险减小了。

2. 风险减轻

承包商的实力越强，市场占有率越高，抵御风险的能力也就越强，一旦出现风险，其造成的影响就相对小些。例如，承包商承担一个项目，出现风险会使他难以承受；若承包若干个工程，其中一旦在某个项目上出现了风险损失，还可以有其他项目的成功加以弥补。这样，承包商的风险压力就会减轻。

在分包合同中，通常要求分包商接受建设单位合同文件中的各项合同条款，使分包商分担一部分风险。有的承包商直接把风险比较大的部分分包出去，将建设单位规定的误期损失赔偿费如数打入分包合同，将这项风险分散。

3. 风险转移

风险转移是指承包商在不能回避风险的情况下，将自身面临的风险转移给其他主体来承担。风险的转移并非转嫁损失，有些承包商无法控制的风险因素，其他主体都可以控制。风险转移一般指对分包商和保险机构。

（1）转移给分包商。

工程风险中的很大一部分可以分散给若干分包商和生产要素供应商。

承包商在项目中投入的资源越少越好，以便一旦遇到风险，可以进退自如。可以通过租赁或指令分包商自带设备等措施来减少自身资金、设备沉淀。

（2）工程保险。

购买保险是一种非常有效的转移风险的手段，将自身面临的风险很大一部分转移给保险公司来承担。

工程保险是指业主和承包商为了工程项目的顺利实施，向保险人（公司）支付保险费，保险人根据合同约定对在工程建设中可能产生的财产和人身伤害承担赔偿保险金责任。

（3）工程担保。

工程担保是指担保人（一般为银行、担保公司、保险公司以及其他金融机构或个人）应工程合同一方（申请人）的要求向另一方（债权人）做出的书面承诺。工程担保是工程风险转移的一项重要措施，它能有效地保障工程建设的顺利进行。许多国家政府都在法规中规定要求进行工程担保，在标准合同中也包含有关工程担保的条款。

4. 风险自留

风险自留是指承包商将风险留给自己承担，不予转移。这种手段有时是无意识的，即当初并不曾预测的，不曾有意识地采取种种有效措施，以致最后只好由自己承受；但有时也可以是主动的，即经营者有意识、有计划地将若干风险主动留给自己。

决定风险自留必须符合的条件（满足其中一项即可）包括：自留费用低于保险公司所收取的费用；企业的期望损失低于保险人的估计；企业有较多的风险单位，且企业有能力准确地预测其损失；企业的最大潜在损失或最大期望损失较小；短期内企业有承受最大潜在损失或最大期望损失的经济能力；风险管理目标可以承受年度损失的重大差异；费用和损失支付分布于很长的时间里，因而导致很大的机会成本；投资机会很好；内部服务或非保险人服务优良。如果实际情况与以上条件相反，则应放弃风险自留的决策。

复习思考题

1. 什么是盈亏平衡分析？盈亏平衡点有几种表现形式？
2. 单因素敏感性分析的步骤是什么？
3. 风险评估的方法有哪些？
4. 风险决策人常用的决策准则有哪些？
5. 某企业的生产线设计能力为年产 100 万件，估计单价 450 元，单位产品可变成本为 250 元，年固定成本为 8 000 万元，年目标利润为 700 万元。试进行盈亏分析，求平衡点产量、平衡点销售额、平衡点生产能力利用率、实现目标利润时的产量。

9 项目后评价

【学习要点】
(1) 项目后评价的涵义、特点；
(2) 项目后评价的范围与基本内容；
(3) 项目后评价的方法与程序；
(4) 项目后评价的理论基础。

项目后评价是指对已经完成的项目或规划的目的、执行过程、效益、作用和影响所进行的系统的客观的分析。本章对项目后评价的基本概念进行了阐述，重点介绍后评价的范围和内容。

9.1 项目后评价概述

1. 项目后评价的涵义

项目后评价（Post Project Evaluation）是指项目在投资完成之后或建成投产并达到设计生产能力后，通过对项目的立项决策、建设目标、实施全过程（设计施工、竣工验收、生产经营等）的工程活动进行调查研究与总结回顾，运用技术经济方法对取得的效益（经济效益、社会效益和环境效益）、产生的影响及其持续性进行系统客观分析和综合评价，从而判断建设项目预期目标实现程度的一种评价方法。对于经营性项目，一般是在项目投产运营3~5年后进行后评价。

与项目决策时确定的目标以及技术、经济、环境、社会指标进行对比，找出差别和变化，分析原因，总结经验，汲取教训，得到启示，提出对策建议。

项目后评价主要是服务于投资决策，是出资人对投资活动进行监管的重要手段之一。项目后评价也可以通过信息反馈，改善新一轮投资管理和决策，完善在建投资项目，为提高投资效益提供帮助。

项目后评价起源于20世纪30年代的美国国会和公众对经济大萧条期间政府"罗斯福新政"对投资效果的审视与关注。项目后评价经过80多年的发展已经形成一套比较完善的理论体系，并为以美国、加拿大、日本为代表的国家和联合国文教组织、联合国儿童基金会、联合国粮食组织、联合国人口活动基金、世界银行、亚洲开发银行等国际援助机构所采纳。我国的项目后评价起步较晚，开始于20世纪80年代中后期，主要是在利用外资尤其是世界银行贷款项目的管理过程中学习、借鉴国外先进经验的基础上发展起来，并初步形成了自己的后评价体系。

国家发改委（原国家计委）是我国最早开展后评价工作的部门，在1988年和1989年，其先后下发文件，要求首先在外资贷款项目中进行后评价工作，委托中国国际工程咨询公司对十几个项目试点（涉及农业、交通、能源等许多行业）先后进行了后评价，这标志着项目后评价在我国的正式开始。随着我国社会主义市场经济体制改革的不断深入与发展，投资项目的可行性研究、项目决策、项目后评价也逐步受到政府、企业及社会各界的重视。

2004年7月国务院颁布了《国务院关于投资体制改革的决定》（国发〔2004〕20号），在加强和改进投资的监督管理中明确指出"建立政府投资责任追究制度，工程咨询、投资项目决策、设计、施工、监理等部门和单位，都应有相应的责任约束……完善重大项目稽查制度，建立政府投资项目后评价制度，对政府投资项目进行全过程监管。"政府投资项目后评价制度的建立，为确立项目后评价在我国投资管理体制中的作用和地位奠定了基础。为指导中央企业提高投资决策水平、管理水平和投资效益，规范投资项目后评价工作，推动投资项目后评价制度和责任追究制度的建立，2005年5月颁发了《中央企业固定资产投资项目后评价工作指南》（国资发规划〔2005〕92号），对项目后评价的概念、一般要求、内容、方法、实施和成果应用等做出了明确规定，促使国内各行业对投资项目后评价工作日益重视，对推动后评价工作的开展发挥了重要作用。2008年11月，国家发改委颁布了《国家发展改革委关于印发中央政府投资项目后评价管理办法（试行）的通知》（发改投资〔2008〕2959号），旨在建立与完善政府投资项目后评价制度，规范项目后评价工作，提高投资决策水平与投资效益。项目后评价承担了第三方独立、客观、公正、科学的监督与评价职能，成为国家对重大投资建设项目进行监督与管理的重要手段。

2. 项目后评价的特点

工程项目后评价具有现实性、全面性、反馈性及合作性等特点。

（1）现实性。

项目后评价分析研究的是项目实际的情况，是对工程项目建成投产后运营状况的总结评价，其所依据的数据资料是现实发生的真实数据或根据实际情况重新预测的数据。因此，项目后评价必须依据项目实际的技术、经济、环境、社会等各项指标，实事求是地对项目实施的效果进行评价。

（2）全面性。

在进行项目后评价时，需要对项目实践进行全面评价，不仅对项目从立项决策、项目实施、项目投产运营等全过程进行系统分析与评价，而且还要对项目的经济效益、社会效益、环境效益以及项目的综合管理效率等全方位评价，并把握影响项目效益的主要因素，总结经验教训，提出切实可行的改进措施。

（3）反馈性。

项目后评价的目的是为有关部门反馈信息，为新项目立项、调整投资规划和政策的提供依据，为今后项目管理、投资计划的制定和投资决策积累经验，并用来检测项目投资决策正确与否。因此，项目后评价的反馈机制、手段和方法便是评价成败的关键环节之一，通过项目周期各个阶段的信息交流和反馈，系统地为评价提供资料和向决策机构提供评价的反馈信息。

3. 项目后评价与前评价（财务评价）的异同点

项目后评价与前评价（财务评价）的相同之处主要表现为：一是评价的主要目标都是实现项目投资收益最大化；二是在评价方法的选择上，均可采用定性分析和定量分析相结合、静态分析和动态分析的分析方法；三是评价指标的选取上也有共同之处。

但是，项目后评价和前评价在评价主体、评价阶段、评价内容、评价依据和评价的侧重点等方面存在一定的区别，见表9.1。

表9.1 项目后评价与前评价的主要区别

区别	项目前评价	项目后评价
评价主体	工程项目的投资主体、贷款决策机构、项目审批部门等组织实施	后评价执行机构和独立第三方会同计划、财政、审计、质量等有关部门进行
评价阶段	项目决策和审批立项前	项目建成投产或交付使用一段时间以后
评价内容	项目建设的必要性、可行性与合理性以及经济、社会和环境效益等评价	项目的决策目标、实施过程效率、运营的效益、项目的可持续性等综合性调查分析
评价依据	国家和相关部门颁布的政策、法规、方法和参数等	项目实施和运营过程中收集调查的实际数据
评价目的	论证项目必要性、可行性与合理性等	总结经验教训，对存在问题提出对策，提高未来项目决策效率和管理水平

4. 项目后评价的理论基础

（1）项目生命周期理论。

项目生命周期理论认为，任何项目都要经历提出设想、立项决策、设计、建设，到项目竣工验收交付使用或生产，收回投资、达到预期目的为止所经历的多阶段的完整过程。项目后评价是在项目竣工交付使用或投入运行一段时间后，对项目的决策目标、实施过程效率、运营的效益、项目的可持续性等开展的综合性调查分析、论证与评价。从项目后评价的功能定位看，项目后评价是整个项目生命周期的最后一个阶段，是对整个项目的目的、作用、实施过程、效益、影响程度与可行性研究的结果以及项目决策的正确性进行客观独立的分析和评价，是项目的终点和结束阶段。同时，项目后评价又可视为一个新项目的开端，其通过将总结经验教训反馈到后续待建新项目中去，以提高项目决策效率和管理水平，对项目其他环节进行监督约束，构成新的项目周期循环。

（2）系统控制与反馈理论。

项目后评价是运用现代系统工程与反馈控制的管理理论，对项目决策、实施和运营结果做出科学的分析和判定。项目后评价是一项严密和复杂的系统工程,是具有特定功能、由多个相关要素组成的有机整体,是内部各要素之间互相制约、互相影响的开放式环闭系统。由"输入—处理—输出—反馈—控制"5个要素构成,通过人力、物力、财力、技术和管理等资源的投入,经过一系列处理(项目实施、运营和产出),及时反馈项目实施和运行中存在的问题,使投资决策者掌握项目实施全过程的动态,及时调整方案和执行计划,并在项目建设或运行过程中得到控制与改善,使项目顺利实施并投入运营。同时,对建设和运营的全过程做出科学、客观的评价,对今后的项目目标做出正确的决策,有利于保证项目顺利开展与科学化管理,实现系统与外部环境进行能量、信息的交换,最终达到系统的最优化。

因此,开展项目后评价工作,是将系统控制与反馈理论应用于工程项目管理的全过程中,有效地对项目投资的规律、结构和方向进行科学的、有效的宏观调控。

(3)成本—效益理论。

成本效益理论认为,任何经营项目的投入与产出都有相应的成本与效益,在特定的环境和条件下追求相对经济效益较大的方案,即收益相同选较低成本、成本相同选较高收益,从而达到经营项目整体合理性和经济效益的最大化。项目后评价衡量项目本身是否遵循成本效益原则,项目建设总投资包括流动资产与固定资产的投入,项目支出包括直接费用、间接费用以及期间费用等支出,直至项目实施之后的销售收入、成本回收以及补贴等收益,是否达到了经济效益最大化的目标;或项目实施后是否比实施之前给企业、社会带来更大的收益。因此,成本效益理论明确了项目后评价的条件界定。

(4)可持续发展理论。

联合国《21世纪议程》(1992)提出,可持续发展理论体系由经济、社会、生态三个分体系组成,是全面协调自然、经济、社会三维结构之间相互关系、相互渗透的复合系统。可持续发展突破了传统经济发展理论,提出经济、社会、资源和环境的承载能力相协调,强调发展的协调性和可持续性,经济的发展不能以牺牲社会的代内公平性和生态环境为代价,即经济可持续发展是基础,资源和生态可持续性是前提,社会可持续发展是目标。因此,在进行后评价时应充分考虑后评价项目是否符合"自然—经济—社会协调发展"可持续发展的目标要求,不仅要重视项目的经济效益,更需要重视项目与社会资源环境的协同效益,实现经济、社会和环境效益三位一体的协同发展。

9.2 项目后评价的作用及原则

9.2.1 项目后评价的作用

项目后评价对提高建设项目决策科学化水平、改进项目管理、提高投资效益和为政府及银行部门调整投资政策等方面发挥着极其重要的作用。结合我国开展项目后评价以来的实际效果,项目后评价的作用主要表现在以下几个方面:

1. 提高项目投资决策的科学化水平

项目前评价为项目投资决策提供依据。前评价中所做的预测和结论是否正确，需要项目建设的实践和后评价来检验和判断。因此，项目后评价是对项目投资决策依据及项目实施过程进行检查和总结，通过建立与完善的建设项目后评价制度和科学的评价方法体系，通过项目实施的反馈信息进行分析，评价项目基本建设程序各环节和生产经营的实际效果，分析项目建设过程的立项、投资决策、技术采用及管理方法和经营手段等是否正确合理，及时纠正建设项目决策中存在的问题，从而提高未来建设项目决策的科学化水平。

2. 总结项目管理的经验教训，促使建设项目运营状态正常化

项目建设与管理是一个复杂的系统工程，项目能否顺利完成并取得预期效果，关键在于项目自身的管理效率和各相关部门的协调、合作及配合。项目后评价是项目建设周期中最后一个环节，通过运用实际数据、资料来检验、分析工程管理中存在的问题，进行分析研究，比较实施情况与预测的偏离程度，分析产生偏差的原因，并提出切实可行的合理的整改意见，以促进项目改进和适应运营状态的正常化。因此，项目后评价是运用评价的结论和所获得的经验教训，对项目建设与管理起到监督、改进和指导作用，并有利于提高项目管理水平和实现项目管理科学化。

3. 为政府制定投资计划和调整产业政策提供参考

项目后评价的结论和总结的经验教训，可以发现政府宏观投资政策及管理过程中存在的某些问题与不足，政府有关部门可根据反馈的信息，通过运用金融政策、产业政策、财税政策等确定和调整投资规模与投资流向，协调各产业部门之间及其内部的各种比例关系，及时修正某些不适合经济发展的宏观经济政策、技术经济政策和已经过时的指标参数。此外，政府有关部门还可通过法律的、经济的和行政的手段，建立和完善必要的法律法规、组织机构与相应的管理制度，从而保证国家投资管理的良性循环。

4. 为银行部门及时调整信贷政策提供依据

通过开展建设项目后评价，为建设项目提供贷款的银行发现项目建设资金使用过程中存在的问题，分析研究贷款项目成功或失败的原因，为调整贷款投向与信贷政策提供依据，加强风险防范，并确保银行信贷资金的按期回收。

9.2.2 项目后评价的原则

项目后评价应坚持"独立、科学、公正"的原则。

1. 独立性

项目后评价是以独立的第三者身份出发，深入实地认真听取各方的意见，保证工作公平

公正地进行，不应受项目决策者、管理者、执行者和前评估人员的干扰。因此，项目后评价是评价的公正性和客观性的重要保障。为确保项目后评价的独立性，必须从机构设置、人员组成、履行职责等方面综合考虑，使后评价工作的运行保持相对的稳定性和独立性，不受外界的干扰或干预，向客户提供独立、公正的咨询意见和建议，使后评价成果信息准确有效，提高后评价者的信誉。

2. 科学性

知识、经验、能力和信誉是工程咨询科学性的基本要素。项目后评价指以知识和经验为基础为客户提供解决方案，其科学性取决于规范的工作流程、真实全面的资料来源和科学性的评价方法。工程咨询所需包括自然科学、社会科学和工程技术知识等多种专业知识和大量的信息资料，并通过运用技术知识解决工程实际问题和为项目后评价服务。因此，科学知识的运用是保证项目后评价科学性的重要保障。

3. 公正性

项目后评价的结果往往受到社会公众的广泛关注，尤其是带有社会福利性质的公共项目投资活动。因此，项目后评价应该维护全局和整体利益，要有宏观意识，坚持可持续发展的原则。在调查研究、分析问题、做出判断和提出建议的时候要客观、公平和公正，遵守职业道德，坚持工程咨询的独立性和科学态度。

9.3 项目后评价的范围与内容

9.3.1 项目后评价的范围

项目后评价的评价范围，依据项目周期的划分，包括项目前期决策、工程准备、建设实施、竣工投产等方面的评价。项目实施过程评价越来越受到投资者、决策者和管理者的重视，实践表明项目实施的好坏在很大程度上决定了项目的成败。项目实施评价的目的，在于揭示在项目实施中，是否在数量、质量、工程进度、造价等方面达到了设计规定的目标，以便总结在项目决策、管理组织机构、前期准备、开工准备、招标、投标、施工监理等方面中，有哪些成功的经验或失败的教训。

9.3.2 项目后评价的内容

根据工程项目的建设和运营的阶段，对建设项目的立项决策、设计施工、竣工投产、生产运营等全过程进行系统分析，工程项目后评价大致可以分为项目前期工作的后评价、工程项目实施阶段的后评价和项目运营阶段的后评价。项目后评价的主要内容包括项目的技术效果、经济效益、环境效益、社会效益、项目的管理效果以及项目的可持续性等方面。然而，根据项目的性质、规模、特点，针对项目的不同阶段，项目后评价的内容不尽相同。

1. 项目前期工作后评价

工程项目的前期工作是指建设项目从提出到开工建设以前所进行的各项工作，是建设项目过程的重要阶段，其工作质量对项目的成败起着决定性作用。因此，前期工作的后评价是工程项目后评价的重点内容。前期工作后评价的主要任务是评价前期工作的实效，分析和总结项目前期工作的经验教训。

项目前期工作后评价的主要内容包括以下几方面：

（1）项目立项的后评价。

工程项目立项的后评价主要是从项目的实际情况出发，根据项目立项依据及条件具备情况，对项目的决策依据、投资方向、技术水平等进行评价：一是对项目建议书和可行性研究中建厂选址、资源条件、建设方案、建设规模、产品方案、产品的性能和市场供求等做出分析和评价；二是根据国家产业政策、区域社会经济发展前景评价项目对提高行业生产能力的作用以及对区域社会经济的影响；三是分析建设项目的技术水平，并与国家的技术经济政策和国内外同类项目的技术水平相比，评价其工艺流程、技术装备等选择的可靠性、实用性、配套性、先进性和合理性。

（2）项目决策程序和方法的后评价。

主要分析和评价项目的决策程序和决策体制是否健全与完善，是否符合我国现行的有关制度与法规，项目的决策方法是否正确，决策过程是否科学、民主和高效，项目决策是否带有个人意志和感情色彩等。另外，还应考虑在项目前期决策时对经济、社会和环境等方面评价的科学性和合理性。

（3）项目勘察设计的后评价。

工程项目勘察设计后评价主要包括：承担项目勘察设计的单位是否通过招投标优选，勘察设计质量、设计依据、标准、规范、定额及费率等是否符合国家相关规定，并通过项目建设与运营状况，检验设计方案的技术可行性和经济合理性。

（4）项目建设准备工作的后评价。

项目建设准备工作后评价主要是对项目筹建、土地使用（土地征用、拆迁和人员安置等）、工程招投标、"三通一平"（水通、电通、路通和场地平整）、建设资金筹措、设备及材料的落实情况等工作是否满足工程实施的要求。

2. 项目实施阶段的后评价

工程项目实施阶段是指从项目开工建设到竣工验收的全过程，是项目建设程序中耗时较长、耗资也较大的时期，且主要集中反映项目前期工作的深度、工程质量、工程造价、资金到位情况以及影响项目投资效益发挥的各方面问题。

（1）项目施工准备工作的后评价。

项目施工准备工作的后评价主要有：一是项目开工条件是否具备，手续是否齐全；二是项目施工组织计划的是否科学合理，施工技术措施、组织管理措施制定的依据是否充分；三是项目是否经有关部门批准并按计划开工。

（2）项目施工及组织管理工作的后评价。

工程项目的施工及组织管理的后评价主要是对工程项目的质量、进度（工期）、造价（投资）、施工安全、合同管理等方面进行分析评价，着重分析工程项目实施过程中"三控"（质量、工期和投资）的实际影响。具体评价内容如下：

一是对项目施工组织与管理的评价：采用的施工组织方式是否科学合理。

二是对项目的三控实施的评价：质量控制、进度控制和投资控制的措施是否合理，其成效如何。项目建设资金的供应与使用情况是否适度，是否符合国家的财政信贷政策，资金占用情况是否合理以及资金使用的效率；项目建设工期的实施情况如何，发生项目进度偏差后采取的措施及效果如何；项目的质量是否符合设计文件要求、国家相关技术标准等，有无产生重大质量事故，产生事故的原因如何。

三是对项目变更的评价：对项目变更的范围和原因进行分析；项目变更对项目建设的工期、质量及造价的实际影响如何。

四是对工程项目实施的安全评价：有无重大的安全事故发生，其原因是什么，对项目造成的影响如何等。

（3）项目竣工验收及投产准备的后评价。

项目竣工验收的后评价主要有：一是检查工程项目竣工验收程序是否满足国家相关规定，是否遵守有关部门的验收标准；二是项目竣工验收的各项技术资料是否齐全，是否按照有关规定对各项技术资料进行系统整理；三是配套工程及辅助工程是否与主体工程同步建成使用，是否达到设计生产能力；四是对收尾工程和遗留问题的处理情况，处理方案的执行情况与效果如何，对项目投资收益有何影响；五是对工程项目在工程质量、造价和工期等方面存在的问题进行分析评价，形成对未来改进项目管理的经验总结。

项目投产运营准备工作的后评价主要有：一是检查和分析工程项目投产运营前生产、技术人员的培训工作是否及时到位；二是投产后所需要的原材料、燃料、动力条件是否在项目竣工之前落实；三是生产经营管理机构及生产经营制度的落实情况如何。

3. 项目运营阶段的后评价

工程项目运营阶段是指项目竣工投产到项目后评价之前的工作，是实现项目投资效益和投资回收的关键时期。工程项目运营阶段的后评价是通过项目投产后的有关实际数据资料或重新预测的数据，衡量项目的实际经营情况和实际投资效益，系统地总结项目投资的经验教训，并为进一步提高项目投资效益提出切实可行的建议。工程项目运营阶段的后评价主要包括以下几方面：

（1）项目生产经营管理的后评价。

工程项目生产经营管理的后评价主要包括：一是项目生产条件及达产情况的后评价，

项目生产经营状况、市场供求、产品数量和质量等情况是否符合预期，产品方案和销售模式能否适应市场的消费需求；二是生产技术和经营管理系统是否能够保证生产的正常运营；三是企业的经营管理机构和管理制度是否适应市场和企业生存与发展的需要，从企业经营管理中可以吸取哪些经验教训，提出对改善企业经营管理、进一步发挥项目投资效益的切实可行的建议。

（2）项目经济效益的后评价。

工程项目经济效益的后评价是工程项目后评价的主要内容，是以工程项目投产或交付使用后的实际数据（包括实际投资、生产成本、资金筹集与运营情况、销售收入、实现利润及税金等）重新计算项目各有关的经济效益指标，并与项目前期预测的实际投资效益进行对比和分析，从中发现问题、分析原因，提出提高项目投资经济效益的具体建议和措施。具体如下：一是项目财务后评价。与前评价中的财务分析内容基本一致，即主要进行项目的盈利能力分析、清偿能力分析和外汇平衡能力分析。二是主要分析项目对所在区域、所属行业及国家所产生的经济方面的影响，分析项目对推动本地区、本行业技术进步的影响。

（3）项目对社会、环境影响的后评价。

工程项目对社会影响的评价主要是对社会发展方面的效益和影响进行分析，重点是评价项目对社会事业、文化、教育、卫生等的影响；对收益公平分配的影响（提高低收入阶层收入水平）、对提高当地人口就业的影响；对居民生活质量和生活条件的影响；对妇女、民族团结、宗教和民俗民风等影响。

工程项目对环境影响评价主要是根据项目所在地对环境保护的要求，审核项目环境管理的决策、规定、规范、参数的可靠性和实际效果，实施环境影响评价应遵照国家环保法的规定，根据国家和地方环境质量标准和污染物排放标准以及相关产业部门的环保规定。主要评价项目的污染控制、区域的环境质量、自然资源的利用、区域的生态平衡和环境管理能力等方面内容。

（4）项目的可持续性评价。

项目可持续性评价主要是通过分析研究项目与社会的各种适应性、存在的社会风险等问题，研究项目能否持续实施，并持续发挥效益的问题。对影响项目持续性的各种社会因素，研究解决措施，以保证项目生存的持续性。项目的可持续性评价主要从政策因素、组织管理因素、技术因素、财务因素、市场条件、社会文化、生态环境因素以及其他外部因素等方面来综合分析与评价。

9.3.3 项目后评价的指标体系

开展项目后评价需要有一套完备的、可操作的、可比的后评价指标体系，从项目的前期工作（主要是定性评价为主、定量评价为辅）、项目实施、项目运营等三方面进行分析评价，见表9.2。

表 9.2　项目后评价的指标体系

评价内容	前评价指标	后评价指标	前后偏差	原因分析
项目决策周期				
建设工期				
建设投资				
单位生产能力				
工程质量（工程合格率）				
生产产品合格率				
生产成本				
销售规模				
利润总额				
投资利润率				
内部收益率				
投资回收期				
财务净现值				
资产负债率				
借款偿还期				

通过上述评价指标体系对项目实施后评价，才能具体计算出项目的实际投资效益指标，这样才便于与可行性研究中的有关预测指标进行比较。项目可行性研究水平评价的内容主要是对项目可行性研究的内容和深度进行评价。

9.4　项目后评价的方法与程序

9.4.1　项目后评价的方法

建设项目后评价常用的方法主要有对比分析法、逻辑框架法、因果分析法、成功度法等。本书主要介绍对比分析法和逻辑框架法。

1. 对比分析法——"前后对比"和"有无对比"法

对比分析法是项目后评价的基本方法，其包括"前后对比法"和"有无对比法"。项目后评价采用对比法时，一是要十分注意数据的可比性；二是要更多地与其他项目进行对比，可以是同行业对比、同规模对比、同地区对比等。建设项目后评价更注重有无对比法。

前后对比法（Before and After Comparison）是指将项目前期的可行性研究和评估的预测结论与项目的实际运行结果相比较，以发现变化和分析原因，用于揭示项目计划、决策和实施中存在的问题。采用前后对比法，要注意前后数据的可比性。

有无对比法（With and Without Comparison）是将投资项目的建设及投产后的实际效果和影响，与没有此项目时可能发生的情况进行对比分析，以度量项目的真实效益、影响和作用。该方法是通过项目实施所付出的资源代价与项目实施后产生的效果进行对比，得到项目后评价结论的一个重要方法。采用有无对比法时，要注意的重点：一是"有"和"无"指的是评价对象，即项目或规划；二是要分清建设项目的作用和影响与建设项目以外的其他因素的作用和影响，以正确评价项目的增量效益和社会机会成本；三是方法论的关键在于要求投入的代价与产出的效果口径一致，即所度量的效果要真正归因于项目。

2. 逻辑框架法

逻辑框架法（Logical Framework Approach，LFA）是美国国际开发署（USAID）在1970年开发并用于项目规划、实施、监督与评价的一种工具，是一种综合、系统地研究和分析问题的思维框架模式。目前，国际组织普遍把LFA作为援助项目的计划管理和后评价的主要方法。

逻辑框架法（LFA）的核心就是事物层次间的因果逻辑关系的分析，即"如果"提供了某种条件，包括事物内在的因素和事物所需要的外部条件，"那么"就会产生某种结果。逻辑框架法的模式将项目目标及因果关系划分为4×4的逻辑框架矩阵，即形成目标/影响、目的/作用、产出/结果、投入/措施等4个层次，见表9.3。

表9.3 逻辑框架法的矩阵表

层次描述	客观验证指标	验证方法	重要外部（假设）条件
目标/影响	目标指标	检测和监督手段及办法	实现目标的主要条件
目的/作用	目的指标	检测和监督手段及办法	实现目的的主要条件
产出/结果	产出物定量指标	检测和监督手段及办法	实现产出的主要条件
投入/措施	投入物定量指标	检测和监督手段及办法	实现投入的主要条件

目标（Goal）：通常指的是最高层次的目标，即宏观计划、规划、政策和方针等，此目标的确定与指标选择一般由国家或行政主管部门负责。

目的（Objectives or Purposes）：是指"为什么"要实施这个项目，及建设工程项目实施的直接效果和作用，一般应考虑项目带给受益目标群的社会和经济等效果。此层次的目标是由项目和独立的评价机构来确定，指标由项目确定。

产出（Output）：是指项目"干了些什么"，即项目的建设内容或产出物，提供可计量的产品或服务。

投入和活动（Input and Activities）：是指项目的实施过程及内容，主要包括资源投入量、工程建设活动和时间等。

可以看出，以上的4个层次之间存在3个垂直逻辑关系及水平逻辑关系：垂直逻辑用于分析项目计划做什么，弄清项目手段和结果之间的关系，确定项目本身和项目所在地的社会、物质、政治环境中的不确定因素。如图9.1所示，即形成自下而上的3个垂直逻辑关系"投入→产出→目的→目标"。

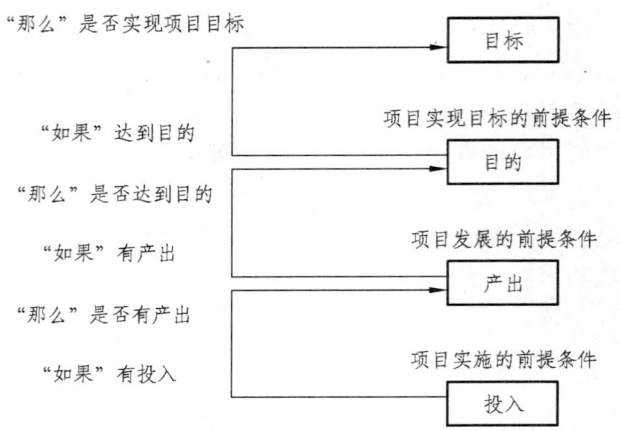

图 9.1　逻辑框架法垂直逻辑的因果关系图

水平逻辑主要由客观验证指标、验证方法和重要假设条件等三部分构成，主要用于衡量项目的资源和成果，通过确立客观的验证指标及其指标的验证方法来进行分析，并对垂直逻辑 4 个层次上的结果做出详细说明。

2005 年 5 月颁发了《中央企业固定资产投资项目后评价工作指南》，其中对逻辑框架法从投入、产出、直接目的和宏观影响等 4 个层面对项目后评价模式给出参考模式，见表 9.4。采用逻辑框架法进行项目后评价时，可根据后评价的特点和项目特征，在形式上和内容上进行一些调整，以适应不同的评价要求。

表 9.4　国资委项目后评价的逻辑框架表

目标层次	客观验证指标			原因分析		项目可持续能力
	原定指标	实际指标	差别与变化	内部原因	外部条件	
项目宏观目标						
项目直接目的						
产出与建设内容						
投入、活动						

9.4.2　工程项目后评价的基本程序

由于项目的规模、类型、复杂程度等有所差异，故每个项目后评价的具体工作程序也会有所区别。但对一般项目的后评价都应遵循一个客观和循序渐进的过程。工程项目后评价的基本程序可概括如下：

（1）接受后评价任务、签订合同或评价协议。

在接受项目后评价任务后，应与委托单位沟通，深入了解项目实施背景，明确项目后评价的研究范围、评价目的和具体要求。

（2）组织项目后评价机构。

组建该项目的后评价研究机构，实际上主要是指由谁来组织项目后评价工作，即相关专业人员的配备，后评价小组的成员必须具有一定的后评价工作经验。我国项目后评价的组织机构应符合客观性、公正性的基本要求和具有反馈检查功能，故项目的可行性研究单位、项目前评价单位和项目实施过程中的项目管理机构一般不宜作为项目后评价机构。

（3）选择项目后评价的对象，研究制定计划。

在选取项目后评价对象之后，应举行研讨会并确定后评价计划，确定该项目后评价内容、评价方法、评价时间、工作进度、质量要求、经费预算、专家名单、报告格式等。

（4）实地调查、收集后评价的相关数据资料。

调查是评价的基础，因此，项目后评价必须去现场进行调查，收集进行项目后评价所需要的项目建设前期立项、决策、施工等方面的资料，以及投产运营后的实际效益状况，并深入了解可持续发展以及其对周围地区经济发展、生态环境的作用和影响等，同时注意审查所收集资料的完整性、准确性和有效性。

（5）分析研究。

在阅读文件和现场调查的基础上，要对已经获得的大量信息进行消化吸收，针对评价项目的特点，建立与其相适应的后评价指标体系，并采用定性和定量分析相结合的方式，采用对比分析法、逻辑框架法等方法对项目的经济、社会、环境及可持续性等方面进行分析评价，认真总结项目的经验教训，针对存在的问题提出相应的解决办法。

（6）编制并提交后评价报告。

按照项目评价的有关要求编制项目后评价报告书，后评价报告书应包括摘要、总论、评价内容、项目存在的问题及原因分析、主要的经验教训、评价的主要结论和建议等。并向有关部门或单位提交项目后评价报告。

复习思考题

（1）项目后评价的涵义是什么？为什么要做项目后评价？
（2）项目各阶段后评价的主要内容分别是什么？
（3）项目后评价的方法有哪些？各自有什么特点？
（4）项目后评价的理论基础是什么？

10 公路建设项目经济评价

【学习要点】
(1) 公路建设项目经济费用效益分析的特点；
(2) 公路建设项目的经济费用的组成；
(3) 公路建设项目经济费用效益分析方法；
(4) 公路收费标准的制定原则与确定方法；
(5) 经济费用效益分析指标。

公路建设项目属于交通运输项目的一部分，交通运输项目与工业项目的不同之处在于，其产品不像工业生产那样是某种物质产品，而是物质和人员的位移。因此，交通运输有其特殊的生产工艺过程，其产生的效益也不相同。公路建设项目经济评价是公路建设项目前期研究工作的有机组成部分和重要内容之一，主要是按照合理配置资源原则和国家财税制度的要求，结合公路建设项目交通量预测和工程技术研究情况，计算项目的费用和效益，对拟建项目的经济合理性、财务可行性等做出评价，为项目建设方案的比选、决策提供科学依据。

10.1 公路建设项目经济评价的特点

公路建设项目又与其他交通运输项目有所不同，公路建设项目有其本身的若干特点。最突出的一个特点是公路建成以后，会对全社会开放，交通部公路运输专业部门的车辆仅占全部车辆的10%以下，同属于交通部的公路运输部门与公路管理部门又是分开管理，从建设到营运形不成一个独立的企业。因此公路建设项目经济评价也有着自己的特点。

1. 建设项目的经济评价分为经济费用效益分析和财务分析

建设项目的经济费用效益分析是在合理配置国家资源的前提下，从国家整体的角度研究项目对国民经济的净贡献，以判断项目的经济合理性。财务分析是在国家现行财税制度和价格体系的条件下，从财务角度，分析测算项目的财务盈利能力和清偿能力，对项目的财务可行性进行评价。公路建设项目应进行经济费用效益分析，凡收费的公路项目应同时进行财务分析。

2. 国民经济评价结论占主导地位

经济费用效益分析与财务分析结论均可行的项目，从经济角度看应予通过，反之予以否定。经济费用效益分析结论不可行的项目，一般应予否定。对某些具有重大政治、经济、国防、交通意义的公路项目，若经济费用效益分析结论可行，但财务分析不可行，可重新考虑方案，或提出相应优惠措施的建议，使项目在财务上具有生存能力，必要时进一步说明建设的必要性，不再考虑财务分析结果。

3. 经济评价遵循费用与效益计算范围对应一致的原则

公路建设项目经济评价应遵循费用与效益计算范围对应一致的原则。经济费用效益分析只计算项目直接效益和直接费用，同时对项目外部效果进行定性分析和描述。财务分析除计算项目的直接收益和直接费用外，还应计算与项目有关联的服务、开发等经营性设施所发生的间接收益和间接费用。

4. 经济费用效益分析采用"有无对比法"

公路建设项目经济费用效益分析采用"有项目"与"无项目"（作为"基准情况"）对比的方法（简称"有无对比法"）。"有项目情况"是指实施拟建项目后，相关路网将要发生的情况；"无项目情况"是指不实施拟建项目，相关路网将要发生的情况。当现有相关公路拥挤度大于1时，宜用"做最少情况"作为"基准情况"。"做最少情况"是指用最少的投资来改造现有相关公路，使其能在最低服务水平下维持车辆通行的路网情况。

5. 经济评价采用动态计算方法

项目计算期包括建设期和运营期。公路建设项目经济费用效益分析的运营期按20年计算。财务分析的运营期根据《收费公路管理条例》确定。

6. 评价时采用不同的价格体系

公路建设项目经济费用效益分析使用影子价格，计算期内各年均采用基年（开工前一年）价格，不考虑物价上涨因素。财务分析使用财务价格，对于价格变动因素，在进行项目财务盈利能力和清偿能力分析时，宜做不同处理。进行财务盈利能力分析时，计算期各年均采用基年价格，只考虑相对价格的变化，不考虑物价总水平上涨因素；进行清偿能力分析时，计算期内各年采用的预测价格，除考虑相对价格的变化外，还要考虑物价总水平上涨因素。物价总水平上涨因素一般只考虑到建设期末。

7. 经济评价其他参数采用国家最新发布数据

经济费用效益分析所采用的社会折现率、影子汇率、影子工资、贸易费用率等通用参数，应以国家最新发布值为准。财务分析参数宜根据行业的一般规定或投资方的通常要求确定，并应保证其合法及合理性。

8. 区内或工矿配套公路效益和费用应纳入整个项目统一计算

对于各种新开发区或重点工矿项目相配套的公路建设项目应作为开发区或工矿项目的组成部分，其效益和费用纳入整个开发区或工矿项目内统一计算和评价。

9. 高速公路或收费公路建设项目应分车型计算效益

在进行国民经济效益分析时，高速公路或收费公路建设项目应分车型计算效益。收费公路的财务收费收入必须分车型计算。

10. 改扩建项目评价方法采用增量法

对于改扩建项目，经济费用效益分析和财务分析的基本方法原则上应采用增量法。应正确识别与估算"无项目""有项目""现状""新增""增量"5种状态下的资产、资源、效益与费用。"无项目"与"有项目"的口径与范围应当保持一致，避免费用与效益误算、漏算或重复计算。

11. 预可行性研究及工程可行性研究阶段的工作深度有所不同

（1）预可行性研究阶段只要求对推荐建设方案进行经济评价；工程可行性研究阶段的经济费用效益分析则应以推荐方案和备选方案为评价对象。

（2）预可行性研究阶段的经济评价不要求分车型计算效益，工程可行性研究阶段须分车型计算效益。

（3）预可行性研究根据项目的具体条件，可直接选用国家公布的产品（服务）的影子价格及换算系数；工程可行性研究阶段项目主要投入物的影子价格，应由项目评价人员按统一规定的测算原则和方法自行测定。

（4）预可行性研究阶段，经济评价的效益和费用可不分路段计算，工程可行性研究阶段须分路段计算。

10.2 经济费用效益分析

经济费用效益分析又叫国民经济评价，是指应用国民经济评价的基础理论，结合公路建设项目的经济特征来对其进行效益费用分析的过程。它是将建设项目置于国民经济大系统中，从国家和社会的角度出发来分析建设项目的国民经济特征，通过比较建设项目建设中所消耗的资源的价值以及该项目建成后所能创造的国民经济效益来计算该项目的经济效果，评价该项目的经济可行性。

1. 公路建设项目经济费用效益分析的作用

公路建设项目是一种为全社会服务的公共设施,公路建设项目的效益主要表现为社会效益,公路建设项目的社会属性和经济特征决定了国民经济评的重要性。建设项目的经济费用效益分析有利于维护项目建设的国家利益和社会利益,调整局部利益和国家利益的关系,确保国民经济的协调和均衡发展,处理好近期利益与长远利益的关系,使国民经济的发展实现动态的综合平衡。加强和完善公路建设项目的国民经济评价工作,对搞好公路建设项目的可行性研究,进而提高建设项目的投资效益有十分重要的意义。公路建设项目的国民经济评价是公路可行性研究的重要组成部分,是投资决策的主要依据。一个公路建设项目是否应该动工兴建,首先取决于其国民经济评价结果。

2. 公路建设项目经济费用效益分析模型

公路建设项目经济费用效益分析现金流量模型如图10.1所示。

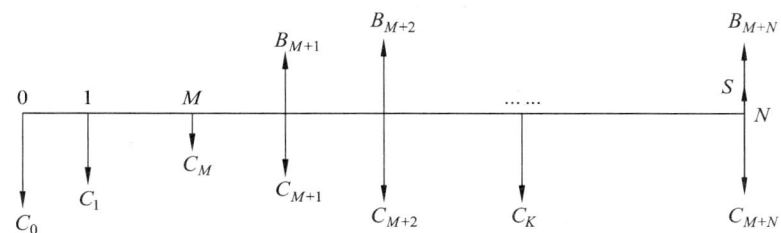

图 10.1 公路建设项目经济费用效益分析现金流量模型

在现金流量模型中,各种符号的含义分别如下:

(1)年度建设费用。分别用符号 C_0,C_1,…,C_M 表示。它是指公路建设项目在建设中所消耗的各种资源的价值。对收费公路而言,还应包括各种收费设施建设中所消耗的资源的价值。

(2)年度营运费用。分别用符号 C_{M+1},C_{M+2},…,C_{M+N} 表示。它是指公路建设项目在竣工使用过程中为了公路建设项目营运中的维护和管理所消耗的各种资源的价值。对收费公路而言还应包括收费管理中所消耗的各种资源的价值以及为维护收费设施所消耗的各种资源的价值。

(3)年度效益。分别用符号 B_{M+1},B_{M+2},…,B_{M+N} 表示。它是指公路建设项目在营运中创造的经济效益。

(4)大修理费用。用符号 C_K 表示,即公路建设项目在大修期间所消耗的各种资源的价值。

(5)评价年限。用符号 N 表示,根据《公路建设项目经济评价办法》,其评价年限按投入使用后20年考虑。

(6)项目建设期。用符号 M 表示,其建设时间需在公路工程可行性研究工作中确定。

(7)评价期末的残值。用符号 S 表示,根据《公路建设项目经济评价方法与参数》(建标〔2010〕106号),评价期末的残值按项目建设费用的50%考虑。

3. 公路建设项目经济费用效益分析流程

（1）选择与确定分析所用参数，主要包括社会折现率、影子汇率、影子工资、贸易费用率等通用参数。

（2）采用影子价格对建设投资费用、运营管理费用、车辆运营成本进行调整，同时对国民经济内部的"转移支付"进行调整，由此形成经济费用。

（3）根据"降低营运成本的效益""旅客节约时间效益""减少交通事故效益"计算经济效益。

（4）运用建设项目经济评价方法进行"经济费用-效益分析"，计算指标主要有经济内部收益率、经济净现值、经济效益比、投资回收期等。

（5）选取建设投资、交通量等可变因素对项目经济指标进行敏感性分析。

（6）通过以上结论进行方案比选，确定最优方案，综合评价公路建设项目。

公路建设项目经济费用效益分析步骤如图10.2所示。

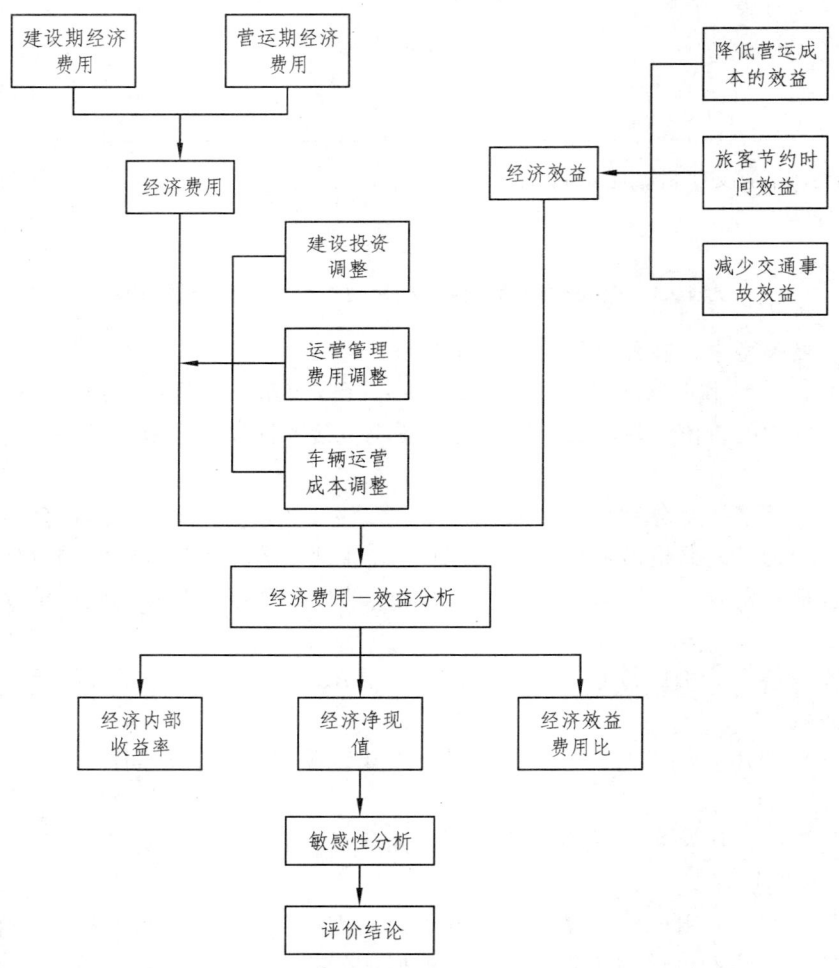

图 10.2 公路建设项目经济费用效益分析流程图

4. 经济费用调整

公路建设项目经济费用分为两部分：第一部分是指建设期经济费用，其中应计入贷款过程中的相关费用及报告编制年至开工前一年的物价上涨费用。第二部分是指运营期经济费用，包括日常养护费用、管理费用、大修费用、国外贷款利息等。残值可取公路建设经济费用的 50%，以负值计入费用；在以"做最少情况"作为"基准情况"时，应将其费用以负值计入。

公路建设项目经济费用效益分析采用影子价格进行计算，需要将建设投资、运营管理费用、车辆营运成本等调整为影子价格。经济费用调整主要包括以下内容：

（1）建设投资调整。

——建设投资包括建筑安装工程费、设备及工具器具购置费、工程建设其他费用和预留费用。建设投资按照交通运输部《公路基本建设工程投资估算编制办法》《公路工程估算指标》等相关法规执行。

——剔除属于国民经济内部"转移支付"的税金、补贴、国内借款利息。

——主要材料、劳动力、土地等投入物的价格调整，其中钢材、木材、水泥、沥青等建筑材料属于一般投入物，劳动力、土地属于特殊投入物。

经济费用调整可以以项目投资估算为基础编制建设费用调整表（表 10.8）。

① 对于公路建设项目，通常将钢材、木材、沥青作为可外贸货物，以口岸价格为基础进行计算。其计算公式为

$$影子价格 = 到岸价(CIF) \times 影子汇率 + 进口费用 \tag{10.1}$$

外贸货物的口岸价主要参考《投资项目评价与经营决策信息资料》（国家信息中心经济预测部主办）；进口费用是指货物进口环节在国内所发生的所有相关费用，包括运输、装卸、运输保险等各种费用支出及物流环节的各种损失损耗等。

② 水泥一般作为非外贸货物，以出厂价格为基础进行计算。

$$影子价格 = 出厂价 + 运输费用 \tag{10.2}$$

③ 劳动力作为特殊投入物，在公路项目经济费用效益分析中，以财务工资为基础，用影子工资换算系数来计算，调整为影子工资。公路建设项目通常大量使用项目所在地的非技术劳动力，因此公路项目影子工资换算系数也分为两类，即技术劳动力和非技术劳动力。对于技术劳动力，影子工资换算系数为 1，即影子工资 = 财务工资。对于非技术劳动力，需要结合项目所在地经济发展水平、劳动力供求关系等确定，公路项目通常采用换算系数 0.5，即非技术劳动力影子工资是财务工资的 0.5 倍，对于具体项目也可以在考虑上述因素实际的基础上测算，该系数一般为 0.25 ~ 0.8。

④ 土地是公路建设项目经济评价中的特殊投入物。土地是重要的经济资源，项目占有的土地无论是否需要实际支付财务成本，均应根据土地用途的机会成本原则或消费者支付意愿的原则计算其影子价格，以反映建设项目使用土地资源而使社会付出的代价。土地的影子价格等于土地的机会成本加上土地转变用途所导致的新增资源消耗。即

土地影子价格 = 土地机会成本 + 新增资源消耗 (10.3)

公路建设项目通常占用农村土地，包括农业、林业、果园、牧业、渔业等，土地机会成本一般按拟建项目占用土地而使国民经济为此放弃的该土地"最佳替代用途"的净效益来计算；新增资源消耗包括拆迁补偿费、农民安置补助费，其中拆迁补偿费通常用10.4的影子价格换算系数进行调整。

土地"最佳替代用途"的净效益计算公式如下

$$LOC = NB_0(1+g)^{\tau+1} \times \frac{1-(1+g)^n(1+i)^{-n}}{i-g}$$ (10.4)

式中　LOC——土地机会成本；
　　　NB_0——基年土地的"最佳替代用途"的单位面积年净效益（元/亩）；
　　　g——土地最好可行替代用途的年均净效益增长率；
　　　τ——基年距开工年年数；
　　　n——项目占用土地的年限；
　　　i——社会折现率。

根据《建设项目经济评价方法与参数》要求，项目占用农村土地的情况下：
——土地征收补偿费中的土地补偿费及青苗补偿费应视为土地机会成本；
——地上附着物补偿费及安置补助费应视为新增资源消耗；
——征地管理费、耕地占用税等视为转移支付，不列为费用。

（2）运营管理费用调整。

运营管理费用包括日常养护费用、管理费用、大中修费用等。一般通过对拟建项目所在地区相同或相似的、正在使用中的项目调查得到。运营管理费用一般按照上述建设投资中建筑安装工程费的经济费用调整系数来确定。

（3）车辆运营成本调整。

车辆运营成本调整应针对不同组成部分的特点按照《建设项目经济评价方法与参数》所设定的原则分别进行调整，以经济费用作为计算国民经济效益的基础。

车辆运营成本包括燃油消耗、机油消耗、轮胎磨耗、养护费用、车辆折旧、司乘人员工资及福利、保险费、管理费及其他相关税费。车辆运营成本主要受距离、时间两个参数的影响而发生变化，在上述车辆运营成本组成中，不同的组成与两者的关系不同。其中燃油消耗量、机油消耗量、轮胎磨耗、养护费用及部分车辆折旧和利息与车辆行驶距离直接相关，见表10.1；车辆折旧、司乘人员费用、保险费、各种税费、管理费等与车辆保有时间直接相关，见表10.2。此外，车辆运营成本也受道路技术状况和交通条件的直接影响。

车辆运营成本的计算可以依据相关研究成果中的车速-交通量、运营成本-车速等系列模型进行计算。

表 10.1　与距离有关的汽车成本基本消耗

分项		单位	小客	大客	小货	中货	大货
燃料	消耗量	升/百车千米	8.7	27	16	23	26
	财务价格	元/百车千米	28.7	90.5	52.8	75.9	87.1
	经济价格	元/百车千米	31.4	99.5	57.8	83.1	95.8
润滑油	消耗量	升/百车千米	0.26	0.31	0.28	0.3	0.33
	财务价格	元/百车千米	3.12	3.72	3.36	3.6	3.96
	经济价格	元/百车千米	4.56	5.43	4.91	5.26	5.78
轮胎	财务价格	元/百车千米	4.11	8.43	3.58	9.37	31.58
	经济价格	元/百车千米	5.14	20.43	8.23	13.26	32.53
汽车修理材料	消耗量	%车辆价格	0.02%	0.01%	0.01%	0.01%	0.01%
	经济价格	元/百车千米	16.95	31	6	7.3	21
汽车修理人工	修理时间	h/年	30	100	45	70	90
	经济费用	元/h	2.77	2.77	2.77	2.77	2.77
	经济价格	元/百车千米	0.22	0.35	0.37	0.27	0.31

注：基本消耗指车辆在车速 50 km/h、平整度 IRI = 2、平均坡度 <2% 交通条件下的成本消耗。

表 10.2　与时间有关的汽车成本基本消耗　　　　　　　　　　　　　　　元/百车千米

车辆		小客	大客	小货	中货	大货	拖挂
折旧费	财务价格	25.68	15.63	9.8	6.94	17.71	21.99
	经济价格	25.45	32.29	14.71	8.45	21.88	35.76
工资福利	财务价格	5.76	17.04	13.53	12.87	12.87	12.87
	经济价格	7.49	22.16	17.6	16.74	16.62	16.74
保险	财务价格	22.7	16.5	8.03	6.86	14.63	16.25
	经济价格	0	0	0	0	0	0
税费	财务价格	12.24	12.55	15.25	17.12	21.68	24.22
	经济价格	0	0	0	0	0	0
管理费	财务价格	1.51	1.1	0.47	1.11	1.6	1.78
	经济价格	1.51	1.1	0.47	1.11	1.6	1.78
合计	财务价格	67.88	62.82	47.09	44.91	68.39	77.11
	经济价格	34.45	55.55	32.77	26.30	40.10	54.28

注：基本消耗指车辆在车速 50 km/h、平整度 IRI = 2、平均坡度 <2% 交通条件下的成本消耗。

速度是影响成本的重要因素之一，而速度本身又受线路等级、坡度、拥挤度等道路及交通条件影响。车速计算模型如下：

高速、一级公路

$$\begin{cases} S = a \times e^{\left[b(v/c)^2\right]} & (v/c \leqslant 0.75) \\ S = a_1 \times e^{\left[b_1(v/c)^8\right]} & (v/c > 0.75) \end{cases} \quad (10.5)$$

二级及以下公路

$$\begin{cases} S = a \times e^{\left[b(v/c)^2\right]} & (v/c \leqslant 0.67) \\ S = a_1 + b_1 \times (v/c) & (v/c > 0.67) \end{cases} \quad (10.6)$$

式中　S——车辆运行速度（km/h）；
　　　v——标准车小时交通量；
　　　c——标准车小时通行能力；
　　　a、a_1、b、b_1——系数，其值见表10.3。

表 10.3　交通量与车速模型系数

公路等级	车型	a	b	a_1	b_1
高速或一级	大客	96.55	-0.35	86.039	-0.648
	小客	79.08	-0.154	78.71	-0.559
	小货	73.67	-0.16	71.925	-0.469
	中货	68.31	-0.06	70.956	-0.455
	大货	65.00	-0.15	62.375	-0.327
二级	大客	60.0	-1.42	65.1	-50.8
	小客	43.9	-0.86		
	小货	50.5	-1.11		
	中货	46.7	-0.97		
	大货	48.4	-1.04		
三级	大客	50.0	-1.73	69.9	-57.2
	小客	39.9	-0.87		
	小货	43.1	-1.04		
	中货	40.6	-0.91		
	大货	38.5	-0.79		
四级	大客	48.0	-1.45	61.9	-49.2
	小客	38.0	-0.93		
	小货	42.5	-1.18		
	中货	39.7	-1.03		
	大货	38.4	-0.96		

根据车速–运输成本模型研究结论，计算公式如下

$$C = A \times S^2 - B/S + D \quad (10.7)$$

式中　C——车辆运输财务成本（元/百车·km）；
　　　A、B、D——回归系数，见表10.4。

表 10.4 速度与成本模型系数

公路等级	系数	小客	大客	小货	中货	大货
高速或一级	A	0.596 7	1.23	0.096 3	0.126	0.556
	B	7.83	15.43	5.32	10.04	14.14
	D	114.11	308.14	141.88	219.99	301.04
二级	A	4.5	10.53	4.93	10.082	6.96
	B	51.89	126.71	55.71	112.86	87.11
	D	242.4	667.79	273.03	508.38	573.83
三级	A	6.05	17.53	6.96	13.84	13.23
	B	73.83	210.97	83.45	167.29	159.45
	D	331.27	922.4	372.97	702.78	782.26
四级	A	8.99	27.57	10.03	23.39	20.65
	B	111.35	346.64	124.54	293.02	264.05
	D	487.12	1 506.9	542.91	1 225.9	1 278.7

5. 经济效益计算

公路建设项目的经济效益是指项目对国民经济所做的贡献，分为直接效益和间接效益。一般只计算直接效益，并通过"有无对比法"来确定。直接效益（B）包括公路使用者费用节约和原有相关公路维护费用节约，其中公路使用者费用节约主要有拟建项目和原有相关公路的降低营运成本效益（B_1）、旅客在途时间节约效益（B_2）和拟建项目减少交通事故效益（B_3）。

计算公路项目经济效益可以采用相关路线法、路段费用法和 OD 矩阵法。计算中对车型不做要求，但要注意保持各参数之间的一致性。本书重点介绍相关路线法，有兴趣学习路段费用法和 OD 矩阵法的读者可参考《公路建设项目经济评价方法与参数》（建标〔2010〕106 号）。

（1）相关路线法。

相关路线法是在确定与拟建项目相关的原有公路路线基础上，通过有无比较，计算项目产生的经济效益。

① 降低营运成本效益（B_1）的计算公式为

$$B_1 = B_{11} + B_{12} \tag{10.8}$$

式中 B_{11}——拟建项目降低营运成本的效益（元）；
B_{12}——原有相关公路降低营运成本的效益（元）。

B_{11} 的计算公式为

$$B_{11} = 0.5 \times (T_{1p} + T_{2p}) \times (VOC'_{1b} \times L' - VOC_{2p} \times L) \times 365 \tag{10.9}$$

式中 T_{1p}——"有项目"情况下，拟建项目的趋势交通量（自然数，辆/d）；
T_{2p}——"有项目"情况下，拟建项目的总交通量（自然数，辆/d）；
VOC'_{1b}——"无项目"情况下，原有相关公路在趋势交通量条件下的各种车型车辆加权平均单位营运成本（元/车 km）；

VOC_{2p}——"有项目"情况下，拟建项目在总交通量条件下的各种车型车辆加权平均单位营运成本（元/车 km）；

L'——原有相关公路的路段里程（km）；

L——拟建项目的路段里程（km）。

B_{12} 的计算公式为

$$B_{12} = 0.5 \times L' \times (T'_{1p} + T'_{2p}) \times (VOC'_{1b} - VOC'_{2p}) \times 365 \qquad (10.10)$$

式中　T'_{1p}——"有项目"情况下，原有相关公路趋势交通量（自然数，辆/d）；

T'_{2p}——"有项目"情况下，原有相关公路总交通量（自然数，辆/d）；

VOC'_{2p}——"有项目"情况下，原有相关公路在总交通量条件下的各种车型车辆加权平均单位营运成本（元/车 km）。

② 旅客时间节约效益（B_2）的计算公式为

$$B_2 = B_{21} + B_{22} \qquad (10.11)$$

式中　B_{21}——拟建项目旅客节约时间的效益（元）；

B_{22}——原有相关公路旅客节约时间的效益（元）。

B_{21} 的计算公式为

$$B_{21} = 0.5 \times W \times E \times (T_{1pp} + T_{2pp}) \times (L'/S'_{1b} - L/S_{2p}) \times 365 \qquad (10.12)$$

式中　W——旅客单位时间价值（元/人·h）；

E——客车平均载运系数（人/辆）；

S'_{1b}——"无项目"情况下，原有相关公路在趋势交通量条件下的各种车型客车加权平均行驶速度（km/h）；

S_{2p}——"有项目"情况下，拟建项目在总交通量条件下的各种车型客车加权平均行驶速度（km/h）；

T_{1pp}——"有项目"情况下，拟建项目客车趋势交通量（自然数，辆/d）；

T_{2pp}——"有项目"情况下，拟建项目客车总交通量（自然数，辆/d）；

L'——原有相关公路的路段里程（km）；

L——拟建项目的路段里程（km）。

B_{22} 的计算公式为

$$B_{22} = 0.5 \times W \times E \times L' \times (T'_{1pp} + T'_{2pp}) \times (1/S'_{1b} - 1/S'_{2p}) \times 365 \qquad (10.13)$$

式中　S'_{1b}——"无项目"情况下，原有相关公路在趋势交通量条件下的各种车型客车加权平均行驶速度（km/h）；

S'_{2p}——"有项目"情况下，原有相关公路在总交通量条件下的各种车型客车加权平均行驶速度（km/h）；

T'_{1pp}——"有项目"情况下，原有相关公路客车趋势交通量（自然数，辆/d）；

T'_{2pp}——"有项目"情况下，原有相关公路客车总交通量（自然数，辆/d）。

旅客单位时间价值（参考值见表10.5）的测算应同时考虑工作时间价值和闲暇时间价值。客车平均载运系数应以各种车型客车交通量为权数，计算其加权平均数。

表10.5 旅客时间价值参考值

年份	车型	工作时间价值（元/小时）	闲暇时间价值（元/小时）	平均乘车人数（人/辆）	工作性出行比例（%）	工作时间利用系数	时间价值（元/辆*小时）
2007	小客	10.50	1.45	3.69	55%	0.5	14.54
	大客	10.50	1.45	12.56	45%	0.5	43.78
2010	小客	12.50	1.88	3.65	55%	0.5	17.51
	大客	12.50	1.88	13.00	45%	0.5	55.45
2020	小客	24.00	4.80	3.45	50%	0.5	33.12
	大客	24.00	4.80	14.00	40%	0.5	120.96
2026	小客	34.00	7.48	3.30	45%	0.5	44.38
	大客	34.00	7.48	14.80	35%	0.5	179.39

③ 减少交通事故的效益（B_3）的计算公式为

$$B_3 = B_{31} + B_{32} \qquad (10.14)$$

式中 B_{31}——拟建项目减少交通事故效益（元）；

B_{32}——原有相关公路减少交通事故效益（元）。

B_{31}的计算公式为

$$B_{31} = 0.5 \times (T_{1p} + T_{2p}) \times (r'_{1b} \times L' \times C'_b - r_{2p} \times L \times C_p) \times 365 \times 10^8 \qquad (10.15)$$

式中 C'_b——"无项目"情况下，原有相关公路单位事故平均经济损失费（元/次）；

C_p——"有项目"情况下，拟建项目单位事故平均经济损失费（元/次）。

r'_{1b}——"无项目"情况下，原有相关公路在趋势交通量条件下的事故率（次/亿车 km）；

r_{2p}——"有项目"情况下，拟建项目在总交通量条件下的事故率（次/亿车 km）。

B_{32}的计算公式为

$$B_{32} = 0.5 \times L' \times (T'_{1p} + T'_{2p}) \times (r'_{1b} \times C'_b - r'_{2p} \times C'_p) \times 365 \times 10^8 \qquad (10.16)$$

式中 C'_p——"有项目"情况下，原有相关公路单位事故平均经济损失费（元/次）；

r'_{2p}——"有项目"情况下，原有相关公路在总交通量条件下的事故率（次/亿车 km）。

不同等级的交通量事故与交通量计算模型可参考表10.6，公路平均事故损失可参考表10.7。

表10.6 交通事故率计算模型

公路等级	计算公式	备注
高速公路	$R = 40 + 0.005 \times AADT$	
一级公路	$R = 83 + 0.0065 \times AADT$	R：事故次数（次/亿车 km）
二级公路	$R = 133 + 0.007 \times AADT$	$AADT$：年平均日交通量（辆/d，标准车）
三级公路	$R = 140 + 0.03 \times AADT$	
四级公路	$R = 140 + 0.03 \times AADT$	

表 10.7 公路平均事故损失费

等级	高速公路或一级公路	高速公路或一级公路单幅	二级公路	三级公路	四级公路
平均事故损失费（元/次）	14 000	7 750	6 500	4 500	3 500

（2）路段费用法是通过公路使用者在"无项目"情况下和"有项目"情况下使用影响区域路网费用的比较，计算项目产生的经济效益，其具体计算是针对路网逐个路段计算并汇总。

（3）OD矩阵法是以"无项目"情况下和"有项目"情况下路网的汽车运营费用、运行时间矩阵和交通量矩阵为基础，计算项目产生的经济效益。

（4）进行经济效益计算时应注意以下几点：
① 公路建设项目社会折现率应以国家最新发布的参数值为准。
② 经济评价所使用的交通量数据一般是项目的预测交通量。公路建设项目的预测交通量一般包括趋势交通量、诱增交通量和转移交通量，这些交通量一般需要分车型数据。
③ 建设项目的经济效益是指项目对国民经济所做的贡献，分为直接效益和间接效益。对于公路建设项目一般只计算直接效益。
④ 相关路线通常是指与拟建项目平行且相近，拟建项目对其交通量而言是替代或分流最大、最直接的公路。随着我国路网密度的提高，相关路线有可能不止一条。
⑤ 旅客单位时间价值以项目直接影响区人均单位国内生产总值为基础进行计算，通常取旅客节约时间的利用系数为50%。具体可结合项目所在地情况做适当调整。

6. 经济费用效益分析指标

公路项目国民经济盈利能力主要用经济内部收益率、经济净现值、经济效益费用比等项指标来衡量。对于改、扩建项目，应采用增量经济内部收益率、增量经济净现值来分析，注意正确识别"有项目"情况和"无项目"情况下的经济效益和经济费用。

（1）经济内部收益率（$EIRR$）。

经济内部收益率是反映公路项目对国民经济净贡献的相对指标，是项目在计算期内各年经济净现金流量累计现值等于零时的折现率。经济内部收益率等于或大于社会折现率表明项目可以接受。计算公式为

$$\sum_{t=1}^{n}(B_t - C_t) \times (1 + EIRR)^{-t} = 0 \qquad (10.17)$$

式中　B_t——第 t 年效益流入量；
　　　C_t——第 t 年费用流出量；
　　　n——计算期。

（2）经济净现值（$ENPV$）。

经济净现值是反映项目对国民经济净贡献的绝对指标，是指用社会折现率将项目计算期内各年的净效益流量折算到开工前一年年末的现值之和。经济净现值等于或大于零表明项目是可以接受的。计算公式为

$$ENPV = \sum_{t=1}^{n}(B_t - C_t) \times (1+I_s)^{-t} \tag{10.18}$$

式中 I_s——社会折现率。

（3）经济效益费用比（R_{BC}）。经济效益费用比是指项目在计算期内效益流量的现值与费用流量的现值之比。如界经济效益费用比大于 1，表明项目资源配置的经济效率达到了可以接受的水平。计算公式为

$$R_{BC} = \frac{\sum_{t=1}^{n} B_t \times (1+I_s)^{-t}}{\sum_{t=1}^{n} C_t \times (1+I_s)^{-t}} \tag{10.19}$$

经济费用效益分析的基本报表为项目投资经济费用效益流量表（见表10.9），以全部投资作为计算的基础，用以计算全部投资经济内部收益率、经济净现值等相应的评价指标。

表 10.8 建设费用调整表

费用名称	单位	数量	预算单价（元）	投资估算（万元）	影子价格或换算系数	经济费用（万元）
人 工	工日					
原 木	m³					
锯 材	m³					
钢 材	t					
水 泥	t					
沥 青	t					
其他费用	公路千米					
税金	公路千米					
第一部分合计	公路千米					
第二部分合计	公路千米					
征地费	亩					
国内贷款利息	公路千米					
国外贷款利息	公路千米					
其他	公路千米					
第三部分合计	公路千米					
预备费	公路千米					
预留费用	公路千米					
其他费用	公路千米					
工程投资合计（不含息）	公路千米					
工程投资合计（含息）	公路千米					

注：钢材、沥青的价格为加权平均值。

表 10.9　项目投资经济费用效益流量表

序号	项目	建设期			运营期						
		1	2	3	4	5	6	7	8	9	10
1	费用流出：										
1.1	建设费用										
1.2	运营管理费										
1.3	日常养护费										
1.4	大中修费										
1.5	残值										
1.6	其他费用										
2	效益流入：										
2.1	降低运输成本										
2.2	旅客节约时间										
2.3	减少交通事故										
3	净效益流量										

内部收益率
净现值（万元）　　　　　　　　（$I_s = 8\%$）
效益费用比
投资回收期（年）

7. 敏感性分析

公路建设项目经济评价所采用的数据，大部分来自预测和估算，为分析不确定性因素对公路项目评价指标的影响，需进行敏感性分析，以估计项目可能承担的经济或财务风险。

经济费用效益分析时，原则上应选取建设投资、交通量等可能发生变化的因素，重点测算这些因素变化对内部收益率的影响。敏感性分析结果可通过编制敏感性分析表表示，见表 10.10。

公路项目的经济抗风险能力可分为很强、较强、一般和较弱 4 个等级。敏感性分析结果能抵御费用（支出）和效益（收入）双向 20% 的不利变化，表明项目经济（财务）抗风险能力很强；抵御双向 10% 不利变化时，抗风险能力较强；抵御单向 10% 不利变化时，抗风险能力一般；不能抵御单向 10% 不利变化时，抗风险能力较弱。

表 10.10 敏感性分析表

效益减少		费用增加		
		0%	10%	20%
20%	N			
	NPV			
	R_{BC}			
	IRR			
10%	N			
	NPV			
	R_{BC}			
	IRR			
0%	N			
	NPV			
	R_{BC}			
	IRR			

8. 方案比选方法

方案比选可按各个方案所含的所有因素（相同因素和不同因素）计算各方案的经济效益和费用进行全面的对比，要特别注意各方案间的可比性，遵循效益与费用计算口径相一致的原则。

按照不同方案所含的因素（包括效益和费用两个方面）进行比较，可视不同情况和不同条件分别选用净现值法或净现值率法。用净现值比较法时，以净现值较大的方案为优；用净现值率比较法时，以净现值率较大的方案为优；在方案效益相同或基本相同时可采用最小费用法，包括费用现值法和费用年值法，通常用费用现值法。通过计算各比较方案的费用现值（PC）并进行对比，以费用现值较低的方案为优。

10.3 财务分析

财务分析又叫财务评价或微观经济分析。它是从投资者在本项目上可能发生的财务收支出发，通过比较该项目需要发生的支出和可能获得的收入来研究投资项目的微观经济效果，评价项目的财务可行性。财务评价是公路建设项目经济评价的重要组成部分。

随着公路建设项目建设投融资体系不断发展完善，形成了建设资金的多元化与多渠道，越来越多的民营资本投入公路建设行业，公路运营管理模式也随之不断发展完善。通常将公路建设项目分为收费经营性和收费还贷性两类。

收费还贷性公路建设项目，收费主体通常是政府，收费的主要目的是偿还全部贷款和有偿集资款的本息。因此，在对收费还贷性公路建设项目进行财务评价时，主要考察项目的清偿能力。

收费经营性公路建设项目，收费主体一般是依法设立的公司制企业，如公路类上市公司，在取得通行费收入并获利的前提下依法缴纳营业税和所得税。考虑风险回报的原则，投资者所追求的合理回报一般会高于银行的贷款利率。这就意味着收费经营性公路的收费标准一般高于收费还贷性公路，或收费年限长于收费还贷性公路。可见，其收费目的是为收回投资并获得合理回报。因此，收费经营性公路建设项目进行财务评价时，在考察项目清偿能力的基础上，注重考察项目的盈利能力。

1. 公路建设项目财务分析的特点

公路建设项目的财务评价既是一种投资者的赢利分析，也是一种建设项目的行业经济分析，具有以下特点：

（1）将投资项目置于本行业进行研究，在考虑资金的时间价值时，以本行业的投资机会成本来确定其基准贴现率；

（2）在分析项目的收入和支出时，以项目本身为研究对象，以投资者在本项目上的收益和支出为计算范围，而不考虑给第三者或项目使用者所带来的费用或效益；

（3）重点进行收费分析和贷款偿还分析。

2. 公路建设项目财务分析的作用

加强公路建设项目的财务评价具有如下作用：

（1）有利于改善公路投资结构，多渠道筹集资金，刺激社会资金在公路建设上的投入，加强公路建设资金的综合利用，加快公路建设事业的发展，加速公路建设资金市场的形成。

（2）有利于合理利用公路建设资金，将有限的公路建设资金投入到财务效果最好的公路建设项目上，加速公路建设资金的周转，提高公路建设资金的使用效益。

（3）有利于加强收费管理和监督，防止各地出现滥收费用的现象。

近几年来，我国的公路建设管理体制正在进行稳妥而有步骤的改革，建设项目拨款改贷款制度的推行，建设项目法人制的建立，公路收费制度的产生以及股份制融资方式、BOT筹资方式，收费经营方式的探索，为在进行公路建设项目国民经济评价的同时，进一步加强和完善公路建设项目的财务评价，特别是贷款偿还能力分析提出了客观的要求。作为一个公路建设项目，其经济效果的好坏除了要考察公路建设项目的宏观经济效果外，还应考察其微观经济效果，做到宏观经济效果与微观经济效果相统一。当一个项目的国民经济评价结果可行而财务分析结果很差、贷款偿还能力很低、工程建设资金难以回收时，则应该对该项目所拟订的方案进行调整，重新进行国民经济评价和财务评价，使国民经济评价结果和财务评价结果都能符合要求。

当前，我国的公路建设项目财务分析方法由于受各种主观因素的影响及客观条件的限制仍存在着一些缺陷，有待于今后进一步完善。

3. 财务分析一般流程

公路建设项目财务分析主要应用于收费性公路，收费还贷型公路项目通过编制财务报表来计算评价指标，主要考察项目的清偿能力；收费经营型公路项目则在考察项目清偿能力的基础上，注重考察项目的盈利能力。

财务分析可分为融资前分析和融资后分析。融资前分析的项目财务基准折现率按照发布的行业基准折现率取值，融资后分析的项目财务基准折现率采用加权平均资金成本率。在行业财务基准折现率发布之前，以国家规定的公路行业最低资本金比例确定的资金结构及国内银行长期贷款利率计算的加权平均资金成本率代替。

公路建设项目财务评价的基本内容和步骤（图10.3）：

（1）选取财务评价基础数据与参数，主要包括财务价格、税率、利率、汇率、计算期、财务基准折现率、基准收益率、固定资产折旧率等基础数据和参数。

（2）计算销售收入，估算成本费用。

（3）编制财务评价报表，主要有财务现金流量表、损益和利润分配表、资金来源与运用表、借款偿还计划表等财务报表。

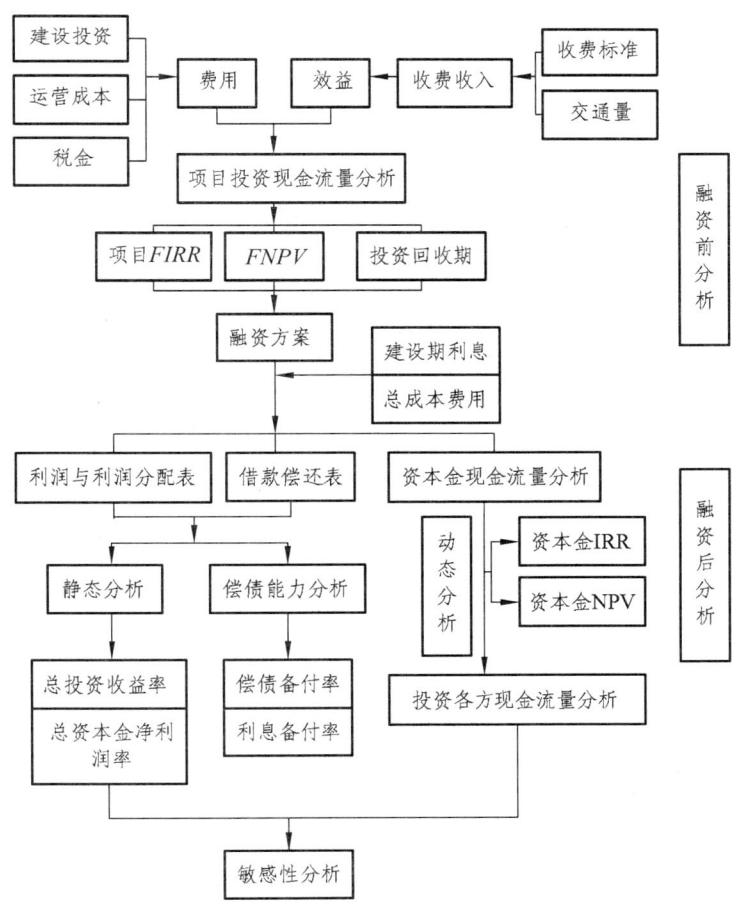

图10.3 财务分析一般流程图

（4）计算财务评价指标，进行盈利能力分析和偿债能力分析。
（5）进行不确定性分析，包括敏感性分析和盈亏平衡分析。
（6）编写财务评价报告。

4. 公路建设项目财务评价的参数确定

（1）价格体系

① 财务分析涉及3种价格：

基价：基价是以基年价格水平表示的，不考虑其后价格变动的价格，也称固定价格。如果采用基价，项目计算期内各年价格都是相同的。

时价：时价指任何时候的当时市场价格，包含相对价格变动和绝对价格变动的影响，以当时价格水平表示。

实价：实价是以基年价格水平表示的，反映相对价格变动因素影响的价格。可由时价中扣除物价总水平变动影响来求得。

② 财务评价取价原则。

财务评价中采用预测价格，预测以基价为基础，基价通常为开工前一年价格；盈利能力分析采用实价体系；清偿能力分析采用财务时价体系。

（2）基准折现率。

融资前评价中，财务基准折现率按照发布的行业基准折现率取值，按《方法与参数》（第三版）公路建设项目基准折现率取6%。在融资后评价中，财务基准折现率采用加权平均资金成本率。资金成本就是项目在筹集资金时所支付的代价，主要包括筹资费和资金使用费。

（3）财务评价计算期。

财务评价项目计算期包括建设期和运营期。建设期为项目施工工期。财务评价运营期一般取20年。在财务评价时，技术人员可结合具体项目的实际情况，按照《收费公路管理条例》的要求确定项目财务评价运营期年限，具体如下：

政府还贷公路的收费期限，按照用收费偿还贷款、偿还有偿集资款的原则确定，最长不得超过15年；国家确定的中西部省、自治区、直辖市的政府还贷公路收费期限，最长不得超过20年；经营性公路的收费期限，按照收回投资并有合理回报的原则确定，最长不得超过25年；国家确定的中西部省、自治区、直辖市的经营性公路收费期限，最长不得超过30年。

5. 财务费用计算

（1）财务费用构成。

公路建设项目财务费用分为建设期财务费用和运营期财务费用。其中，建设期财务费用包括固定资产投资、相关税金和建设期借款利息；运营期财务费用主要包括经营成本，如运营管理费、养护费和大中修费等，运营期利息支出和税金。

当拟建项目有相关联的配套服务、开发等商业性设施时，财务费用还包括有相关联的配套服务、开发等商业性设施的建设投资、经营成本和税金等各项支出。

（2）建设期财务费用计算。

建设期财务费用一般以投资估算为基础调整得到。

在投资估算基础上，结合收费经营性和收费还贷性公路建设项目财务评价盈利能力分析和清偿能力分析要求，以财务评价价格体系规定为基本依据，剔除或部分剔除投资估算中的"工程造价增长预留费"。在进行财务评价时，通常需拟定分年度投资计划。

（3）运营期财务费用计算。

① 养护费。

养护费指公路营运中所应开支的公路养护费、收费系统及收费设施维护费以及税费等开支。是对公路及构造物各部分磨损进行恢复、改善的公路工程费用。

养护费一般是以市场（不变）价格为基础，按各地区实际情况，结合各等级公路的服务水平及技术状况，运用类比法估算的。常用方法有取一定比例的建设费用；类比取平均水平；类比估算第一年费用，以后按某一固定比例增加等。

例如，某国道高速公路在进行工程可行性的财务评价时，养护费用取项目所在地区现有公路平均养护费用约3万元/公里年，以后每年年均增长3%。

② 运营管理费。

运营管理费主要指交通管理费、收费人员开支及税费等。

运营管理费是以市场（不变）价格为基础估算出来的，估算方法可采用类比法。实际工作中，通常以人均年费用作为类比指标。

例如，某高速公路工程可行性的财务评价中取运营管理费为通车第一年按3万元/人年估算，以后各年均按年增3%计。

③ 大中修费。

大中修费指对公路及构造物的较大损坏进行全面综合大修理，以全面恢复到原设计标准，或在原技术等级范围内进行局部改善和个别增建以提高公路通行能力的工程。

大中修费按市场（不变）价格进行大修理费投资估算。一般在通车运营8~10年大中修1次。在养护定额完善条件下，根据项目建设方案，可对大中修费用进行较准确的估算。

通常情况下是按照类比法进行估算。常用方法取项目所在地同等级公路每公里大修费用平均值；取固定资产投资占比的20%~30%；取养护费用的一定倍数等。如某高速公路工程可行性的财务评价中大中修费以养护费的13倍计。

④ 运营期利息支出和税金。

公路建设项目投资中有借贷资金的，在运营期需支付相应利息。一般主要包括国内借款利息、国外借款利息等。

税金主要指按国家现行财税政策征收的营业税和附加费及企业所得税。目前，营业税和附加费按收费收入的3.3%计，企业所得税按收费收入扣除各种支出后的利润总额的25%计。

⑤ 经营性费用。

当拟建项目有相关的配套服务、开发等商业性设施时，应将其建设投资、经营成本和税金等各项支出计入财务费用。

（4）项目的投融资模式选择。

项目的投融资模式是指项目投资及融资所采取的基本方式，包括项目的投资和融资组织形式、融资结构。研究项目的融资方案，首先要研究拟定项目的投融资主体和项目的投融资模式。

项目的投融资主体是指进行项目投资及融资活动的经济实体。按照是否依托于项目组建新的经济实体划分，项目的投融资主体分为两类：新设项目法人及既有项目法人。每一个项目的融资方案设计需要考虑项目的具体特征、项目所处国家和地区的投融资环境、项目发起人的实力、经验、筹资信用、投资战略等多种因素。

公路建设基础设施由于其公共服务性，传统上我国采取由政府直接投资并管理或由政府控制的国有企业投资运营两种投融资模式。近年来国家投资体制改革，在基础设施投资方面，开始引入新的投资机制，以特许经营的方式引入非国有的其他投资人投资。基础设施特许经营，是由国家或地方政府将基础设施的投资和经营权，通过法定的程序，有偿或者无偿地交给选定的投资人投资经营。典型的基础设施特许经营方式有 BOT、PPP、TOT 方式。项目的融资方案研究，需要充分调查项目的运行和投融资环境基础，需要向政府、各种可能的投资方、融资方征询意见，不断地修改完善项目的融资方案，最终拟定出一套或几套可行的融资方案。最终提出的融资方案应当是能够保证公平性、融资效率、风险可接受、可行的融资方案。

6. 财务效益计算

（1）财务效益构成。

公路建设项目的财务效益包括收费收入和其他费用收入。收费收入指以项目交通量、收费标准和收费里程为基础计算得到的收入。其他费用收入指当拟建项目有相关联的配套服务、开发等商业性设施时，应计入其建设投资、经营成本和税金等各项支出，同时也应计入其产品销售（营业）收入。进行财务效益计算时一般只计算收费收入。

收费年收入测算公式为

$$R = \sum_{v=1}^{n}(T_v \times TR_v \times L) \times 365 \qquad (10.20)$$

式中　R——收费年收入（元）；

　　　T_v——车型 v 的年平均日交通量（自然数，辆/d）；

　　　TR_v——车型 v 的收费标准（元/车·km）；

　　　L——拟建项目里程（km）。

（2）收费标准确定。

① 确定原则。

a. 促进收费公路的国民经济效益的发挥，提高收费公路的利用率。从前面的分析可知，收费标准越高，行驶在收费公路上的交通量越小，相应地收费公路的国民经济效益减少。因此，应限制收费标准，确保国民经济效益。

b. 促进收费经营企业内部效率的提高。由于公路具有自然垄断性，特别是在没有并行公路时，公路收费后交通需求的价格弹性较小，收费企业因能通过收费标准获取垄断利润而不注重加强内部的经营管理，降低营运成本。因此，需要对收费价格进行限制以促进收费经营企业内部效率的提高。

c. 保护消费者权益。垄断性收费价格会侵害消费者（公路使用者）的合法权益，因此，需要对收费标准的制定进行审查，以确保收费公正。

d. 保证收费企业财务的稳定。即确保收费公路的财务投资效果，提高投资者的公路投资积极性。

② 制定考虑因素与思路。

确定车辆通行费收费标准应考虑的主要因素有公路使用者所获得的效益、其他运输方式的收费标准和其他公路的收费标准、公路使用者对公路收费的负担能力和接受能力、投资者期望的投资收益率、不同车型车辆（使用者）所获得效益的大小、不同车型车辆（使用者）对公路的损坏程度。

在进行公路项目前期研究时，通常在考虑上述因素的基础上，结合拟建项目所在地区的其他收费公路收费标准确定。在项目经济评价的计算期内，项目通行费收费标准一般会做适当的调整，调整的时间间隔、幅度等可以参照拟建项目所在地区的类似项目确定。

③ 公路收费标准的确定。

收费标准可采用如下 2 种方法合理确定。

a. 根据公路使用者受益价值的大小确定收费标准。主要依据有此项目与无此项目之间形成的车辆行驶费用节约额，考虑不同车型或汽车的载重吨位确定收费标准。

b. 根据公路建设项目的总投资费用、项目评价期内交通量增长率、项目的投资利率等因素，可测算出收费标准。

收费年收入测算公式为

$$P = A\frac{(1+t)^{n-1}}{(1+\tau)(t+\tau)} \tag{10.21}$$

式中　P——总投资现值（元）；

A——$A = N \times L \times K$，N 为交通量，L 为里程，K 为收费标准；

t——交通增长率；

τ——投资利率；

n——评价计算期（年）。

在可行性研究中，P、N、L、t、τ、n 均为已知，从而通过此式即可计算公路收费标准 K，结果为各车型平均收费标准。

7. 盈利能力分析

公路建设项目盈利能力分析采用的指标主要有财务内部收益率、财务净现值、财务投资回收期等。公路建设项目盈利能力分析通过项目投资现金流量表、项目资本金现金流量表、利润与利润分配表进行分析与计算。

（1）财务内部收益率（$FIRR$）是指公路项目在整个计算期内，各年净现金流量现值累计等于零时的折现率。计算公式为

$$\sum_{t=1}^{n}(CI_t - CO_t) \times (1+FIRR)^{-t} = 0 \tag{10.22}$$

式中　CI_t——第 t 年现金流入量（财务收益）；
　　　CO_t——第 t 年现金流出量（财务支出）；
　　　n——计算期。

财务内部收益率可根据财务现金流量表中净现金流量用试算内插法计算求得。将求出的财务内部收益率（$FIRR$）与行业的基准收益率或设定的折现率（I_c）比较，当 $FIRR > I_c$ 时，即认为其盈利能力已满足最低的要求，在财务上是可以考虑接受的。

（2）财务净现值（$FNPV$）是指按财务基准折现率，将项目计算期内各年净现金流量折现到开工前一年年末的现值之和，是考察公路项目在计算期内盈利能力的动态评价指标，计算公式为

$$FNPV = \sum_{t=1}^{n}(CI_t - CO_t) \times (1+I_c)^{-t} \quad (10.23)$$

式中　I_c——财务基准折现率。

即财务净现值是项目的效益现值总额减去项目费用现值总额的差额。财务净现值可根据财务现金流量表计算求得，财务净现值大于或等于零的项目是可以考虑接受的。财务净现值越大项目的盈利能力越好。

（3）投资回收期（P_t）是指以项目净收益抵偿全部建设费用所需要的时间，是反映项目投资回收能力的重要指标。一般以年为单位，并从项目建设起始年算起。如果从投入运营年算起，应特别注明。计算公式为

$$P_t = 累计财务净现值（收益）开始出现正值年份 - 项目建设起始年份 + \frac{上年累计净现值的绝对值}{当年净收益现值} \quad (10.24)$$

投资回收期可根据财务现金流量表（全部投资）中累计净现金流量计算求得。在财务评价中，求出的投资回收期（P_t）与行业的基准投资回收期比较，当财务投资回收期小于或等于基准投资回收期时，表明项目投资能在规定的时间内收回，投资回收期越短越好。

8. 清偿能力分析

公路建设项目清偿能力分析主要是考察计算期内项目各年的财务状况及偿债能力。主要采用借款偿还期指标进行评价，也可用利息备付率或偿债备付率指标来考察。

（1）借款偿还期。

借款偿还期是指在国家财政规定及项目具体财务条件下，用公路项目建成投入运营后可用于还款的资金，按照最大偿还能力计算偿还借款本金和利息所需要的时间。借款偿还期通常借助"借款还本付息表"进行计算。当借款偿还期计算值小于财务分析计算期或满足贷款机构期限要求时，即可认为项目具有偿还能力。计算公式为

$$借款偿还期 = 借款偿还后开始出现盈余年份 - 开始借款年份 + \frac{当年应偿还借款额}{当年可用于还款的资金额} \quad (10.25)$$

（2）利息备付率。

利息备付率是指项目在借款偿还期内，各年可用于支付利息的息税前利润与当期应付利息金额的比值。利息备付率大于1时，即可认为项目付息保障能力较强。计算公式为

$$\text{利息备付率} = \frac{\text{息税前利润}}{\text{当期应付利息金额}} \quad (10.26)$$

（3）偿债备付率。

偿债备付率是指项目在借款偿还期内，各年可用于还本付息资金与当期应还本付息金额的比值。偿债备付率大于1时，即可认为项目具备还本付息能力。计算公式为

$$\text{偿债备付率} = \frac{\text{可用于还本付息资金}}{\text{当期应还本付息金额}} \quad (10.27)$$

10.4 经济费用效益分析案例

某二级公路建设里程为 6.432 km，设计时速为 60 km/h，采用双向两车道 12 m 建设标准。结合交通发展规模、沿线地形、地质条件以及筑路材料情况，初步确定主要工程数量有：土石方 751 024 m³，路基排水防护工程 45 741 m³，桥梁工程 1 400 延米/8 座，涵洞 17 道，沥青混凝土路面 55 146 m²，平面交叉 5 处。投资估算总金额 1.869 6 亿元，平均每千米造价 2 906.72 万元。资金来源为政府投资。

公路建设项目的评价期包括建设期和运营期。本项目建设期为 2012 年 3 月至 2013 年 3 月，工期 12 个月；运营期按 20 年计算，故本项目评价期为 21 年，即 2012 年—2033 年。

参照《建设项目经济评价方法与参数》（第三版）及有关资料，确定本项目国民经济评价的有关参数。本项目交通量预测表见表 10.11，社会折现率取 8%；影子汇率换算系数取 1.08；贸易费用率取 6%；项目残值为工程建设费用的 50%，在评价末年以负值计入经济费用。

根据以上材料及交通量进行经济费用效益分析（国民经济评价）。

表 10.11 本项目交通量预测表

年份	交通量（辆/日）	年份	交通量（辆/日）	年份	交通量（辆/日）
2010	1 960	2018	3 368	2026	5 786
2011	2 097	2019	3 604	2027	6 191
2012	2 244	2020	3 856	2028	6 625
2013	2 401	2021	4 126	2029	7 089
2014	2 569	2022	4 414	2030	7 585
2015	2 749	2023	4 723	2031	8 116
2016	2 942	2024	5 054	2032	8 684
2017	3 147	2025	5 408	2033	9 292

注：本项目趋势交通量等于总交通量，交通量为自然数。

编制步骤如下：

1. 参数选取

本项目社会折现率取 8%；影子汇率换算系数取 1.08；贸易费用率取 6%；项目残值为工程建设费用的 50%，影子工资系数为 0.75。

2. 费用调整

本项目经济费用包括项目建设期建设投资及运营期公路大修、管养费用。现根据国民经济评价要求，按影子价格对其进行调整。

（1）项目建设费用的调整。

在本项目建设费用中，主要对人工、原木、锯材、钢材、水泥、沥青的材料费和土地征用费进行调整，并剔除其中转移支付部分的费用，其他按实际考虑不作调整。调整结果见表 10.12。

表 10.12 经济评价费用调整表

费用名称	单位	工程数量	财务单价	财务费用	影子价格	经济费用	费用增减
人 工	工日	316 913	63.46	20 111 299	47.595	15 083 474.2	-5 027 824.745
原 木	m^3	126	1 300	163 800	864.32	108 904.32	-54 895.68
锯 材	m^3	249	1 485	369 765	946.77	235 745.73	-134 019.27
钢 材	t	191	5 700	1 088 700	4 250.07	811 763.37	-276 936.63
加工钢材	t	191	8 500	1 623 500	4 280.14	817 506.74	-805 993.26
Ⅰ级钢筋	t	995	5 230	5 203 850	4 118.67	4 098 076.65	-1 105 773.35
Ⅱ级钢筋	t	3 001	5 292	15 881 292	4 118.67	12 360 128.7	-3 521 163.33
水 泥	t	25 035	500	12 517 500	360.32	9 020 611.2	-3 496 888.8
石油沥青	t	1 155	6 200	7 161 000	4 702.22	5 431 064.1	-1 729 935.9
土 地	亩	326		12 321 026	24 256	7 907 456	-4 413 570
税 金	公路公里	6.432		5 413 589	0	0	-5 413 589
合 计			186 960 430			160 979 840	-25 980 589.97
备 注	总费用调整：186 960 430 - 25 980 590 = 160 979 840 元						

（2）运营期费用的调整。

参考当地 2012 年现有高等级公路的养护费用投入情况，本项目的养护及管理财务费用为 2.0 万元/km。随着交通量的逐年增长，公路破坏程度不断加剧，公路每年所需养护费将逐年增加，预计年增长率为 3%。

本项目路面工程设计方案为沥青混凝土路面，预计每 8 年进行一次大修，参照当地调查资料，本项目的大修财务费用为 50 万元/km，大修财务费用的年增长率为 3%。以建设期经济费用和财务费用的比例为基础，根据养护、管理及大修的财务费用，计算可得养护、管理及大修的经济费用。

3. 计算经济效益

（1）计算降低营运成本的效益。

因缺少旅客运输单位成本资料,各种效益计算中均把客运换算为货运进行间接计算,货运(中型载重)车每车平均按 5 t 计,实载率 50%。没有此公路项目时(四级公路),货物通过其他公路或其他运输方式的运输成本按 2007 年当地《交通志》统计资料分析,结合现有交通构成情况,采用汽车平均 2007 年无项目(四级公路)运输单位成本为 260 元/(kt·km),有项目(二级公路)单位运输成本为 148 元/(kt·km)。

四级公路运输成本为:260(元/(kt·km))×5(t/车)÷1 000×0.5(实载率)= 0.65(元/车 km)
二级公路运输成本为:148(元/(kt·km))×5(t/车)÷1 000×0.5(实载率)= 0.37(元/车 km)

根据运输成本 3% 的增长率计算,2013 年四级公路运输成本为 0.73 元/车 km;二级公路运输成本为 0.42 元/车 km。

经调查在无此项目情况下,本项目起终点道路里程为 14 km。计算降低营运成本的效益见表 10.13。

表 10.13 降低营运成本的效益

年份	降低营运成本的效益/万元	年份	降低营运成本的效益/万元
2013	663	2024	1 931
2014	731	2025	2 129
2015	805	2026	2 346
2016	887	2027	2 585
2017	978	2028	2 849
2018	1 078	2029	3 140
2019	1 188	2030	3 461
2020	1 309	2031	3 814
2021	1 443	2032	4 204
2022	1 590	2033	4 633
2023	1 752		

注:由于建设里程短,无项目时老路为四级公路,新建项目对其运营成本影响不大,故原有相关公路降低运营成本的效益可忽略不计。

(2)计算旅客节约时间效益。

根据交通量预测结果,本项目客车数量占总交通量的比例为 30%。取 2013 年旅客单位时间价值与客车平均载运系数的乘积为 24 元/(辆·h),年增长率为 7%;取四级公路行车速度 20 km/h、二级公路行车速度 60 km/h,计算旅客节约时间效益见表 10.14。

表 10.14 旅客节约时间效益

年份	旅客节约时间效益/万元	年份	旅客节约时间效益/万元
2013	374	2024	1 736
2014	430	2025	1 996
2015	494	2026	2 296
2016	568	2027	2 640
2017	653	2028	3 035
2018	751	2029	3 490
2019	864	2030	4 012
2020	993	2031	4 614
2021	1 142	2032	5 305
2022	1 313	2033	6 099
2023	1 510		

注:由于建设里程短,无项目时老路为四级公路,新建项目对旅客节约时间效益影响不大,故原有相关公路旅客节约时间效益可忽略不计。

（3）计算减少交通事故的效益。

根据《交通事故率计算模型》和《公路平均事故损失费》，计算本项目减少交通事故的效益，见表10.15。

表10.15　减少交通事故的效益

年份	旅客节约时间效益/万元	年份	旅客节约时间效益/万元
2013	49	2024	148
2014	54	2025	165
2015	59	2026	184
2016	65	2027	205
2017	72	2028	230
2018	80	2029	257
2019	88	2030	287
2020	97	2031	322
2021	108	2032	361
2022	120	2033	406
2023	133		

注：由于建设里程短，无项目时老路为四级公路，新建项目对减少交通事故效益影响不大，故原有相关公路减少交通事故效益可忽略不计。

（4）评价指标计算及敏感性分析。

本项目国民经济评价指标主要有经济内部收益率、经济净现值、经济效益比、投资回收期等。本项目的国民经济费用效益流量表详见表10.18。

从表10.16中的数据可以看出，本项目的国民经济内部收益率为14.8%，超过了8%的社会基准折现率，净现值为16 834万元>0，效益费用比为2.12>1。从敏感性分析（表10.17）中可以看出，效益和费用变化对经济内部收益率、经济效益费用比、经济净现值的影响幅度不大，说明该项目对不确定因素的变化具有较强的抗风险能力。因此本项目是可行的。

表10.16　国民经济评价指标表

指　　标	内部收益率	净　现　值	效益费用比	动态投资回收期
评价结果	14.8%	16 834万元	2.12	14年

表10.17　敏感性分析表

项　目	评价参数	变　化　范　围				
		-20%	-10%	0	10%	20%
交通量变化	$EIRR$	13.44	14.02	14.8	15.58	16.16
	$EBCR$	2.02	2.07	2.12	2.18	2.25
	$ENPV$	13 817	15 353	16 834	18 523	20 376
投资变化	$EIRR$	18.6	17.1	14.8	12.52	11.54
	$EBCR$	3.27	2.62	2.12	1.47	0.72
	$ENPV$	20 028	18 208	16 834	15 757	14 182

表10.18 国民经济费用效益流量表

单位：万元

序号	项目	建设期 2012	运营期 2013	2014	2015	2016	2017	2018	2019	2020	2021	2022	2023	2024	2025	2026	2027	2028	2029	2030	2031	2032	2033
1	效益流量		1 086	1 214	1 359	1 521	1 704	1 909	2 140	2 400	2 694	3 024	3 396	3 816	4 291	4 826	5 826	6 114	6 887	7 761	8 750	9 870	11 138
1.1	降低车辆营运成本		663	731	805	887	978	1 078	1 188	1 309	1 443	1 590	1 752	1 931	2 129	2 346	2 585	2 849	3 140	3 461	3 814	4 204	4 633
1.2	节约旅客在途时间		374	430	495	569	654	752	864	994	1 143	1 314	1 511	1 737	1 997	2 296	3 035	3 035	3 490	4 013	4 614	5 305	6 100
1.3	减少事故效益		49	54	59	65	72	80	88	97	108	120	133	148	165	184	205	230	257	287	322	361	406
2	费用流量	16 098	14	14	14	15	15	16	16	424	17	18	18	19	19	20	21	537	22	23	23	24	-8 024
2.1	建设费	16 098																					
2.3	养护费		14	14	14	15	15	16	16	17	17	18	18	19	19	20	21	21	22	23	23	24	25
2.4	大修费		0	0	0	0	0	0	0	407	0	0	0	0	0	0	0	516	0	0	0	0	0
2.5	残值		0	0	0	0	0	0	0	0	0	0	0	0	0	0	0	0	0	0	0	0	-8 049
3	净现金流量	-16 098	1 072	1 200	1 344	1 506	1 688	1 893	2 124	1 976	2 676	3 006	3 378	3 798	4 271	4 806	5 806	5 577	6 865	7 739	8 727	9 846	19 163
4	净现金流折现	-16 098	993	1 029	1 067	1 107	1 149	1 193	1 239	1 068	1 339	1 392	1 449	1 508	1 571	1 636	1 830	1 628	1 855	1 937	2 022	2 113	3 807
5	累计净现金流折现	-16 098	-15 105	-14 076	-13 009	-11 902	-10 752	-9 559	-8 320	-7 252	-5 914	-4 521	-3 072	-1 564	6	1 642	3 473	5 100	6 956	8 893	10 915	13 027	16 834

净现值 16 834 万元（$I_s = 8\%$） 内部收益率 14.8% 动态投资回收期 14年 效益费用比 $EBCR = 2.12$

复习思考题

1. 公路建设项目经济费用效益分析有哪些特点？
2. 公路工程项目的经济费用由哪几部分组成？如何进行经济费用的调整？
3. 如何进行公路建设项目经济费用效益分析？
4. 公路建设项目国民经济评价指标有哪些？
5. 简述公路收费标准的制定原则与确定方法？

11 房地产开发项目经济评价

【学习要点】
（1）房地产开发项目的开发建设投资构成；
（2）房地产开发项目的运营费用构成；
（3）房地产开发项目经济评价指标。

11.1 房地产项目经济评价的特点

房地产项目的投资与成本，与一般工业项目有较大差异。房地产项目的形式较多，下面主要讨论较为复杂的房地产开发投资项目。

11.1.1 房地产项目投资与一般建设项目投资的不同

房地产项目投资基本可以分为房地产开发投资和房地产置业投资 2 种形式，而每种形式中都可以包含 3 种经营模式：出售、出租和自营。而且，这 3 种模式既可以单独实施，又可以相互组合。

房地产开发投资中开发后进行销售的项目，房地产开发企业投入的资金均属于流动资金性质，其所投资的大部分形成了以建筑物或构筑物等固定资产形式存在的房地产商品，这一商品通过销售转让出去，收回投资。因此，在投资开发的过程中，房地产开发企业本身形成的固定资产几乎没有。这种情况下，房地产项目的总投资基本一次性地转移到房地产产品成本中去，这与一般工业项目不同，即房地产项目的总投资基本等于房地产项目的总成本费用。

房地产开发投资中的出租或自营以及房地产置业投资，与一般工业项目投资和成本的概念相同。出租和自营的开发成本形成固定资产，通过折旧计入经营成本，属于房地产开发企业的非经营性固定资产（如公司办公用房），通过折旧形式计入企业管理费，这与一般工业项目的建设投资形成固定资产，再通过固定资产折旧计入产品成本做法相同。

表 11.1　房地产投资项目中投资与成本的特点

投资形式	经营模式	投 资	成 本
房地产开发投资	出售	开发过程中的资金投入	开发过程中的成本支出
	出租	开发过程中的资金投入	含建设成本和出租成本
	自营	开发过程中的资金投入	含建设成本和经营成本
房地产置业投资	出租	购买房地产时的资金投入	含购置成本和出租成本
	自营	购买房地产时的资金投入	含购置成本和经营成本

11.1.2　房地产开发项目总投资与一般建设项目总投资的不同

一般建设项目总投资是指建设项目在筹建期、建设期和生产运营期所发生的全部投资费用，具体由建设投资、建设期利息和流动资金 3 部分构成。房地产开发项目总投资包括开发建设投资和经营资金。其中，开发建设投资是指开发期内完成房地产产品开发建设所需投入的各项费用。经营资金是指房地产开发企业用于日常经营周转的资金。

一般建设项目总投资中，按照概算法分类，建设投资包括工程费用、工程建设其他费用和预备费用。房地产开发项目的投资估算中也有按照工程费用、工程建设其他费用和预备费用来估算开发建设投资的，但是房地产开发项目的投资估算有自己的特点。通常开发建设投资按照土地费用、前期工程费、基础设施建设费、建筑安装工程费、公共配套设施建设费、开发间接费、管理费用、财务费用、销售费用、开发期税费、其他费用以及不可预见费等来一一估算。

开发建设投资在建设过程中形成以出售和出租为目的的开发产品成本和以自营为目的的固定资产及其他资产，应注意开发建设投资在开发产品成本与固定资产和其他资产之间的合理分配。

如果房地产开发商出租或自营，这两者经营期的成本费用直接计入经营成本，不包括在项目的总投资中。

11.1.3　房地产开发项目的开发建设投资估算

房地产开发项目的开发建设投资是指开发期内完成房地产产品开发建设所需投入的各项费用，主要包括：土地费用、前期工程费、基础设施建设费、建筑安装工程费、公共配套设施建设费、开发间接费、管理费用、财务费用、销售费用、开发期税费、其他费用以及不可预见费等。

（1）土地费用估算。

土地费用是指为取得房地产项目用地使用权而发生的费用，对土地费用的估算方法要依实际获取土地的方式来选择。

目前房地产开发企业主要通过挂招拍方式获取土地，因此土地费用按成交价结合契税来估算。

（2）前期工程费用。

前期工程费主要包括：开发项目前期规划、设计、可行性研究，水文、地质勘测，以及"三通一平"等阶段的费用支出。一般可按项目总投资的一定百分比估算，也可根据所需工作量结合有关收费标准估算。"三通一平"的费用有时已经包含在土地费用中，因为土地已经进行了一级开发，有时放在其他费用中。

（3）基础设施建设费。

基础设施建设费是指建筑物 2 m 以外和项目用地规划红线以内的各种管线和道路等工程的费用，主要包括供水、供电、供气、排污、绿化、道路、路灯、环卫设施的建设费用，以及各项设施与市政设施干线、干管、干道的接口费用。一般按实际工程量估算，基础设施费通常采用单位指标估算法来计算，粗略估算时，则各项基础设施工程均可按建筑平方米或土地平方米造价计算。

（4）建筑安装工程费。

建筑安装工程费是指建造房屋建筑物所发生的建筑工程费用、设备采购费用、安装工程费用和室内装饰费等。建筑安装工程费用估算可以采用单元估算法、单位指标估算法、工程量近似匡算法、概算指标估算法、概预算定额法等，也可以根据类似工程经验进行估算。当房地产项目包括多个单项工程时，应对各个单项工程分别估算建安工程费。

（5）公共配套设施建设费。

公共配套设施建设费是指居住小区内为居民服务配套建设的各种非营利性的公共配套设施（又称公建设施）的建设费用，主要包括：居委会、派出所、托儿所、幼儿园、锅炉房、变电室、公共厕所、停车场等。一般按规划指标和实际工程量估算（参考建安工程费的估算方法估算）。

（6）开发间接费。

开发间接费是指房地产开发企业所属独立核算单位在开发现场组织管理所发生的各项费用。主要包括：工资、福利费、折旧费、修理费、办公费、水电费、劳动保护费、周转房摊销和其他费用等。当开发企业不设立现场机构，由开发企业定期或不定期派人到开发现场组织开发建设活动时，所发生的费用可直接计入开发企业的管理费用。

（7）管理费用。

管理费用是指房地产开发企业的管理部门为组织和管理房地产项目的开发经营活动而发生的各项费用。主要包括：管理人员工资、工会经费、业务接待费、职工教育经费、劳动保险费、待业保险费、董事会费、咨询费、审计费、诉讼费、房产税、土地使用税（企业管理用房）、车船使用费、技术开发费、无形资产摊销、开办费摊销等各种费用。管理费可按前述（1）~（5）项费用之和的一定百分比计算。

（8）财务费用。

财务费用是指房地产开发企业为筹集资金而发生的各项费用。主要包括借款和债券的利息、金融机构手续费、融资代理费、外汇汇兑净损失以及企业筹资发生的其他财务费用。

长期借款利息的估算按单利或复利计息公式计算；流动资金借款部分是按全年利息，每年照付，期末一次还本；利息以外的费用一般按利息的 10% 左右考虑。

（9）销售费用。

销售费用是指房地产开发企业在销售房地产产品过程中发生的各项费用，以及专设销售机构或委托销售代理的各项费用。主要包括销售人员工资、奖金、福利费、差旅费、销售机构的折旧费、修理费、物料消耗、广告费、宣传费、代销手续费、销售服务费及预售许可证申领费等。综合起来为：广告宣传及市场推广费，一般按销售收入的一定百分比计算。

（10）其他费用。

其他费用主要包括临时用地费和临时建设费、工程造价咨询费、总承包管理费、合同公证费、施工执照费、工程质量监督费、工程监理费、竣工图编制费、工程保险费等。这些费用按当地有关部门规定的费率估算。

（11）开发期间税费。

开发期间税费是指项目所负担的与房地产投资有关的各种税金和地方政府或有关部门征收的费用。各项税费应根据当地有关法规标准估算。

（12）不可预见费。

房地产项目投资估算应考虑适当的不可预见费用。不可预见费根据项目的复杂程度和前述各项费用估算的准确程度来估计取费费率。可按前述（1）~（5）项费用之和的一定百分比计算。

11.1.4 房地产开发项目的运营费用估算

房地产开发项目的运营费用是指房地产项目开发建成后，在项目经营期间发生的各种运营费用，相当于工业项目的生产费用。主要费用构成见表11.2。

表 11.2 运营费用估算

序号	费用名称	第1期	第2期	……
1	经营费用			
1.1	经营直接费			
1.1.1	原材料			
1.1.2	燃料动力			
1.1.3	工资及福利费			
1.1.4	其他			
1.2	经营间接费			
2	销售费用			
3	财务费用			
4	管理费用			

11.1.5 房地产开发项目收入估算

在房地产开发项目的经济评价中，市场分析与预测的最终目的就是对项目租售方案的确定、租售价格的确定和经营收入的估算。

1. 租售方案的确定

房地产项目应在项目策划方案的基础上，制定切实可行的出售、出租和自营等计划（以下简称租售方案）。租售方案应遵守政府有关房地产租售和经营的规定，并与房地产开发商的投资策略相结合。

租售方案一般应包括以下几个方面的内容：

（1）项目出售、出租还是租售并举；出售面积和出租面积的比例是多少；整个项目中哪些出售、哪些出租、哪些自营。

（2）可出售面积、可出租面积、自营面积和可分摊建筑面积及各自在建筑物中的位置。

（3）出售和出租的时间进度安排和各时间段内租售面积数量的确定，并要考虑租售期内房地产市场可能发生的变化对租售数量的影响。

（4）售价和租金水平的确定。

（5）收款方式与收款计划的确定。确定收款方式应考虑房地产交易的付款习惯和惯例，以及分期付款的期数和各期付款的比例。

在实际工作中，可参照表 11.3、表 11.4、表 11.5 和表 11.6 进行。

表 11.3 房地产开发项目销售计划及收款计划表

单位：建筑面积（m²），销售收入（元）

销售期间		第 1 期		第 2 期		…	第 N 期		合计
销售计划	面积								
	百分比								100%
收款计划	期间	百分比	销售收入	百分比	销售收入		百分比	销售收入	
	第 1 期								
	第 2 期								
	第 3 期								
	……								
	第 N 期								
总计									

表 11.4　房地产开发项目出租计划及出租收入计划表

单位：建筑面积（m²），销售收入（元）

序号	项目名称	建设期			经营期				
		第1期	第2期	第3期	…	…	…	第N-1期	第N期
1	可出租的建筑面积								
2	单位租金								
3	潜在毛租金收入								
4	出租率（%）								
5	有效毛租金收入								
6	转售收入								
7	转售成本及税费								
8	净转售收入								

表 11.5　房地产项目销售收入汇总表（全部出售方案）　　　　单位：万元

项目	建筑面积（m²）	售价（元/m²）	2013年		2014年		2015年		合计
			上半年	下半年	上半年	下半年	上半年	下半年	
地上商业部分									
公寓楼部分									
地下商业部分									
地下车库部分									
总计									

表 11.6　房地产项目出租收入汇总表（全部出租方案）　　　　单位：万元

物业类型	初始租金（元/m²）	年期	3	4	5	…	…	14	15	合计
		入住率								
地上商业部分		收入（万元）								
公寓楼部分										
地下商业部分										
地下车库部分										
其他面积										
总计										

2. 租售价格的确定

租售价格应在房地产市场分析的基础上确定，一般可选择在位置、规模、功能和档次等方面可比的交易实例，通过对其成交价格的分析与修正，最终得到项目的租售价格。也可以参照房地产开发项目产品定价的技术和方法来确定。

租售价格的确定要与开发商市场营销策略相一致，在考虑政治、经济、社会等宏观环境对物业租售价格影响的同时，还应对房地产市场供求关系进行分析，考虑已建成的、正在建设的以及潜在的竞争项目对拟开发项目租售价格的影响。

在实际工作中，一般是以市场调查收集相似的竞争项目的市场价格为基础，根据本项目的特点、企业目标和市场情况来综合修正确定。

3. 经营收入估算

经营收入是指向市场出售、出租房地产商品或自营时的货币收入。房地产开发项目的经营收入主要包括房地产产品的销售收入、租金收入、土地转让收入、配套设施销售收入（以上统称租售收入）和自营收入。

（1）销售收入。

销售收入包括土地转让收入、商品房销售收入和配套设施销售收入。

计算公式为

$$销售收入 = 可出售建筑面积 \times 销售单价 \qquad (11.1)$$

这里应注意可出售面积比例的变化对销售收入的影响以及由于规划设计的原因导致不能出售面积比例的增大对销售收入的影响。

销售收入有三个用途：一是用来还本付息；二是和来进行再投资（也叫预售收入再投入，当为预售时）；三是作为利润（在扣除了各种成本费用后）。因此，在投资计划与资金筹措表中，"销售收入"代表资金筹措的渠道；在借款还本付息表中，"销售收入"代表还本付息资金的来源渠道；在现金流量表中，"销售收入"代表资金来源的渠道；在利润表中，"销售收入"代表土地增值税、经营税金及附加、所得税等的计算基数，是计算税后利润的最基本数据。

（2）租金收入。

租金收入包括出租房租金收入和出租土地租金收入。计算公式

$$租金收入 = 可出租建筑面积 \times 租金单价 \qquad (11.2)$$

这里应注意空置期（项目竣工后暂时找不到租户的时间）和出租率对租金收入的影响。

没有考虑空置率或出租率的租金收入叫潜在总收入或毛租金收入；考虑了空置率或出租率以后，如果该物业中还有其他收入（如自动售货机、洗衣房收入等），那么从潜在总收入中扣除空置和租金损失，再加上其他收入，就得到了该物业的实际总收入或有效收入；如果再考虑出租期的运营费用，则租金收入就是净租金收入（或净经营收入）。运营费用主要是经营过程中发生的人员工资及办公费用、维护维修费、清洁保安费、保险费、房产税、管理费和折旧费等。

三者的关系可用公式表示如下

$$潜在总收入 = 可出租面积 \times 单位租金 \qquad (11.3)$$

$$\text{实际总收入} = \text{潜在总收入} \times (1 - \text{空置率}) + \text{其他收入} \quad (11.4)$$

或

$$= \text{潜在总收入} \times \text{出租率} + \text{其他收入} \quad (11.5)$$

$$\text{净经营收入} = \text{实际总收入} - \text{运营费用} \quad (11.6)$$

这三个概念在计算中会经常遇到，计算时一般以年为单位。

（3）自营收入。

自营收入是指房地产开发企业用开发完成后的房地产进行商业和服务业等经营活动得到的收入。

在进行自营收入估算时，应充分考虑目前已有的商业和服务业设施对房地产项目建成后产生的影响，以及未来商业、服务业市场可能发生的变化对房地产项目的影响。

经营收入是按市场价格计算的，房地产开发企业的房地产产品只有在市场上被出售、出租或自营，才能给企业或是社会带来收益。因此，经营收入比企业完成的开发工作量（产值）更能反映房地产开发投资项目的经济效果。

11.1.6 房地产开发项目税金估算

房地产开发项目评价涉及的税费主要有：营业税、城市维护建设税、教育费附加、土地增值税、企业所得税等。

1. 营业税

是对提供应税劳务、转让无形资产或销售不动产所取得的营业收入征收的税。房地产项目评价中营业税按照销售收入和规定的税率（按5%）计算。

$$\text{营业税税额} = \text{销售收入} \times \text{营业税税率}(5\%) \quad (11.7)$$

2. 城市维护建设税

此税按纳税人所在地的不同，设置了三档差别比例税率：纳税人所在地为市区的，税率为7%；纳税人所在地为县城、镇的，税率为5%；纳税人所在地不在市区、县城、镇的，税率为1%。

$$\text{城市维护建设税税额} = \text{营业税税额} \times \text{城市维护建设税税率} \quad (11.8)$$

3. 教育费附加

教育费附加是以增值税、消费税、营业税实际缴纳的税额为计税依据而征收的一种税。房地产开发项目中，是以营业税税额为基数计算，税率按税法规定为3%，有些地方还另外加收地方教育费附加。

$$\text{教育费附加} = \text{营业税税额} \times \text{教育费附加税率} \quad (11.9)$$

以上三项通常合称为经营税金及附加，也称销售税金及附加。在计算销售收入时同时计算，直接在销售收入中扣除，并计入相应的报表。

4. 土地增值税

以纳税人转让房地产所取得的土地增值额为计税依据，从价依率征收。土地增值税实行四级超额累进税率。

土地增值额为纳税人转让房地产取得的收入减去规定扣除项目金额后的余额。增值额与扣除项目金额的比率越大，适用的税率越高，税额就越高。

按照《中华人民共和国土地增值税暂行条例实施细则》第七条规定，计算土地增值额的扣除项目为：

（1）取得土地使用权所支付的金额。

（2）房地产开发成本。指纳税人房地产开发项目实际发生的成本，包括土地征用与拆迁费、前期工程费、建筑安装工程费、基础设施建设费、公共配套设施建设费、开发间接费等。（实际工作中也有将（1）和（2）两项合称为"房地产开发成本"）

（3）房地产开发费用。指与房地产开发项目有关的三项期间费用，即销售费用、管理费用、财务费用。扣除房地产开发费用时，不是按项目实际发生额，而是要按上述实施细则的标准来扣除。标准的选择按以下几种情况：

① 纳税人能够按照转让房地产项目计算分摊利息支出并能提供金融机构贷款证明的，利息支出据实扣除，但最高不能超过按商业银行同类同期贷款利率计算的金额；其他开发费用按地价款和房地产开发成本之和的5%以内计算扣除。公式如下

$$房地产开发费用 = 利息 + （地价款 + 房地产开发成本）\times 5\% \qquad (11.10)$$

② 纳税人不能够照转让房地产项目计算分摊利息支出，或不能提供金融机构贷款证明的，房地产开发费用按地价款和房地产开发成本之和的10%以内计算扣除。公式如下

$$房地产开发费用 = （地价款 + 房地产开发成本）\times 10\% \qquad (11.11)$$

（4）与转让房地产有关的税金。

指在转让房地产时缴纳的营业税、城市维护建设税、教育费附加和印花税。

（5）上述"（1）"和"（2）"之和的20%。

按照《中华人民共和国土地增值税暂行条例》规定，纳税人建造普通住宅（指一般商品房，不包括高级公寓、别墅、度假村等）出售，增值额未超过扣除项目金额20%的，免征土地增值税。

土地增值税的计算方法有两种。

其一：按《中华人民共和国土地增值税暂行条例》规定的方法计算。

其二：速算扣除法，公式如下

$$土地增值税税额 = 土地增值额 \times 土地增值税税率 - 扣除项目金额 \times 速算扣除率 \qquad (11.12)$$

表 11.7　土地增值税税率及速算扣除率表　　　　　　　　单位：%

土地增值额超过扣除项目金额比例	税率	速算扣除率
<50	30	0
50~100	40	5
100~200	50	15
>200	60	35

例：A 房地产开发项目销售收入 22 000 万元，经营成本 10 090 万元，其中土地费用 1 000 万元，开发成本 8 290 万元，开发费用 800 万元，销售税金及附加 1 000 万元。该项目土地增值税计算见表 11.8。

表 11.8　土地增值税计算表

序号	项目	计算说明	金额（万元）
1	销售收入		22 000.00
2	经营成本		10 090.00
3	其中：开发费用	财务费用+管理费用+销售费用	800.00
4	经营税金及附加		1 000.00
5	其他扣除项目	（2-3）×20%	1 858.00
6	扣除项目	（2）+（4）+（5）	12 948.00
7	增值额	（1）-（6）	9 052.00
8	增值率	（7）/（6）	0.70
9	增值税税率	按增值率选用	40%
10	土地增值税	（7）×（9）-（6）×速算扣除率	2 973.40

5. 企业所得税

企业所得税是国家对境内企业生产经营所得和其他所得征收的一种税。纳税依据企业的应纳税所得额，后者是指纳税人每一纳税年度的利润总额弥补以前年度的亏损额后的余额。房地产开发企业所得税税率一般为 25%。其计算公式如下：

$$企业所得税 = 应纳税所得额 \times 25\% \tag{11.13}$$

11.2 房地产开发项目经济评价案例

11.2.1 项目概况

昆明金康小区建设地点位于昆明经济技术开发区，由昆明金康房地产有限公司开发。该小区净用地面积 93 369.94 m^2（计 140.05 亩），总建筑面积 225 015.19 m^2。其中，地上总建筑面积 147 824.42 m^2，地下建筑面积 77 190.77 m^2。

项目用地分为地块 A 及地块 B，其中，地块 A 净用地面积 60 439.86 m^2，总建筑面积 117 796.17 m^2，容积率 1.30，建筑密度 11%，绿地率 45.01%；地块 B 净用地面积 32 930.08 m^2，总建筑面积 107 219.02 m^2，容积率 2.10，建筑密度 11%，绿地率 50.01%。

11.2.2 项目定位

按照"人与自然和谐相处"的理念，利用地形特点，将城市中的住宅、广场、绿化等各种元素融入自然的生态型人居环境，形成一个集生态居住、休闲、餐饮为一体的城市综合体。把项目打造成为具有优美的居住环境、完善的配套服务设施、丰富的文化内涵、开放的社区景观的城市新区典范项目。

11.2.3 项目规划方案及技术经济指标

地块 A 内拟建 16 栋住宅，其中：3 栋为 14 层，13 栋为 15 层，另外有 1 栋 2 层卫生站，4 栋 3 层商业建筑。

地块 B 拟建 6 栋住宅，均为 24 层，另外有一栋 3 层的社区用房及一栋 2 层的垃圾房。

各地块的技术经济指标见表 11.9 ~ 表 11.11。

表 11.9 总指标

序 号	指标名称	单 位	数 量
一	总建筑面积	m^2	225 015.19
二	地上总建筑面积	m^2	147 824.42
三	地下总建筑面积	m^2	77 190.77
四	总户数	户	1 254

表 11.10　地块 A 指标

序号	指标名称	单位	数量
1	净用地面积	m^2	60 439.86
2	总建筑面积	m^2	117 796.17
2.1	地上总建筑面积	m^2	78 564.40
	其中：住宅建筑面积	m^2	74 233.52
	商业建筑面积	m^2	3 881.20
	卫生站建筑面积	m^2	308.11
	地上构筑物	m^2	141.57
2.2	地下建筑面积	m^2	39 231.77
3	建筑基底面积	m^2	6 648.38
4	绿地面积	m^2	27 203.98
5	容积率		1.30
6	建筑密度		11%
7	绿地率		45.01%
8	机动车位	个	910
9	非机动车位	个	1 647
10	总户数	户	534

表 11.11　地块 B 指标

序号	指标名称	单位	数量
1	净用地面积	m^2	32 930.08
2	总建筑面积	m^2	107 219.02
2.1	地上总建筑面积	m^2	69 260.02
	其中：住宅建筑面积	m^2	67 377.12
	垃圾中转站建筑面积	m^2	203.20
	社区用房	m^2	1 511.70
	地上构筑物	m^2	168.00
2.2	地下建筑面积	m^2	37 959.00
3	建筑基底面积	m^2	3 622.31
4	绿地面积	m^2	16 468.33
	人防面积	m^2	22 790.00
5	容积率		2.10
6	建筑密度		11%
7	绿地率		50.01%
8	机动车位	个	824
9	非机动车位	个	1 148
10	总户数	户	720

注：地块 B 社区用房 1 511.70 m^2，其中社区用房 263.45 m^2，社区文化 238.12 m^2，公厕 40 m^2，老年人服务中心 461.57 m^2，物管用房 508.56 m^2。

11.2.4 项目开发建设及销售的实施计划

(1) 项目实施计划的说明。

建设期限自 2015 年 4 月至 2017 年 3 月,共 2 年,销售期自 2017 年 3 月至 2020 年 3 月,共 3 年。项目计算期按 5 年考虑。

(2) 项目实施进度。

项目的建设严格按照国家基本建设程序进行,实施进度计划如下:

2015 年 4~5 月,完成可行性研究报告等项目前期工作。

2015 年 6~8 月,完成施工图设计及施工图审查。

2015 年 9 月,完成建设项目招投标,办理完建筑工程施工许可证。

2015 年 10 月~2017 年 3 月,完成施工,竣工验收。

2017 年 3 月~2020 年 3 月,完成项目销售工作。

(3) 项目实施进度计划表见表 11.12。

表 11.12 项目实施进度计划表

NO	工作阶段	计划时间/月	2015 年					2016 年						2017 年			2018~2020 年
			4	6	8	10	12	2	4	6	8	10	12	2	4	5~12	1~12
1	前期工作	2															
2	施工图设计及审查	3															
3	建设项目招投标及办证	1															
4	施工	18															
5	销售	36															

11.2.5 项目投资估算

(1) 土地费用。

表 11.13 土地费用估算表

序号	项 目	单价/(元/亩)	面积/亩	金额/万元	备 注
1	土地出让金	2 591 900.00	140.05	36 299.56	
2	土地出让契税			1 088.99	按税率 3%
	合 计			37 388.55	

（2）前期工程费用。

表 11.14　前期工程费用估算表

序号	项目	单价/(元/m²)	建筑面积/m²	总金额/万元	备注
1	前期规划设计费			505.77	
1.1	勘察费			56.54	暂估
1.2	规划设计费	20 000.00	9.30	18.60	按公顷计价
1.3	施工图设计费			430.63	计价格[2002]10号
2	施工图审查费			27.99	云价综合[2014]89号
3	抗震专项审查费			28.27	暂估
4	地质灾害评价费			11.31	暂估
5	水保费			8.48	暂估
6	地矿压覆评价费			5.65	暂估
7	可研报告编制费用			20.00	计价格[1999]1283号
8	环境影响评价费用			36.60	计价格[2002]125号
9	劳动安全卫生评审费			282.70	建标[2007]164号
	合计			926.77	

（3）基础设施建设费。

表 11.15　基础设施建设费估算表

序号	项目	单价/(元/m²)	建筑面积/m²	总金额/万元	备注
1	室外道路广场	250.00	43 295.19	1 082.38	
2	室外综合管网	60.00	225 015.19	1 350.09	
3	室外绿化及景观工程	250.00	40 073.04	1 001.83	
	合计			3 434.30	

（4）建筑安装工程费。

表 11.16　建筑安装工程费估算表

序号	项目	单价/(元/m²)	建筑面积/m²	总金额/万元	备注
1	地下室土建工程	2 600.00	77 190.77	20 069.60	含基坑支护、防护工程、人防地下室
2	地上建筑	1 380.00	147 824.42	20 399.77	含公共配套设施建设费；含公共部分室内装修工程
3	安装工程			9 232.18	
3.1	给排水工程	130.00	225 015.19	2 925.20	
3.2	电气安装工程	150.00	225 015.19	3 375.23	
3.3	燃气安装工程	30.00	225 015.19	675.05	
3.4	消防安装工程	50.00	225 015.19	1125.08	
3.5	通风安装工程	30.00	77 190.77	231.57	
3.6	电梯			900.06	
	合计			49 701.55	

注：已包含公共配套设施建设费。

（5）公共配套设施建设费。

公共配套设施建设费已包含在前项"建筑安装工程费"中。不再单独计算。

（6）开发间接费。

表 11.17 开发间接费估算表

序号	项目	单价/（元/m²）	建筑面积/m²	总金额/万元	备注
1	开发间接费费			640.26	财建〔2002〕394号
	合计			640.26	

（7）管理费用。

管理费用按以上（1）~（5）项之和的3%计算。

表 11.18 管理费用估算表

序号	项目	单价/（元/m²）	建筑面积/m²	总金额/万元	备注
1	管理费用			2 743.53	1~5 的 3%
	合计			2 743.53	

（8）财务费用。

表 11.19 财务费用估算表

序号	项目	单价/（元/m²）	建筑面积/m²	总金额/万元	备注
1	财务费用			6 543.66	
	合计			6 543.66	利息外的其他财务费用按利息的10%计算

本项目的财务费用主要考虑长期借款利息，另外的金融机构手续费、融资代理费以及企业筹资发生的其他财务费用按照利息的10%计算。

年贷款利率 4.75%，按季度复利计息，本项目贷款第一、二年不还本付息，从第三年开始还本付息，第三、四年分别偿还本金一半，并且付清当年全部利息。

当年借款按一半计息，转入下一年度按全年计息；当年还款按年末偿还，全年计息。

本项目第一、二年贷款分别为 22 367.62 万元和 26 547.38 万元，参照"资计划与资金筹措表"；利息计算参照"借款还本付息估算表"。

（9）销售费用。

销售费用估算按销售收入的2%计算。销售收入参照项目销售收入估算。

表 11.20 销售费用估算表

序号	项目	单价/（元/m²）	建筑面积/m²	总金额/万元	备注
1	销售费用			2 557.73	销售收入的2%
	合计			2 557.73	

（10）开发期间税费。

开发期间税费是指项目所负担的与房地产投资有关的各种税金和地方政府或有关部门征收的费用。各项税费应根据当地有关法规标准估算。

表 11.21 开发期间税费估算表

序号	项目	单价/(元/m²)	建筑面积/m²	总金额/万元	备注
1	新型墙体保证金	7.00	225 015.19	157.51	云财综（2002）55号；云财综（2002）58号；滇价费昆证字〔2003〕第X076005号
2	散装水泥保证金	1.00	225 015.19	22.50	云财综（2003）85号；滇价费昆证字〔2003〕第X076001号
3	人防工程费	8.00	0.00	0.00	云计价格（2002）635号；昆计价房（2002）398号；滇价昆证字〔2003〕第X078001号；已有人防设施
4	城市建设配套费（地块A的住宅）	120.00	113 465.29	1 361.58	云发改价格〔2009〕550号
5	城市建设配套费（地块B的住宅）	80.00	105 336.12	842.69	云发改价格〔2009〕550号
6	城市建设配套费（非住宅）	160.00	4 189.31	67.03	云发改价格〔2009〕550号
7	供电设施配套费	115.00	147 824.42	1 699.98	2007年昆明市新建住宅项目供电设施建设管理办法（试行）
	合 计			4 151.29	

（11）其他费用。

表 11.22 其他费用估算表

序号	项目	单价/(元/m²)	建筑面积/m²	总金额/万元	备注
1	总承包管理费			379.99	工程造价的3%~5%
2	场地准备及临时设施费			282.70	
3	工程监理费			282.72	发改价格〔2007〕670号
4	工程招标代理服务费			58.66	云建标〔2003〕19号
5	施工图预算编制费			43.06	计委《计价格〔2002〕10号》
6	全过程造价控制			339.24	云南工程造价咨询收费标准
7	拦标价审查费			158.31	昆政办127号文
8	竣工验收相关检测费			67.85	暂估，含实体、环境、沉降、消防等观测
9	检测费			337.66	暂估，桩基、基坑支护、工程实体、室内环境、沉降、消防安全等检测费
	合 计			1 950.19	

（12）不可预见费。

不可预见费按以上（1）~（5）项之和的3%计算。

表 11.23 不可预见费估算表

序号	项目	单价/（元/m²）	建筑面积/m²	总金额/万元	备注
1	不可预见费			2 743.53	1~5 的 3%
	合计			2 743.53	

各项投资与成本估算汇总。

表 11.24 开发建设投资估算表　　　　　　　　　　　　万元

序号	项目	合计	1	2	3	4	5
1	土地费用	37 388.55	37 388.55	0.00	0.00	0.00	0.00
2	前期工程费	926.77	926.77	0.00	0.00	0.00	0.00
3	基础设施费	3 434.30	1 717.15	1 717.15	0.00	0.00	0.00
4	建筑安装工程费	49 701.55	24 850.77	24 850.77	0.00	0.00	0.00
5	公共配套设施费	0.00	0.00	0.00	0.00	0.00	0.00
6	开发间接费	640.26	320.13	320.13	0.00	0.00	0.00
7	管理费用	2 743.53	548.71	548.71	548.71	548.71	548.71
8	财务费用	6 543.66	0.00	0.00	5 242.81	1 300.85	0.00
9	销售费用	2 557.73	0.00	0.00	1 278.86	1 023.21	255.65
10	开发期间税费	4 151.29	2 075.65	2 075.65	0.00	0.00	0.00
11	其他费用	1 950.19	975.10	975.10	0.00	0.00	0.00
12	不可预见费	2 743.53	1 371.77	1 371.77	0.00	0.00	0.00
	合计	112 781.36	70 174.59	31 859.27	7 070.38	2 872.77	804.36

11.2.6 项目销售收入估算

本项目销售进度按第 3 年销售面积 50%，第 4 年销售面积 40%，第 5 年销售面积 10% 考虑。

（1）A 地块上高层板式住宅的销售收入估算，按照均价 6 800 元/m²，营业税 5%，城市维护建设税 7%，教育费附加 3% 计算。

表 11.25 高层板式住宅（A 地块）销售收入及销售税费估算

序号	项目	合计	1	2	3	4	5
1	销售收入/万元	50 478.79	0.00	0.00	25 239.40	20 191.52	5 047.88
1.1	可售面积/m²	74 233.52	0.00	0.00	37 116.76	29 693.41	7 423.35
1.2	均价/（元/m²）		0.00	0.00	6 800.00	6 800.00	6 800.00
2	经营税金及附加/万元	2 776.33	0.00	0.00	1 388.17	1 110.53	277.63
2.1	营业税/万元	2 523.94	0.00	0.00	1 261.97	1 009.58	252.39
2.2	城市维护建设税/万元	176.68	0.00	0.00	88.34	70.67	17.67
2.3	（万元）	75.72	0.00	0.00	37.86	30.29	7.57

（2）B 地块上高层点式住宅的销售收入估算，按照均价 6 500 元/m²，营业税 5%，城市

维护建设税 7%，教育费附加 3% 计算。

表 11.26　高层点式住宅（B 地块）销售收入及销售税费估算

序号	项目	合计	1	2	3	4	5
1	销售收入/万元	43 795.13	0.00	0.00	21 897.56	17 518.05	4 379.51
1.1	可售面积/m^2	67 377.12	0.00	0.00	33 688.56	26 950.85	6 737.71
1.2	均价/（元/m^2）		0.00	0.00	6 500.00	6 500.00	6 500.00
2	经营税金及附加/万元	2 408.73	0.00	0.00	1 204.37	963.49	240.87
2.1	营业税/万元	2 189.76	0.00	0.00	1 094.88	875.90	218.98
2.2	城市维护建设税/万元	153.28	0.00	0.00	76.64	61.31	15.33
2.3	教育费附加/万元	65.69	0.00	0.00	32.85	26.28	6.57

（3）A 地块上商业建筑的销售收入估算，按照均价 18 000 元/m^2，营业税 5%，城市维护建设税 7%，教育费附加 3% 计算。

表 11.27　商业建筑（A 地块）销售收入及销售税费估算

序号	项目	合计	1	2	3	4	5
1	销售收入/万元	6 986.16	0.00	0.00	3 493.08	2 794.46	698.62
1.1	可售面积/m^2	3 881.20	0.00	0.00	1 940.60	1 552.48	388.12
1.2	均价/（元/m^2）		0.00	0.00	18 000.00	18 000.00	18 000.00
2	经营税金及附加/万元	384.24	0.00	0.00	192.12	153.70	38.42
2.1	营业税/万元	349.31	0.00	0.00	174.65	139.72	34.93
2.2	城市维护建设税/万元	24.45	0.00	0.00	12.23	9.78	2.45
2.3	教育费附加/万元	10.48	0.00	0.00	5.24	4.19	1.05

（4）B 地块上卫生站建筑的销售收入估算，按照商业运营性质考虑，因为是独栋建筑，可以作为各种机构的办公或商业运营使用，因此均价比商业建筑略高，按 20 000 元/m^2 考虑。营业税、城市维护建设税和教育费附加的税率同上。

表 11.28　卫生站（B 地块）建筑销售收入及销售税费估算

序号	项目	合计	1	2	3	4	5
1	销售收入/万元	616.22	0.00	0.00	308.12	246.48	61.62
1.1	可售面积/m^2	308.11	0.00	0.00	154.06	123.24	30.81
1.2	均价/（元/m^2）		0.00	0.00	20 000.00	20 000.00	20 000.00
2	经营税金及附加/万元	33.89	0.00	0.00	16.95	13.56	3.39
2.1	营业税/万元	30.81	0.00	0.00	15.41	12.32	3.08
2.2	城市维护建设税/万元	2.16	0.00	0.00	1.08	0.86	0.22
2.3	教育费附加/万元	0.92	0.00	0.00	0.46	0.37	0.09

（5）A、B 地块上的机动车位的销售收入估算，按照均价 150 000 元/个考虑。营业税、城市维护建设税和教育费附加的税率同上。

表 11.29 机动车位销售收入及销售税费估算

序号	项目	合计	1	2	3	4	5
1	销售收入/万元	26 010.00	0.00	0.00	13 005.00	10 410.00	2 595.00
1.1	可售车位/个	1 734.00	0	0	867.00	694.00	173.00
1.2	均价/（元/m²）		0.00	0.00	150 000.00	150 000.00	150 000.00
2	经营税金及附加/万元	1 430.55	0.00	0.00	715.28	572.55	142.73
2.1	营业税/万元	1 300.50	0.00	0.00	650.25	520.50	129.75
2.2	城市维护建设税/万元	91.04	0.00	0.00	45.52	36.44	9.08
2.3	教育费附加/万元	39.02	0.00	0.00	19.51	15.62	3.89

（6）销售收入与销售税费估算汇总。

表 11.30 销售收入与经营税金及附加估算表

序号	项目	合计	1	2	3	4	5
1	销售收入/万元	127 886.30	0.00	0.00	63 943.16	51 160.52	12 782.63
1.1	可售面积/m²				50%	40%	10%
1.2	均价/（元/m²）						
2	经营税金及附加/万元	7 033.75	0.00	0.00	3 516.87	2 813.83	703.04
2.1	营业税/万元	6 394.32	0.00	0.00	3 197.16	2 558.03	639.13
2.2	城市维护建设税/万元	447.60	0.00	0.00	223.80	179.06	44.74
2.3	教育费附加/万元	191.83	0.00	0.00	95.91	76.74	19.17

（7）土地增值税估算。

表 11.31 土地增值税估算表

序号	项目	计算依据	金额（万元）	备注
1	销售收入		127 886.30	
2	扣除项目		136 710.16	
2.1	开发成本	土地费用+前期工程费+基础设施费+建筑安装工程费+公共设施配套费+开发间接费+开发期税费+其他费用	98 192.91	
2.2	开发费用	财务费用+管理费用+销售费用	11 844.92	
2.3	其他扣除项目	（土地费用+前期工程费+基础设施费+建筑安装工程费+公共设施配套费+开发间接费+开发期税费+其他费用）×20%	19 638.58	
2.4	经营税金及附加		7 033.75	
3	增值额	（1）-（2）	-8 823.85	
4	增值率	（3）/（2）	/	
5	增值税税率	按增值率选用	/	
6	土地增值税	（3）×（5）	0.00	

（8）投资计划与资金筹措。

表 11.32 投资计划与资金筹措表　　　　　　　　　　　　　　　　万元

序号	项目	合计	1	2	3	4	5
1	开发总投资	112 781.36	70 174.59	31 859.27	7 070.38	2 872.77	804.36
1.1	开发建设投资	112 781.36	70 174.59	31 859.27	7 070.38	2 872.77	804.36
1.1.1	其中：不含财务费用	106 237.70	70 174.59	31 859.27	1 827.57	1 571.92	804.36
1.1.2	财务费用	6 543.66	0.00	0.00	5 242.81	1 300.85	0.00
2	资金筹措	112 781.36	70 174.59	31 859.27	7 070.38	2 872.77	804.36
2.1	资本金	53 118.85	47 806.97	5 311.89	0.00	0.00	0.00
2.2	销售收入	10 747.51	0.00	0.00	7 070.38	2 872.77	804.36
2.3	长期借款	48 915.00	22 367.62	26 547.38	0.00	0.00	0.00

（9）借款还本付息估算。

表 11.33 借款还本付息估算表　　　　　　　　　　　　　　　　万元

序号	项目	合计	1	2	3	4	5
1	借款及还本付息						
1.1	期初借款本息累计		0.00	22 908.39	51 205.28	24 457.50	0.00
	本金	95 740.13	0.00	22 367.62	48 915.00	24 457.50	0.00
	利息	2 831.04	0.00	540.77	2 290.27	0.00	0.00
1.2	本期借款	48 915.00	22 367.62	26 547.38	0.00	0.00	0.00
1.3	本期应计利息	5 948.78	540.77	1 749.51	2 475.92	1 182.59	0.00
1.4	本期还本	48 915.00	0.00	0.00	24 457.50	24 457.50	0.00
1.5	本期付息	5 948.78	0.00	0.00	4 766.19	1 182.59	0.00
2	借款偿还资金来源						
2.1	销售收入	54 863.79			29 223.70	25 640.09	0.00

11.2.7 项目财务评价

（1）静态盈利评价。

① 损益表。

表 11.34 损益表　　　　　　　　　　　　　　　　万元

序号	项目	合计	1	2	3	4	5
1	经营收入	127 886.30	0.00	0.00	63 943.16	51 160.52	12 782.63
1.1	销售收入	127 886.30	0.00	0.00	63 943.16	51 160.52	12 782.63
2	经营成本	112 781.36	70 174.59	31 859.27	7 070.38	2 872.77	804.36
2.1	商品房经营成本	112 781.36	70 174.59	31 859.27	7 070.38	2 872.77	804.36
3	经营税金及附加	7 033.75	0.00	0.00	3 516.87	2 813.83	703.04
4	土地增值税	0.00	0.00	0.00	0.00	0.00	0.00
5	利润总额	8 071.19	−70 174.59	−31 859.27	53 355.90	45 473.92	11 275.22
6	所得税	2 017.80	0.00	0.00	0.00	0.00	2 017.80
7	税后利润	6 053.39	−70 174.59	−31 859.27	53 355.90	45 473.92	9 257.42

② 评价指标。

表 11.35 评价指标

评价指标	总利润	8 071.19 万元	
	净利润	6 053.39 万元	
	资本金净利润率	2.28%	
	投资利润率	税前	1.43%
		税后	1.07%

③ 静态盈利分析。

本项目以上4个指标与本企业以往开发房地产项目相比在正常范围内，因此该项目可以考虑进行开发。

（2）资金平衡能力分析。

① 资金来源与运用表。

表 11.36 资金来源与运用表　　　　　　　　　　　万元

序号	项目	合计	1	2	3	4	5
1	资金来源	229 920.16	70 174.59	31 859.27	63 943.16	51 160.52	12 782.63
1.1	销售收入	127 886.30	0.00	0.00	63 943.16	51 160.52	12 782.63
1.2	资本金	53 118.85	47 806.97	5 311.89	0.00	0.00	0.00
1.3	长期借款	48 915.00	22 367.62	26 547.38	0.00	0.00	0.00
2	资金运用	170 153.03	70 174.59	31 859.27	34 568.14	30 025.84	3 525.20
2.1	开发建设投资	106 237.70	70 174.59	31 859.27	1 827.57	1 571.92	804.36
2.2	经营税金及附加	7 033.75	0.00	0.00	3 516.87	2 813.83	703.04
2.3	土地增值税	0.00	0.00	0.00	0.00	0.00	0.00
2.4	所得税	2 017.80	0.00	0.00	0.00	0.00	2 017.80
2.5	借款本金偿还	48 915.00	0.00	0.00	24 457.50	24 457.50	0.00
2.6	借款利息支付	5 948.78	0.00	0.00	4 766.19	1 182.59	0.00
3	盈余资金	59 767.12	0.00	0.00	29 375.02	21 134.68	9 257.42
4	累计盈余资金	59 767.12	0.00	0.00	29 375.02	50 509.70	59 767.12

② 资金平衡能力分析。

根据资金来源与运用表，本项目每年累计盈余资金均大于或等于零，因此从资金平衡能力角度分析，该项目可行。

（3）动态评价。

① 全部投资财务现金流量表。

表 11.37 全部投资财务现金流量表　　　　　　　　　　　　　　　　　万元

序号	项目	合计	1	2	3	4	5
1	现金流入	127 886.30	0.00	0.00	63 943.16	51 160.52	12 782.63
1.1	销售收入	127 886.30	0.00	0.00	63 943.16	51 160.52	12 782.63
2	现金流出	115 289.25	70 174.59	31 859.27	5 344.44	4 385.75	3 525.20
2.1	开发建设投资	106 237.70	70 174.59	31 859.27	1 827.57	1 571.92	804.36
2.1.1	土地费用	37 388.55	37 388.55	0.00	0.00	0.00	0.00
2.1.2	前期工程费	926.77	926.77	0.00	0.00	0.00	0.00
2.1.3	基础设施建设费	3 434.30	1 717.15	1 717.15	0.00	0.00	0.00
2.1.4	建筑安装工程费	49 701.55	24 850.77	24 850.77	0.00	0.00	0.00
2.1.5	公共配套设施建设费	0.00	0.00	0.00	0.00	0.00	0.00
2.1.6	开发间接费	640.26	320.13	320.13	0.00	0.00	0.00
2.1.7	管理费用	2 743.53	548.71	548.71	548.71	548.71	548.71
2.1.8	销售费用	2 557.73	0.00	0.00	1 278.86	1 023.21	255.65
2.1.9	开发期间税费	4 151.29	2 075.65	2 075.65	0.00	0.00	0.00
2.1.10	其他费用	1 950.19	975.10	975.10	0.00	0.00	0.00
2.1.11	不可预见费	2 743.53	1 371.77	1 371.77	0.00	0.00	0.00
2.2	经营税金及附加	7 033.75	0.00	0.00	3 516.87	2 813.83	703.04
2.3	土地增值税	0.00	0.00	0.00	0.00	0.00	0.00
2.4	所得税	2 017.80	0.00	0.00	0.00	0.00	2 017.80
3	税前净现金流量	14 614.85	−70 174.59	−31 859.27	58 598.72	46 774.77	11 275.22
4	累计税前净现金流量		−70 174.59	−102 033.86	−43 435.14	3 339.63	14 614.85
5	税前净现值（$i=0.04$）	4 413.48	−67 475.56	−29 455.69	52 094.05	39 983.27	9 267.41
6	累计税前净现值		−67 475.56	−96 931.25	−44 837.20	−4 853.93	4 413.48
7	税后净现金流量	12 597.05	−70 174.59	−31 859.27	58 598.72	46 774.77	9 257.42
8	累计税后净现金流量		−70 174.59	−102 033.86	−43 435.14	3 339.63	12 597.05
9	税后净现值（$i=0.04$）	2 754.99	−67 475.56	−29 455.69	52 094.05	39 983.27	7 608.93
10	累计税后净现值		−67 475.56	−96 931.25	−44 837.20	−4 853.93	2 754.99

表 11.38

税前指标	FNPV（万元）	4 413.48	FIRR（%）	6.06%
	静态投资回收期（年）	3.9	动态投资回收期（年）	4.5

表 11.39

税后指标	FNPV（万元）	2 754.99	FIRR（%）	5.30%
	静态投资回收期（年）	3.9	动态投资回收期（年）	4.6

② 资本金财务现金流量表。

表 11.40 资本金财务现金流量表　　　　　　万元

序号	项目	合计	1	2	3	4	5
1	现金流入	176 801.31	22 367.62	26 547.38	63 943.16	51 160.52	12 782.63
1.1	销售收入	127 886.30	0.00	0.00	63 943.16	51 160.52	12 782.63
1.2	长期借款	48 915.00	22 367.62	26 547.38	0.00	0.00	0.00
2	现金流出	170 153.03	70 174.59	31 859.27	34 568.14	30 025.84	3 525.20
2.1	开发建设投资	106 237.70	70 174.59	31 859.27	1 827.57	1 571.92	804.36
2.1.1	土地费用	37 388.55	37 388.55	0.00	0.00	0.00	0.00
2.1.2	前期工程费	926.77	926.77	0.00	0.00	0.00	0.00
2.1.3	基础设施建设费	3 434.30	1 717.15	1 717.15	0.00	0.00	0.00
2.1.4	建筑安装工程费	49 701.55	24 850.77	24 850.77	0.00	0.00	0.00
2.1.5	公共配套设施建设费	0.00	0.00	0.00	0.00	0.00	0.00
2.1.6	开发间接费	640.26	320.13	320.13	0.00	0.00	0.00
2.1.7	管理费用	2 743.53	548.71	548.71	548.71	548.71	548.71
2.1.8	销售费用	2 557.73	0.00	0.00	1 278.86	1 023.21	255.65
2.1.9	开发期间税费	4 151.29	2 075.65	2 075.65	0.00	0.00	0.00
2.1.10	其他费用	1 950.19	975.10	975.10	0.00	0.00	0.00
2.1.11	不可预见费	2 743.53	1 371.77	1 371.77	0.00	0.00	0.00
2.2	经营税金及附加	7 033.75	0.00	0.00	3 516.87	2 813.83	703.04
2.3	土地增值税	0.00	0.00	0.00	0.00	0.00	0.00
2.4	所得税	2 017.80	0.00	0.00	0.00	0.00	2 017.80
2.5	借款本金偿还	48 915.00	0.00	0.00	24 457.50	24 457.50	0.00
2.6	借款利息支付	5 948.78	0.00	0.00	4 766.19	1 182.59	0.00
3	税前净现金流量	8 666.07	−47 806.97	−5 311.89	29 375.02	21 134.68	11 275.22
4	累计税前净现金流量		−47 806.97	−53 118.85	−23 743.83	−2 609.15	8 666.07
5	税前净现值（$i=0.04$）	2 568.34	−45 968.24	−4 911.14	26 114.29	18 066.01	9 267.41
6	累计税前净现值		−45 968.24	−50 879.37	−24 765.09	−6 699.07	2 568.34
7	税后净现金流量	6 648.27	−47 806.97	−5 311.89	29 375.02	21 134.68	9 257.42
8	累计税后净现金流量		−47 806.97	−53 118.85	−23 743.83	−2 609.15	6 648.27
9	税后净现值（$i=0.04$）	909.85	−45 968.24	−4 911.14	26 114.29	18 066.01	7 608.93
10	累计税后净现值		−45 968.24	−50 879.37	−24 765.09	−6 699.07	909.85

表 11.41

税前指标	FNPV（万元）	2 568.34	FIRR（%）	6.00%
	静态投资回收期（年）	4.2	动态投资回收期（年）	4.7

表 11.42

税后指标	FNPV（万元）	909.85	FIRR（%）	4.73%
	静态投资回收期（年）	4.3	动态投资回收期（年）	4.9

③ 动态盈利分析。

a. 财务净现值。

本项目按照公司的目标和以往的开发经验,确定最低的投资期望收益率为 4%,并以此作为基准折现率和基准收益率。

通过以上计算表可见:

本项目全部投资的税前 $FNPV = 4\,413.48$ 万元 ≥ 0 和税后 $FNPV = 2\,754.99$ 万元 ≥ 0,即从项目本身的角度看,可以达到公司设定的基准收益率并获利。

本项目资本金的税前 $FNPV = 2\,568.34$ 万元 ≥ 0 和税后 $FNPV = 909.85$ 万元 ≥ 0,即从公司作为投资者的角度看,项目也可以达到公司设定的基准收益率并获利。

b. 财务内部收益率。

通过以上计算表可见:

本项目全部投资的税前 $FIRR(\%) = 6.06\%$ 和税后 $FIRR(\%) = 5.30\%$,分别大于贷款利率 4.75% 和公司设定的基准收益率 4%,即从项目本身、不考虑融资的角度看,项目可行。

本项目资本金的税前 $FIRR(\%) = 6.00\%$,大于贷款利率 4.75% 和公司设定的基准收益率 4%;税后 $FIRR(\%) = 4.73\%$,大于公司设定的基准收益率 4%,略小于接近等于贷款利率 4.75%,即从公司作为投资者、按照目前的税收政策和融资方式的角度看,项目基本可行,还可以进一步做税收策划和融资方案设计。

c. 投资回收期。

通过以上计算表可见:

本项目全部投资的税前静态投资回收期 = 3.9 年,税前动态投资回收期 = 4.5 年,税后静态投资回收期 = 3.9 年,税后动态投资回收期 = 4.6 年,小于公司设定的计算期,项目可行。

本项目资本金的税前静态投资回收期 = 4.2 年,税前动态投资回收期 = 4.7 年,税后静态投资回收期 = 4.3 年,税后动态投资回收期 = 4.9 年,小于公司设定的计算期,项目可行。

④ 项目财务分析汇总。

a. 指标汇总表。

静态分析评价指标见表 11.43,动态分析评价指标见表 11.44。

表 11.43 静态分析评价指标

指标 角度	总利润 (万元)	净利润 (万元)	资本金净利润率 (%)	投资利润率(%)		投资回收期(年)	
				税前	税后	税前	税后
全部投资	8 071.19	6 053.39	—	1.43	1.07	3.9	3.9
资本金	—	—	2.28%	—	—	4.2	4.3

表 11.44 动态分析评价指标

指标 角度	投资回收期(年)		FNPV(万元)		FIRR(%)	
	税前	税后	税前	税后	税前	税后
全部投资	4.5	4.6	4 413.48	2 754.99	6.06%	5.30%
资本金	4.7	4.9	2 568.34	909.85	6%	4.73%

b. 项目财务分析结论。

通过以上财务分析可知：

本项目全部投资的税前和税后 $FNPV \geq 0$，资本金的税前和税后 $FNPV \geq 0$，即无论从项目本身不考虑融资的角度看，还是从公司作为投资者的角度看，项目都可以达到公司设定的基准收益率并获利。

本项目全部投资的税前 $FIRR$ 和税后 $FIRR$（%）都大于贷款利率和公司设定的基准收益率，即从项目本身，不考虑融资的角度看，项目可行。本项目资本金的税前 $FIRR$ 大于贷款利率和公司设定的基准收益率；税后 $FIRR$ 大于公司设定的基准收益率 4%，略小于接近等于贷款利率，即从公司作为投资者，按照目前的税收政策和融资方式的角度看，项目基本可行，还可以进一步做税收策划和融资方案设计。

本项目全部投资和资本金的税前静态投资回收期、动态投资回收期、税后静态投资回收期、动态投资回收期都小于公司设定的计算期，项目可行。

本项目总利润、净利润、资本金利润率和投资利润率与本企业以往开发房地产项目相比在正常范围内，因此项目可以考虑进行开发。

本项目每年累计盈余资金均大于或等于零，因此从资金平衡能力角度分析，项目可行。

综上分析，从盈利能力、偿债能力和资金平衡能力的角度看，本项目可行。

复习思考题

1. 房地产开发项目的开发建设投资构成是什么？
2. 房地产开发项目的运营费用构成是什么？
3. 房地产开发项目经济评价指标有哪些？
4. 房地产开发项目的价格确定有哪些方法？

参考文献

[1] 国家发展改革委员会,建设部. 建设项目经济评价方法与参数[M]. 3版. 北京:中国计划出版社,2006.

[2] 万威武,刘新梅. 可行性研究与项目评价. 西安:西安交通大学出版社,2008.

[3] 全国注册咨询工程师(投资)资格考试参考教材编写委员会. 项目决策分析与评价(2012年版)[M]. 北京:中国计划出版社,2007.

[4] 刘晓君. 工程经济学[M]. 2版. 北京:中国建筑工业出版社,2007.

[5] 全国造价工程师职业资格考试培训教材编审委员会. 建设工程造价管理[M]. 北京:中国计划出版社,2013.

[6] 宋维佳,王立国,王红岩. 可行性研究与项目评估[M]. 4版. 大连:东北财经大学出版社,2010.

[7] 投资项目可行性研究指南编写组. 投资项目可行性研究指南[M]. 北京:中国电力出版社,2002.

[8] 刘晓君. 建设项目投资决策理论与方法[M]. 北京:中国建筑工业出版社,2009.

[9] 全国造价工程师职业资格考试培训教材编审委员会. 工程造价计价与控制[M]. 北京:中国计划出版社,2013.

[10] 住房和城乡建设部,交通运输部. 公路建设项目经济评价方法与参数(建标〔2010〕106号)[S]. 北京:中国计划出版社,2010.

[11] 交通部公路规划设计院,PPK. 公路投资优化和改善可行性研究方法(Study of Prioritization of Highway Investments and Improving Feasibility Study Methodologies Pilot Study Report)(World Bank,1995)[R]. 北京,1995.

[12] 刘伯莹,姚祖康. 公路设计工程师手册[M]. 北京:人民交通出版社,2002.

[13] 中华人民共和国建设部发布. 房地产开发项目经济评价方法[M]. 北京:中国计划出版社,2000.

[14] 刘秋雁. 房地产投资分析[M]. 大连:东北财经大学出版社,2007.

[15] 陈溥才,郭镇宁. 房地产开发项目可行性研究与方案优化策略[M]. 北京:中国建筑工业出版社,2004.

[16] 全国注册咨询工程师(投资)资格考试参考教材编写委员会. 项目决策分析与评价[M].

北京：中国计划出版社，2011.

[17] 中华人民共和国建设部. 房地产开发项目经济评价方法[M]. 北京：中国计划出版社，2000.

[18] 刘秋雁. 房地产投资分析[M]. 大连：东北财经大学出版社，2007.

[19] 陈溥才，郭镇宁. 房地产开发项目可行性研究与方案优化策略[M]. 北京：中国建筑工业出版社，2004.

[20] 王立国，王红岩，宋维佳. 可行性研究与项目评估[M]. 大连：东北财经大学出版社，2001.